LA GRANDE GUERRE
1914-1918

LIVRE D'OR

DES

FRÈRES DE L'INSTRUCTION CHRÉTIENNE

DE PLOËRMEL

VANNES

LAFOLYE FRÈRES, ÉDITEURS

1921

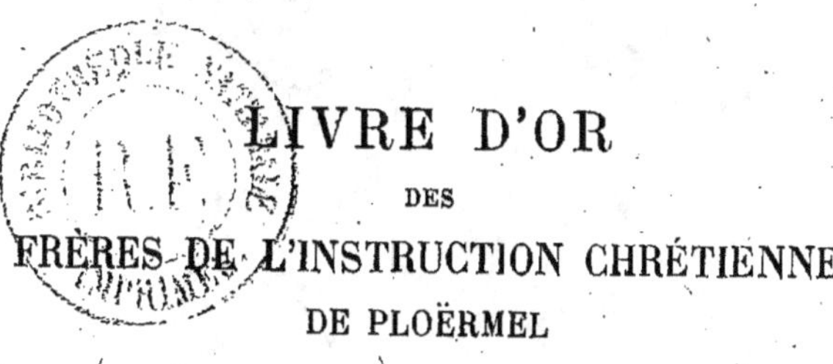

LIVRE D'OR

DES

FRÈRES DE L'INSTRUCTION CHRÉTIENNE

DE PLOËRMEL

LE VÉNÉRABLE
JEAN-MARIE ROBERT DE LA MENNAIS
Prêtre.

LA GRANDE GUERRE
1914-1918

LIVRE D'OR

DES

FRÈRES DE L'INSTRUCTION CHRÉTIENNE

DE PLOËRMEL

VANNES

LAFOLYE FRÈRES, ÉDITEURS

1921

POURQUOI CE LIVRE D'OR ?

C'est la question qui se pose au début de ces pages qui ne peuvent manquer de provoquer l'admiration à l'égard d'humbles éducateurs des enfants du peuple. Ont-ils cherché la gloire en accomplissant les actes parfois les plus héroïques ? Il suffira de parcourir leur correspondance pour se persuader du contraire. Invités par leurs supérieurs à faire part de ce qui leur arrivait durant ces années de séparation et de dangers permanents pour le corps et pour l'âme, ils ont obéi avec simplicité. Ils n'avaient d'autre dessein en écrivant que de trouver encouragement et réconfort chez leurs pères spirituels dont la sollicitude les suivait partout.

Ceux-ci jugèrent à propos de publier quelques extraits de ces récits parfois très pittoresques et toujours édifiants. Il était bien naturel de tenir les autres membres de l'Institut au courant de la vie si tragique de leurs Frères exposés aux plus graves périls. C'était de plus assurer à ces chers absents des prières plus spéciales et plus ardentes dont ils sentaient la nécessité et les avantages.

Mais, s'ils ne voulaient que Dieu pour témoin de leurs hauts faits, ne serait-ce pas manquer en quelque sorte à un devoir de justice en laissant dans l'ombre, ou tout au plus dans le cercle restreint de la famille religieuse, tant de belles actions dont maint lecteur, et surtout les jeunes gens, peuvent tirer les leçons les plus utiles ? Il nous a semblé que le public nous serait reconnaissant de lui en donner un aperçu. Il verra une fois de plus que religion, bravoure et patriotisme sont intimement liés.

Sans prétendre au monopole de l'intrépidité et du dévouement, les sociétés religieuses y ajoutent un cachet spécial d'universalité qui est bien reconnu par tous ceux qui en ont été les témoins.

Il y a surtout dans les motifs qui inspirent ces sentiments quelque chose de si beau, de si grand, de si désintéressé, que la gloire de Dieu ne peut manquer d'en ressortir avec éclat.

Tel est le motif de la publication de ce Livre d'Or.

De nombreuses sociétés en font paraître et montrent, avec une légitime fierté, leurs titres à l'admiration et à la reconnaissance de leurs concitoyens. Pourquoi ne montrerions-nous pas à notre tour ce que peuvent faire d'humbles religieux ? Ils nous en voudraient sans doute de provoquer à leur sujet les applaudissements humains. Quelques-uns souffriront de voir leur nom et leur exemple cités dans un ouvrage destiné au public et non plus seulement dans une revue familiale. Mais la pensée du bien qui en résultera nous sert d'excuse à leurs yeux.

D'ailleurs, dans la plupart des cas, nous nous contentons d'indiquer leurs initiales. Ce sera la sauvegarde de leur modestie.

Nous n'avons eu qu'à puiser dans l'Echo des Missions, revue de la Congrégation des Frères de Ploërmel, et parfois, pour les sécularisés, qui reçurent la même formation religieuse, dans quelques journaux ou diverses publications, les récits dont le livre se compose, nous bornant à les grouper, suivant l'impression qui s'en dégage, et à les relier par de simples transitions.

Qu'on ne s'attende pas, du reste, à ne lire que des lettres pieuses. Il y a des relations de voyages et des descriptions de scènes pittoresques qui ne peuvent manquer d'intéresser le lecteur. Les biographies des jeunes héros tombés sur le champ de bataille frapperont encore davantage.

Une seule chose nous a embarrassé : l'abondance des documents. Nous avons eu le regret d'en laisser un grand nombre qui révèlent, comme ceux que nous publions, les plus beaux sentiments. Mais il a fallu se borner pour ne pas présenter *trop d'exemples du même genre. Les actes admirables se sont tellement multipliés, durant cette période unique dans l'histoire, que la plume fatiguée s'arrête, désespérant de retracer entièrement la sublime épopée.*

Parmi les soldats de la Grande Guerre, on sait comment se sont distingués les Bretons, race forte et obstinée, comprenant peut-être mieux que toute autre. le sens du mot « tenir » qui fut si souvent la consigne.

La Congrégation des Frères de l'Instruction Chrétienne fut toute bretonne par son origine et par la grande majorité de ses membres qui sont revenus de toutes les parties du monde au secours de la patrie. On ne s'étonnera pas de retrouver en eux les mêmes qualités, ennoblies, élevées encore par la formation religieuse, et capables de les porter sur les plus hauts sommets du dévouement et du sacrifice. Aussi nous ne pouvons pas songer à reproduire le texte de toutes les citations dont-ils ont été l'objet : nous en choisissons quelques-unes comme exemples et nous indiquons simplement le nombre d'éloges et de récompenses qui leur furent attribués.

Mais, pour éclairer davantage cet exposé, il a semblé utile de jeter d'abord un rapide coup d'œil sur la fondation et les développements de l'Institut où se sont formés ceux à qui nous laisserons ensuite la parole pour se peindre eux-mêmes avec simplicité et comme à leur insu.

Nous nous plaisons à nous effacer jusque dans ce court historique que nous empruntons aux écrivains et aux orateurs qui l'ont présenté en détail dans la Vie et les éloges du Vénérable Jean-Marie de la Mennais et de ses premiers disciples.

LIVRE D'OR

DES

FRÈRES DE L'INSTRUCTION CHRÉTIENNE DE PLOËRMEL

LA CONGRÉGATION DES FRÈRES DE L'INSTRUCTION CHRÉTIENNE DE PLOËRMEL.

La Révolution et l'Empire avaient désorganisé les nombreuses écoles établies en France, surtout par les soins du Clergé. « Deux générations avaient été ainsi jetées dans une ignorance fatale, inévitable. » (Ropars). Il fallait au plus vite remédier au mal et relever les ruines accumulées pendant cette période néfaste.

De 1814 à 1819, le diocèse de Saint-Brieuc avait à sa tête, comme Vicaire Capitulaire, un homme de Dieu, dévoré du zèle des âmes. C'était Jean-Marie de la Mennais.

Né à Saint-Malo, le 8 septembre 1780, il avait dû aux soins d'une excellente mère et ensuite d'une tante pleine de tendresse, de sollicitude et de piété éclairée, de traverser cette époque troublée et impie, non seulement sans en subir la dangereuse influence, mais en développant de plus en plus les germes d'une foi intrépide capable d'affronter au besoin le martyre.

« Il n'avait encore que dix ans lorsque, un jour, il voit Mgr de Pressigny, (Evêque de Saint-Malo), faire ses adieux à M. de la Mennais. Il s'éclipse un moment, puis reparaît, portant sous le bras quelques vêtements et ses livres de classe. Où vas-tu, mon fils? lui demande l'Evêque — Monseigneur, vous êtes mon Evêque, je veux être prêtre, je vous suis ! » (Mgr Touchet).

On eut quelque peine à retenir l'enfant prêt à s'exiler pour suivre sa vocation.

« Une autre fois, il se réjouissait à la pensée de paraître en joli costume militaire à une fête soi-disant patriotique. Tout à coup une inquiétude le saisit. « Chère tante, dit-il, les *intrus* seront-ils là ? — Oui, répond Mme des Saudrais, ils doivent bénir les armes et les drapeaux. — Ah !... mais alors ce sera un péché d'assister à cette fête ? — Je le crains, mon enfant, cela ne me paraît pas permis. »

Le lendemain, quand on l'appela pour le revêtir du bel uniforme qui le ravissait, et lui ceindre sa petite épée, on ne le trouva plus à la maison ; il y rentra seulement le soir, l'estomac vide, mais la conscience tranquille.

Dans une autre circonstance, au prix d'une dure correction paternelle, il avait dissuadé sa sœur d'assister à un bal, sans cependant lui en faire un crime.

« Quelques années plus tard, après avoir sauvé la vie à plus d'un prêtre, après avoir servi dans les mansardes ou les bois, ces messes qui étaient alors le plus irrémissible des crimes d'Etat, l'enfant, devenu jeune homme, se trouvait à Paris.

Bonaparte avait rétabli l'ordre et se préparait, en signant le Concordat, à ramener la paix religieuse en France. « Jean-Marie rencontre son évêque, revenu de l'exil, dans la chapelle du Séminaire des Missions étrangères, Il se jette à ses pieds. « Monseigneur, je suis Jean-Marie ! — Mon fils, que voulez-vous ? — Etre prêtre, toujours ! — Après demain, je ne serai plus évêque de Saint-Malo. Mais je le suis encore.

Je ne vous ferai pas prêtre, mais je vous ordonnerai sous-diacre. »

« Le lendemain, l'évêque conduisit Jean à l'église des Carmes. Il pousse la porte. Plus d'autel ; des murs dévastés ; la désolation dont parle le prophète ; la sacristie ouverte ; des débris d'ornements sacrés traînés dans la poussière ; et, par delà, un vestibule grossièrement carrelé, long de 4 mètres, large de 2, sous un escalier entre deux portes aveugles. « C'est là ! » dit le vieillard au jeune homme.

« Là, en effet, le 2 septembre 1792, Violette s'était installé entre un livre d'écrou et un gobelet de vin. Il avait appelé à sa barre ignominieuse Jean-Marie du Lau, archevêque d'Arles ; Pierre-Louis de la Rochefoucauld Bayers, évêque de Saintes, et à leur suite, 150 prêtres. On leur avait demandé s'ils voulaient rester soumis au Pape ; sur leur réponse affirmative, on les avait assassinés à coups de sabre, à coups de piques, à coups de fusil. Ce fut long, abominable et superbe. Les bourreaux eurent soif. Je crois me rappeler qu'une providence ironique nous a gardé le total des brocs de vin qu'ils burent. Les martyrs furent divins comme ceux des vieux âges.

« Sur les murailles, il y avait des traces, de larges traces de couleur ocre, des traces de sang.

« Mgr de Pressigny les montra à Jean. « Ici, dit-il, une foule d'ecclésiastiques ont été sabrés en haine de la religion, il y a quelques années. Voici les traces du massacre. Les bourreaux vivent encore ! Pensez-vous, mon fils, qu'ils ne recommenceront pas ? »

« Ils peuvent recommencer, Monseigneur. En Bretagne, j'ai vu des prêtres monter sur l'échafaud. Le spectacle a fait naître les premiers germes de ma vocation. Le triomphe de la religion est une cause pour laquelle je serais heureux de mourir ! »

— « J'attendais cette réponse, mon fils ; je vous avais bien jugé. » (Mgr Touchet).

Et Jean-Marie fut ordonné sous-diacre le 21 décembre 1801. Il reçut l'onction sacerdotale le 25 février 1804.

C'est ce prêtre au cœur intrépide et à la foi ardente que Dieu choisit pour être l'un des plus actifs *releveurs de ruines* dans notre patrie.

Pour réussir dans une telle œuvre de restauration, il fallait s'adresser à l'enfance. Aussi, c'est aux enfants que cet apôtre va consacrer le meilleur de son zèle.

« Les enfants ! des âmes en fleur, l'espérance de demain, le Pays et l'Eglise dans leur printemps ! Les enfants ! quelque chose de fragile et de sacré, qui va au bien, qui va au mal, avec l'inconstance et la rapidité des vents d'avril. Les enfants ! l'objet spécial des tendresses de Jésus : Laissez, laissez venir à moi les petits enfants ! Malheur à qui les scandalise !

« Lorsque Jean-Marie voyait les enfants vagabonds, oisifs, ignorants, exposés au vice, il frémissait en lui-même. Comment les arracher à la rue ? Le moyen, il le découvrait sans peine : ouvrir des écoles. Mais où trouver des maîtres ; où trouver des maîtresses ?

« L'amour ne connait pas l'obstacle ». Aidé de quelques Recteurs bretons, il avisa des simples — des vaillants toutefois — à qui il pourrait souffler le feu sacré dont il brûlait lui-même. Il leur dirait : Abandonnez vos charrues, vos filets, votre établi ; venez avec moi. Je vous donnerai une pauvre maison ; je vous ouvrirai ma pauvre table. Je vivrai avec vous ; je serai logé comme vous ; je mangerai comme vous ; je dormirai comme vous. Vous serez mes fils. Je serai votre père. Je vous tutoierai comme on vous tutoyait chez vous. Je vous embrasserai comme votre père et votre mère vous embrassaient.

« Je vous apprendrai à lire, vous ne savez guère ; à écrire, vous ne savez pas ; de quelques-uns je ferai des grammairiens distingués ; de celui-ci un architecte, de celui-là un astronome ; mais

L'ABBÉ GABRIEL DESHAYES
Co-fondateur des Frères de l'Instruction Chrétienne.

presque tous vous demeurerez des instituteurs de campagne ; je vous enverrai à vos frères, les petits Bretons, que vous instruirez, que vous élèverez, que vous sanctifierez. Voulez-vous ?

« Ils voulurent bien. Et l'Eglise enfanta par Jean-Marie une famille religieuse nouvelle. » (Mᵍʳ Touchet)

« Rien n'est simple et touchant comme les débuts de cette grande œuvre.

« En 1817, J.-M. de la Mennais, Vicaire Capitulaire de Saint-Brieuc, demande au Curé de la Roche-Derrien de lui envoyer trois jeunes gens de sa paroisse, simples paysans bretons, mais enfants de bonne volonté, pieux, intelligents. Le Vicaire Général les reçoit chez lui, leur apprend lui-même le français. C'est l'Institut qui se fonde. Bientôt sur les trois débutants, un seul persévère,

« A la même époque, au diocèse de Vannes, une tentative semblable sortait du cœur apostolique de M. Deshayes, curé d'Auray. Il avait réuni, lui aussi, sous son toit, cinq sujets auxquels il avait fait commencer un véritable noviciat : un seul devait persévérer. Comme J.-M. de la Mennais, M. Deshayes ne devait pas se décourager.

En 1819, quand ils se rencontrèrent, le premier avait cinq novices, le second en avait sept.

« Ils résolurent d'unir leurs efforts pour la réalisation d'une œuvre qui semblait avoir été inspirée de Dieu à l'un et à l'autre. Ils signèrent un curieux traité dont J.-M. de la Mennais disait lui-même que c'était un chef-d'œuvre de déraison..... Mais quand on sait que cela a duré 23 ans sans aucun nuage, sans aucun désaccord, on reste confondu. L'explication se trouve dans ce mot pris pour maxime unique de la double société : *Dieu seul.* Dieu seul est la règle des supérieurs.

« Dieu seul sera aussi la règle de tout l'Institut, et c'est ce qui expliquera ses développements. Toute la vie des Petits Frères y sera organisée en vue de Dieu seul : exercices religieux de chaque jour, méditation, messe, retraite, direction. Ils sont tous des hommes de Dieu. Cette vie pour Dieu ne supprimera pas les difficultés, mais elle aidera à les aplanir et à les supporter. » (Mgr GOURAUD).

Ce fut à Auray, le 9 septembre 1820, que les Frères réunis pour la retraite annuelle, au nombre de 50, reçurent le nom de *Frères de l'Instruction Chrétienne* et cette devise *Dieu seul!* C'est aussi pendant cette retraite que fut promulguée leur première règle.

En 1821, M. Deshayes, qui devait devenir Supérieur Général des Pères de la Compagnie de Marie et des Sœurs de la Sagesse et fonder encore plusieurs autres Congrégations, partit pour Saint-Laurent-sur-Sèvre en Vendée. M. de la Mennais resta pratiquement seul chargé des Frères de Bretagne et des développements de l'Institut qui prit même son nom : on dit les *Frères de la Mennais* aussi bien que les Frères de l'*Instruction Chrétienne* de *Ploërmel*, où ils s'établirent le 3 novembre 1824. Le vénéré P. Deshayes, bien qu'absorbé par d'autres œuvres, ne se désintéressa point de celle dont il avait jeté les bases avec le Vicaire Capitulaire de Saint-Brieuc. Jusqu'à la fin de sa vie, il assista à la retraite annuelle et l'union admirable des deux fondateurs fut toujours pour les Frères le spectacle le plus touchant. Si le rôle prépondérant du Vénérable de la Mennais les oblige à l'honorer comme leur Père et à garder le souvenir spécial de la fondation de Saint-Brieuc, ils n'oublieront jamais celle qui eut lieu un peu auparavant chez le curé d'Auray dont la mémoire reste toujours en bénédiction dans l'Institut.

« Les Écoles ne tardèrent pas à se multiplier : ce sont, a-t-on dit, autant de petites chartreuses par la pauvreté et l'esprit de prière.

Vue de Ploërmel.

« Le dénuement est presque partout, mais on ne s'en plaint pas. C'est avec joie que les anciens racontent le temps héroïque où les classes voyageaient de la cave au grenier, où les maisons du quartier servaient de dortoir et de réfectoire, où les places publiques tenaient lieu de cour de récréation.

« D'autres ont dit comment ils logeaient en bonne harmonie avec les hôtes d'un poulailler, n'ayant qu'un papier buvard pour rideau de fenêtre.

« Dans ces taudis transformés en classes, quels prodiges de patience et d'abnégation les anges durent enregistrer !

« Mais jamais la pauvreté n'empêcha le succès d'une œuvre voulue de Dieu. C'est dans un renoncement perpétuel, dans un travail constant, dans des oppositions de toutes sortes que les énergies se trempaient, que la foi se fortifiait et que l'Institut se développait. Dix ans après sa fondation, il comptait 157 Frères et 57 écoles fréquentées par plus de 6000 enfants. Visiblement, l'œuvre était bénie de Dieu ! » (Mgr Gouraud).

Bientôt la Bretagne ne put suffire au zèle du Fondateur ni à celui de ses Frères. Le 27 novembre 1837, sur la demande du Ministre de la Marine, 5 Frères partaient pour fonder la mission de la Guadeloupe.

Le succès de leur première école émerveilla le Ministre qui s'empressa de solliciter des Frères pour nos autres Colonies. C'est ainsi que le V. P. de la Mennais fonda des Missions à la Martinique (1839), au Sénégal (1841), à Saint-Pierre et Miquelon (1842), à Cayenne (1843), à Tahiti (1859).

« En septembre prochain, (1847), écrivait M. de la Mennais à ses fils de Bretagne, il n'y aura pas moins de 75 Frères en exercice dans les colonies. — Vivent les Noirs ! ce sont les véritables Blancs du bon Dieu ! »

Lorsque les Frères arrivèrent aux Antilles, l'esclavage y régnait, et la condition des pauvres Noirs était vraiment lamentable. Privés de toute instruction religieuse ou profane, parqués comme des animaux, soumis, sous la menace du fouet, à des travaux qui, parfois, dépassaient leurs forces, ils menaient une existence des plus misérables.

C'est vers ces victimes sur lesquelles presque personne ne s'apitoyait que le V. Père envoya des Frères *catéchistes*. Ceux-ci osèrent rappeler aux maîtres les devoirs de l'humanité, en même temps qu'ils enseignaient aux esclaves et aux affranchis la résignation dans le malheur et leur demandaient le pardon pour leurs bourreaux. Seule la religion, avec la certitude du redressement et de la réparation des injustices dans l'autre monde, pouvait calmer le désespoir des uns et les sentiments de vengeance des autres.

Parmi les 40 à 50 Frères qui, à la Guadeloupe et à la Martinique, ont été chargés de cet apostolat, le plus populaire fut le Frère Arthur qui reçut la croix de la Légion d'honneur pour avoir arrêté la révolte des Noirs et prévenu ainsi l'effusion du sang.

Tout en fournissant des apôtres aux Missions d'outre-mer, l'œuvre de M. de la Mennais suggérait l'idée d'œuvres semblables qui devaient plus tard faire partie intégrante de l'Institut : telle fut la fondation des Frères de Gascogne, due à Mgr de la Croix d'Azolette, archevêque d'Auch, et celle des Frères de Normandie, à Tinchebray, par le R. P. Duguey.

Jusqu'en 1847, M. de la Mennais n'avait rien sollicité de Rome pour sa Congrégation naissante. Le 16 décembre de cette année, il est frappé à Guingamp d'une congestion cérébrale. Se sentant atteint d'une manière si grave et si menaçante, il adressa à Pie IX, par l'intermédiaire du Nonce à Paris, un exemplaire des Règles et des Constitutions des Frères de l'Instruction Chrétienne, suppliant Sa Sainteté de daigner bénir son cher Institut.

En 1851, Notre S. P. le Pape Pie IX accorda à l'Institut, non seulement une bénédiction apostolique, mais un Décret de louange auquel le Saint Père daigna joindre un Bref comblant d'éloges le Fondateur et son œuvre.

Dans les dernières années de sa vie, obligé de renoncer aux longs voyages, presque incapable de tenir une plume, le V. Père eut recours à quelques Frères pour sa correspondance. Ces années furent tout imprégnées de son esprit de foi, de son recueillement et de sa ferveur.

Le 21 décembre 1860, le vénérable vieillard reçut les secours de la religion et, le 26, il rendit son âme à Dieu en bénissant une dernière fois ses Frères éplorés : il avait 80 ans.

Au mois de janvier 1861, les Frères choisissaient pour leur Supérieur Général le R. F. Cyprien, celui-là auquel le V. Père mourant aurait dit : « Mon fils, achève mon œuvre. » Il gouverna l'Institut pendant près de 37 ans.

Pendant la vie du Fondateur, les Frères n'avaient émis que le seul vœu d'obéissance ; le Père se réservait d'introduire plus tard parmi eux les trois vœux de religion. Ce désir fut réalisé en 1889 par le sixième Chapitre général qui vota l'émission publique des trois vœux.

Le 13 mars 1891, S. S. Léon XIII daigna approuver et confirmer la Congrégation comme Institut à vœux simples.

En ce moment, il comptait environ 1900 membres instruisant 66000 enfants dans plus de 380 écoles.

En dehors de la Bretagne, le R. F. Cyprien a fondé la mission d'Haïti (1864) et celle du Canada (1886). Il a aussi réuni à la Congrégation l'œuvre de Normandie (1880). Le R. F. Cyprien s'endormit dans le Seigneur le 14 juillet 1897 ; il eut pour successeur le R. F. Abel.

Ceux qui ont connu le R. F. Abel n'oublieront jamais ce religieux *au zèle de feu et au courage de fer,* doué d'une âme apostolique servie par une parole ardente et enthousiaste. Il donna un nouvel essor au recrutement de l'Institut qui connut alors des années bien prospères.

Mais l'enfer veillait. Les lois haineuses, sectaires et spoliatrices, supprimèrent d'un trait de plume l'Institut de Ploërmel avec beaucoup d'autres Congrégations enseignantes : elles furent appliquées en 1903, on sait avec quelle brutalité. L'Institut avait en ce moment 1942 membres avec 448 établissements où 70.000 enfants recevaient une éducation chrétienne. Il y avait eu jusqu'à 900 jeunes gens se préparant à la vie religieuse dans 14 maisons de formation.

« Les moines comme les chênes sont immortels ! » La maison de Ploërmel était déserte, on créa un noviciat en Angleterre et un autre en Espagne. Le Canada, profitant de la persécution déchaînée en France, ouvrait ses portes à un nombre important de Frères et de jeunes gens chassés de leur patrie.

La plupart des autres Frères, pour répondre à l'appel de l'Episcopat, et sauver les écoles chrétiennes de France, durent, la mort dans l'âme, abandonner leur habit religieux et se séculariser.

Le R. F. Abel avait assisté navré et impuissant à la destruction de belles œuvres auxquelles il avait voué son énergie et ses talents. Retiré en exil, il continua encore quelque temps de suivre de loin son troupeau dispersé. Il s'éteignit sur la terre étrangère le 11 février 1910.

Le R. F. Jean-Joseph lui succéda comme Supérieur Général. Sous la nouvelle administration, le recrutement reprit avec vigueur ; le Noviciat, transféré à Southampton (Angleterre), compta bientôt plus de 100 jeunes gens. Celui d'Espagne, établi depuis peu à

Nanclarès de la Oca, se développait aussi d'une façon satisfaisante ; de plus, trois maisons de formation au Canada abritaient 200 aspirants.

On pouvait regarder l'avenir avec confiance. Outre ces pépinières florissantes de jeunes religieux qui assuraient la perpétuité de l'œuvre, la Providence venait lui ménager de plus l'appui de l'Église. Le 1er mars 1910, les Constitutions recevaient l'Approbation définitive de Pie X ; le 22 mars 1911, c'était l'Introduction de la Cause du Vénérable Jean-Marie de la Mennais, et le 9 mars 1915, le jugement favorable de la S. C. des Rites sur le procès de *non cultu*.

C'est au milieu de ce relèvement plein d'espérance qu'éclata soudain le coup de foudre du 2 août 1914.

Les hordes germaines se jetèrent féroces sur la Belgique et la France ; les Frères, fidèles à leurs devoirs de Français, accoururent de tous les coins du monde où la persécution les avait dispersés, pour défendre la Patrie attaquée. Les écoles et les noviciats virent partir pour les armées professeurs et scolastiques qui allaient rivaliser de bravoure, d'endurance et d'abnégation pour assurer le triomphe de la France toujours si aimée. On verra combien ils ont été dignes d'elle et de leur Institut !

LE FRÈRE-SOLDAT.

La plupart des Frères en exercice qui ont pris part à la dernière guerre avaient fait leur service militaire précédemment. Depuis longtemps déjà, sous couvert d'égalité, mais dans un but tout différent, facile à deviner, les religieux avaient été privés de l'exonération du service militaire qui était alors remplacé pour eux, comme pour les instituteurs laïques, par *l'engagement* de s'adonner à l'enseignement pendant dix années.

L'hypocrisie le dispute au cynisme dans la guerre poursuivie depuis plus de 40 ans contre tout ce qui se rattache de près ou de loin au Christ et à son Église.

Au début de l'application de la loi militaire de 1889, les Supérieurs des Instituts enseignants conçurent une vive inquiétude sur la persévérance de leurs jeunes Frères, forcés de passer trois ans à la caserne. Il leur était bien permis de ne pas partager l'opinion de ceux qui pensent que la vie militaire est utile aux séminaristes et aux religieux, et qui disent de bonne foi: Ceux qui auront résisté seront ensuite mieux trempés.

Comme si le mal n'avait pas plus d'attrait que les austérités de la vertu ! Comme s'il était avantageux de tout éprouver par soi-même afin de conquérir l'expérience nécessaire : autant voudrait soutenir qu'il faut avoir eu toutes les maladies pour les bien traiter. Cependant, M. Pasteur n'a pas été mordu que l'on sache..... (1)

Les anxiétés des Supérieurs étaient donc fort légitimes, et ils avaient le rigoureux devoir de tout mettre en œuvre pour sauver leurs jeunes gens d'un péril inconnu jusqu'alors. Ils estimaient d'ailleurs, avec raison, que lorsque le danger ne peut être évité, il vaut mieux s'y jeter avec courage, afin d'en sortir plus grand, plutôt que de paralyser ses forces par d'inutiles gémissements.

Les premiers Frères, en petit nombre heureusement, ouvrirent vaillamment la voie : ils étaient une élite. Ils soutinrent courageusement le feu, et lorsque l'épreuve achevée, ils reprirent dans l'Institut, avec une fierté bien légitime, leur modeste poste, leurs Frères plus jeunes se dirent : « Pourquoi ne pourrions-nous pas ce que ceux-là ont pu ? »

On organisa pour eux un système de défense.

Une correspondance active et régulière avec les Supérieurs, les visites les plus nombreuses possibles aux maisons religieuses ou aux cercles militaires, les rapports avec les aumôniers, ou autres prêtres désignés, la fréquentation des sacrements : tels furent les principaux moyens employés pour soutenir le Frère-Soldat dans la lutte. Chaque mois, un imprimé portait à chacun, avec des avis pratiques, quelques sujets de réflexions pieuses. Plus tard, la retraite de départ, véritable *veillée d'armes*, compléta l'armement religieux et moral des Frères-Soldats, tandis qu'une lettre mensuelle, inspirée par une affection à toute épreuve, sonnait la charge à leurs oreilles, à leur cœur plutôt, pour l'inévitable combat.

Le respect humain fait partout, hélas ! d'affreux ravages, surtout chez certains hommes qui, au lieu

____

(1) Fernand Nicolay, *Les Enfants mal élevés*, 17ᵉ édition, p. 38. — Paris, Perrin et Cⁱᵉ.

d'avoir le courage de leur opinion, semblent vouloir se faire pardonner d'être chrétiens. Pour prémunir les Frères-Soldats contre cette lâcheté, on leur écrivait : « Faites honneur, partout et toujours, à votre titre de chrétien et de Frère, et portez-le fièrement. Il faut que dans votre langage, dans vos allures, dans votre aspect, vous donniez une haute idée de l'éducation que vous avez reçue et que vous rendiez aimables votre religion et le nom que vous portez.

« Atteindriez-vous ce but, chers Amis, si par vos manières d'agir, vous rougissiez, en quelque sorte, de votre titre de Religieux ! Restez donc fidèles à votre Institut, à Dieu. Servez-le, comme disait le grand écrivain catholique Louis Veuillot, *effrontément*. « J'aimerais mieux, disait-il encore, la vanité que la honte d'être chrétien. Je vois moins d'inconvénient à ce qu'un jeune homme soit un *fier à bras* catholique, que je ne vois de presque impossibilité à ce qu'il reste pieux, lorsque toute sa piété consiste à baisser les yeux, en récitant chaque jour un nombre donné de patenôtres ! »

Lorsque de telles paroles, ou d'autres plus vibrantes encore, résonnaient au cœur du Frère-Soldat, il se sentait réconforté, son courage s'animait, et sa piété affermie couronnait en lui les vertus viriles qui le rendaient fier d'être, au régiment, le tenant du Christ.

Un autre danger menaçait souvent ceux surtout qui avaient des connaissances plus étendues. Ils furent maintes fois l'objet de sollicitations de la part de certains officiers qui, les sachant instruits, rangés, de bonne éducation, auraient voulu les attacher à l'armée par des promesses très alléchantes. Grâce à Dieu, bien peu consentirent à abandonner, pour des avantages éphémères, le service de Jésus-Christ.

Il est d'expérience que l'on se fait du bien à soi-même, que l'on s'excite à la pratique de la vertu, lorsqu'on veut loyalement, dans la pureté et la sincérité de son âme, faire du bien aux autres. C'est pour cela que les Frères-Soldats étaient si fort encouragés à pratiquer autour d'eux l'apostolat du bien. Celui qui prêche aux autres l'accomplissement d'un devoir se sent obligé de l'exécuter le premier. Et la correspondance des Frères-Soldats montre qu'ils n'ont pas failli à ce devoir.

Ah ! si les catholiques osaient pour promouvoir le bien ce que tant d'autres, hélas ! osent pour répandre le mal ; si les âmes que Dieu a façonnées avec un soin tout spécial dans les séminaires, dans les noviciats, dans les collèges chrétiens, avaient toujours le courage de mettre leur conduite en rapport avec leurs convictions, quel bien se ferait par leur entremise !

Après de si éloquentes et pressantes exhortations, les jeunes Frères-Soldats s'excitaient à devenir de plus en plus les apôtres de leurs camarades.

Voilà comment, depuis 1889, on a essayé de former des hommes à convictions profondes qui fussent à la fois de braves soldats et de fervents religieux : on va bientôt les voir à l'œuvre.

LE LIEN FRATERNEL :
L'ÉCHO DES MISSIONS.

La sollicitude dont on avait entouré les jeunes Frères pendant leur premier séjour à la caserne ne pouvait leur faire défaut pendant la guerre ; ils ne se sentirent pas abandonnés ou isolés. Outre les fréquentes visites du R. F. Supérieur Général, qui n'épargna ni temps, ni peine pour soutenir le courage de ses enfants, on créa à leur intention une petite publication mensuelle bien nommée le *Lien Fraternel*, qui servit comme de trait d'union à ceux qui étaient dispersés çà et là par les besoins du service.

Le Supérieur y donnait chaque mois les conseils les plus appropriés aux besoins actuels des Frères-Soldats ; les adresses de chacun y étaient indiquées, ce qui permettait une correspondance réciproque ; on y donnait les différentes nouvelles concernant la Congrégation ou les mobilisés ; on apprenait le sort des blessés et les noms de ceux qui étaient tombés glorieusement pour la Patrie ; enfin, des extraits de la correspondance des Frères portaient partout réconfort et édification.

Ainsi, ces braves soldats, si éprouvés par ailleurs, ont vivement senti le bienfait de la tendre sollicitude de leurs Supérieurs, et maintes fois, en termes émus, ils les en ont remerciés.

Tous les trois mois, une autre revue plus étendue, l'*Echo des Missions*, apportait au long et en détail les nouvelles que le *Lien* ne pouvait qu'esquisser. Là s'étalait plus à l'aise l'intéressante correspondance des combattants et des infirmiers ; là, on trouvait les articles nécrologiques en l'honneur des jeunes héros tombés sur le champ de bataille ; là, les Frères exilés de leurs communautés pouvaient, pendant quelques instants du moins, revivre la vie de ceux qui, là-bas, continuaient leur œuvre au prix aussi de multiples souffrances causées surtout par les vides qu'avait laissés le départ des mobilisés.

Comme nous l'avons dit, c'est particulièrement à cette publication si bien renseignée que nous empruntons les documents que nous mettons ici sous les yeux du lecteur.

ineptes calomnies et attaques de journalistes sectaires dont le mobile constant fut, semble-t-il, de faire la guerre... à ce qu'il y avait de plus noble et de plus pur en France.

Nous avons eu, ces jours derniers, la bonne fortune de mettre la main sur la collection complète d'une petite revue mensuelle, le *Lien Fraternel*, qui sert de journal de famille à ces Frères de Ploërmel mobilisés ; son intéressante lecture nous a permis d'avoir une vue d'ensemble sur la façon admirable dont nos anciens maîtres ont payé ou payent leur tribut à la France.

De toutes les contrées de l'univers, ils sont venus se ranger autour du drapeau tricolore : d'Angleterre, d'Espagne, de Bulgarie, de Turquie, d'Egypte, d'Haïti, du Canada, des Etats-Unis, voire même de Tahiti. La *Semaine religieuse* se fit l'écho, à plusieurs reprises, des imposantes et chaleureuses manifestations qui se produisirent en leur honneur, lorsqu'ils quittèrent ces divers champs d'apostolat.

L'Institut de Ploërmel est actuellement représenté dans toutes les branches des défenseurs de la Patrie.

Beaucoup de ses membres, après un court séjour dans les dépôts des régiments, ont rejoint les tranchées, soit comme simples soldats, soit comme sous-officiers, soit comme officiers. Vite ils ont conquis l'estime de leurs chefs, le respect et l'amitié de leurs camarades ; parmi ces derniers, ils ont trouvé beaucoup de leurs anciens élèves qui, tous, ont été très heureux de revoir leurs premiers éducateurs et, à leur contact, de se fortifier le moral.

D'autres ont été affectés dans les divers hôpitaux et ambulances ou employés comme brancardiers là-bas ; partout ils se sont fait remarquer par leur inlassable dévouement envers les chers blessés.

Quelques-uns, étant donnée leur parfaite connaissance de la langue anglaise, ont été employés comme interprètes ; ils ont produit une excellente impression sur les officiers anglais et français près desquels ils remplissent les fonctions d'agents de liaison, et ils ont rendu de nombreux services, affrontant, sans crainte ni lassitude, les dangers et les distances.

Nous voudrions pouvoir reproduire ici quelques extraits de lettres de ces combattants, publiés par le *Lien Fraternel*; toutes ces correspondances intimes sont débordantes de vraie fraternité, d'amour de la France, d'esprit d'abnégation, de la soif du sacrifice ; nous voudrions faire ressentir à nos lecteurs les douces et réconfortantes émotions que cette lecture nous a procurées à nous-même et fournir ainsi une nouvelle et irrécusable preuve que *patriotisme et catholicisme* s'allient fort bien, se fortifient même et engendrent irrésistiblement bravoure et héroïsme.

« Le devoir m'appelant là-bas, je m'y rends de grand cœur, l'âme en paix. » (F. A.)

« Pour la croix, pour son drapeau, mourir est un sort bien beau. » (F. E.)

« Avec la grâce de Dieu, j'accepte de grand cœur le genre de mort qu'il plaira au ciel de m'envoyer, avec toutes ses douleurs, ses peines, ses angoisses, pour le salut de la France et de ma double famille. » (F. L.)

Quelques jours après, ce généreux sacrifice était accepté !...

Les Frères de Ploërmel comptent déjà de nombreuses et nobles victimes, dont le sang, versé pour la France et uni à celui de tant d'autres martyrs, ne peut manquer d'attirer sur notre pays la miséricorde et le secours divins. Tous ont emporté les regrets unanimes de leurs chefs et de leurs camarades.

« Je tiens à vous dire, écrivait dernièrement, le colonel d'un de nos régiments, au Supérieur Général, en quelle estime je tenais cet excellent officier qu'était le Frère Lucinius, qui vient de tomber au champ d'honneur ; c'était un homme de devoir et de cœur, aussi bon et brave que modeste, et dont votre Congrégation peut être légitimement fière. »

La belle page que tracent en ce moment ces petits Frères dans les annales de la France ne nous étonne nullement, à vrai dire ; ne sont-ce pas eux qui, de concert avec nos instituteurs libres, ont façonné en majeure partie cette âme héroïque qui s'est manifestée dans les fusiliers marins à Dixmude (des Bretons pour la plupart), dont Ch. Legoffic vient de chanter la glorieuse épopée ? Ne sont-ce pas eux qui ont fait l'éducation de beaucoup de ces braves qui forment nos régiments de l'Ouest si souvent à la peine et qui, depuis onze mois, ne cessent de se couvrir de gloire ? Nombre de héros du front pourraient, en effet, prononcer des paroles comme celles-ci de l'amiral de Cuverville : «—Ce sont les Frères qui ont été mes premiers maîtres ; c'est grâce aux soins aussi intelligents que dévoués du saint Frère Laurent, à Quintin — car c'était un saint, ajoutait l'amiral — que j'ai gardé un si bon souvenir des Frères de Ploërmel. »

Je saisis mieux actuellement pourquoi les Frères, et avec eux tous les prêtres et religieux, eurent tant d'ennemis par le passé. C'est que ces hommes de foi, par leur enseignement et par leurs exemples, contrecarraient trop fortement l'œuvre néfaste des antimilitaristes, des antipatriotes, des partisans du drapeau dans le fumier et de l'affaiblissement moral de la France. Honneur donc à ces modestes ouvriers de la bonne cause ! Le pays qui a donné naissance à tous ces héros du devoir ne saurait périr.

UN VRAI FRANÇAIS.

AU NOVICIAT DE BITTERNE-PARK.
(Angleterre).

On attendait le retour du Supérieur Général à Bitterne le 5 août, pour l'ouverture de la première retraite. Mais, dès le 3, il arrivait, tenant à revoir, avant leur départ pour l'armée, les 14 Frères atteints par le décret de mobilisation. Dans la réunion du lendemain, qui était celle des adieux, le Révérend Frère, d'une voix trahissant une émotion difficile à contenir, a exprimé des sentiments qui ont su trouver le chemin de tous les cœurs. « Les partants feront leur devoir, nul n'en doute, dit-il en terminant, ils seront de plus apôtres par l'exemple, en face des peines et des périls, et au besoin par la parole ; leur pensée se reportera souvent vers leur Institut qui ne les oubliera jamais. » Le mot de la fin est dit par le maître des novices : « Partez en paix ; la sainte Vierge, dont vous portez la médaille miraculeuse, vous ramènera tous au milieu de nous! »

Ce groupe de religieux en soutane attira l'attention des Anglais, et au moment de prendre le tramway, nos voyageurs furent salués par de vigoureux *hurrah!* et de gracieux *au revoir !*

On devine avec quel intérêt sont lues au noviciat les lettres des nouveaux soldats, notamment celles des professeurs aimés qui ont dû quitter leurs classes pour un champ d'action tout différent, et quelles

Noviciat de Sainte-Mary's House, Bitterne-Park (Angleterre).

prières s'élèvent assidûment vers le ciel pour leur préservation.

Citons quelques passages.

Du F. René Maurice. — *14 août.* — J'ai reçu le plus
cordial accueil des officiers, sous-officiers et soldats.
Il y a beaucoup de prêtres dans le régiment et cinq
dans ma compagnie. Le soir, j'en rencontre huit
autres qui sont occupés dans les hôpitaux ; tous
n'ont que des louanges pour la conduite des soldats
à leur égard. L'épée suspendue sur leur tête les rend
sages. La plupart des cinq ou six mille qui nous ont
quittés, il y a huit jours, ont reçu les sacrements
avant de partir, et je pense que tous, sans exception,
vont au feu avec une médaille ou deux à leur cou.
Il y a encore de la foi en France. Il suffit d'un court
entretien avec un de ces hommes à l'aspect rude
pour être persuadé qu'ils pensent à une autre vie
et s'y préparent.

Je pense à vous à chaque instant, et demain, 15
août, je serai bien incapable d'éloigner ma pensée
de Sainte-Mary's. O heureux jour que j'aurais été si
content de passer au milieu de vous ! Dites à nos
chers novices et scolastiques de penser à leurs amis et
de prier pour les petits soldats de France, attendant
de jour en jour l'ordre d'aller à une terrible bou-
cherie. Que la volonté de Dieu soit faite !

29 août. — Je viens de recevoir le beau paquet de
lettres de Bitterne. Je l'attendais avec une grande impatience. Oh ! oui, certes !... puisque tous les jours depuis une semaine, je me rendais chez le vaguemestre,
toujours avec la même question : « Y a-t-il des lettres
pour moi ? » Enfin, celle que j'attendais m'a été re-
mise à mon retour de l'hôpital. Je ne vous dirai pas
jusqu'à quel point elle m'a été agréable, mais, si
vous étiez là, à la vue de mes yeux encore humides,

vous sauriez combien elle m'a touché et quel flot de souvenirs elle a remué dans mon cœur. Ce cher noviciat de Sainte-Mary's ! oh ! je le reverrai ! La Sainte Vierge pourrait-elle manquer d'exaucer les prières ferventes et nombreuses qu'on lui adresse à mon intention ?

Le détachement parti hier soir a été couvert de fleurs et... de pleurs ! Ceux qui partaient étaient pleins d'entrain, de résolution, mais, hommes de 30 à 40 ans, ils savaient lire entre les lignes des brefs communiqués officiels pour deviner ce qui les attend. Aussi ne remarquait-on plus parmi eux cet enthousiasme insouciant des jeunes de l'active. Et puis, ce sont des pères de famille : de quels déchirements j'ai été témoin ! « Franc » avait raison, l'autre jour, dans un article de *La Croix*, de réconforter ceux qui ne peuvent croire à notre victoire, à cause des fautes de la France, en leur montrant que même pour le vainqueur, la guerre est un abominable fléau. Nous en avons la preuve tous les jours ici. Ces départs !... ces arrivées de blessés, de réfugiés belges, qui s'entassent dans nos hôpitaux temporaires ou dans les usines. Hier soir un prêtre infirmier, à qui je sers la messe tous les jours, me racontait quelques traits de ses blessés. Ils n'avaient pas couché sur un lit depuis 25 jours. Plusieurs sont restés 15 jours dans la tranchée, le fusil à leurs côtés, prêts à faire feu à la première alerte. Ils confirment ce que *La Croix* disait hier sur la tactique allemande, et ils assurent que l'infanterie, massée ainsi en colonnes, est terrible. Seules notre artillerie et nos mitrailleuses peuvent en avoir raison. Mais ils ne cessent de louer notre artillerie, elle protège admirablement nos mouvements d'infanterie. Il en a coûté à nos braves fantassins pour obéir à l'ordre de battre en retraite à Charleroi. Ils se croyaient vainqueurs à la vue des dégâts causés par nos obus dans les rangs ennemis. Dès que l'un d'eux tombait sur une masse prussienne, les hommes volaient, disent-ils, comme des papillons. Mais hélas ! ce qui les décourageait, c'est qu'une colonne détruite était tout de suite remplacée par une autre toute fraîche. Cependant ils sont restés deux jours sous une grêle de mitraille sans reculer de vingt mètres. La retraite a ensuite été admirablement conduite. Ce qui coûtait encore à ces braves, c'était de demeurer si longtemps dans un air empesté. Les Allemands perdent beaucoup de monde (cela se conçoit, d'après leur manière d'avancer par masses compactes), hommes et chevaux pourrissent sur le champ de bataille !...

Les journaux, paraît-il, sont bien au-dessous de la réalité, quand ils parlent des atrocités allemandes. Il faut entendre, pour s'en faire une idée, les 1500 Belges débarqués ici la nuit dernière. Il a fallu endormir ce matin une malheureuse femme, pour lui arracher ses deux jumeaux morts qu'elle tenait serrés contre sa poitrine. Ses compatriotes expliquent qu'ayant vu des enfants jetés dans les chaumières incendiées, sous les yeux de leurs mères, elle s'enfuit éperdue, emportant les siens !...

Et moi, qu'est-ce que je deviens ? Depuis le 15 août, grâce à l'amabilité de mon sergent-major, j'ai la permission de sortir tous les jours et à toute heure pour mon service à l'hôpital. Je réponds la messe et communie tous les jours, c'est pour moi le plus précieux avantage de cette permission. Mais cela finira probablement bientôt : mon nom figure comme infirmier sur la liste de ma compagnie mise sur le pied de guerre et prête à partir au premier signal.

24 septembre. — Que de choses inattendues se sont passées depuis mon dernier mot ! Je l'écrivais tranquillement assis à mon bureau, mais rongé d'ennui (à cause du désœuvrement). J'écris cette missive entouré de blessés allemands. J'en ai vu de rudes depuis huit jours, en corvées répugnantes, plus fatigantes encore ; aussi le soir, je m'abats comme une masse là où je puis. Voici la troisième nuit, depuis une semaine, que je dois veiller et trotter ici et là.

A leur arrivée, pas un des blessés n'était capable de se rendre seul à son lit. Voici un lieutenant dont les deux pieds ont été traversés par la même balle ; elle a littéralement labouré la chair autour de la cheville du pied gauche ; trois doigts pourraient aisément entrer dans la plaie. Comme le pansement n'a pas été renouvelé depuis quatre jours, il s'en échappe une odeur infecte, un pus abondant et des vers.

Plus loin, c'est un soldat dont la jambe est immobilisée dans le plâtre ; j'ai cisaillé ce plâtre autour d'une blessure horrible. Le tibia est brisé et à nu sur une longueur de 6 à 8 centimètres. La chair du mollet déchiré pend sur le côté. Une balle Lebel a pris la jambe en travers et a creusé ce trou où mon poing pourrait entrer. A part sept ou huit, tous ont d'affreuses blessures. Parmi eux est un Lorrain de Château-Salins, blessé par les Anglais à Villers-Cotterets. En route, il a jeté sa capote prussienne pour révêtir un uniforme de chasseur alpin.

Nous sommes trois infirmiers pour la salle allemande, deux prêtres et moi. C'est heureux pour les blessés, car l'idée chrétienne de fraternité et la tradition chevaleresque et bien française de pitié pour le vaincu est plus en honneur parmi les personnes consacrées à Dieu que chez d'autres, exaspérées, il est vrai, par les récits de vandalisme commis par les Allemands et qui retombent encore plus sans doute sur certains chefs que sur la masse des combattants.

Ce serait plus consolant de soigner des Français, mais aussi moins méritoire : notre dévouement est plus désintéressé, plus chrétien. D'ailleurs nos blessés sont bien reconnaissants. Plusieurs fois déjà, après leur avoir rendu quelque service, je les ai vus me presser la main en disant : « Merci. » Le lieutenant, les larmes aux yeux, m'exprimait avant-hier sa gratitude pour lui et ses hommes, et m'appelait son bon ange.

Le pays regorge de blessés ; on en remplit même les casernes où les soldats couchent sur la paille en attendant qu'on les envoie dans les camps.

16 octobre. — De fait, si mon sacrifice fut entier quand, au pied de l'autel, le soir du 3 août, je me plaçai sous la protection de Marie, mon cœur a saigné souvent à la pensée de Bitterne. Heureusement, le temps cicatrise tout : « Sur les ailes du temps, la tristesse s'envole ! » Dans la situation où je me trouve, toujours sur le qui-vive, tranquille ce matin, mais susceptible de partir ce soir et de mourir demain, il faut vite en arriver à la pratique de la sainte indifférence, à l'abandon entier de soi-même aux mains de la Providence ; sinon on se laisse dominer par le souci de vivre, lequel conduit parfois à de lâches poltronneries. Il fait si bon, au contraire, s'endormir sur le sein de la toute bonne Providence !

Du F. Ambroise. — J'ai dîné jeudi à l'école libre. Le directeur était fou de joie quand il a vu chez lui un frère en soutane. Il a tenu à me montrer aux soldats qui se trouvaient à l'école, car hier il en avait 200 dans ses classes. En les voyant manger leur pain sec, son bon cœur n'a pu y tenir et il est allé leur chercher du cidre ; il a aussi distribué des médailles à tous. Au départ, les soldats ne savaient comment exprimer leur reconnaissance au bon directeur.

La vue des frères revenant pour la guerre fait

partout une excellente impression. Un bon vieux m'a demandé d'où je pouvais venir : moi qui croyais, dit-il, qu'il n'y avait plus de Frères, que je suis content d'en voir un !

Je pense souvent à Bitterne et à tous les amis qui là-bas prient pour nous. Je les embrasse dans le Cœur de Jésus.

Pour Dieu et pour la France, en avant !

. . . .

J'ai passé un jour en soutane à la caserne. Les soldats avaient pour moi le plus grand respect, ils préparaient mon lit de paille et me rendaient toutes sortes de services. Ce sont de braves gens, en général, et je n'ai entendu jusqu'ici rien d'inconvenant.

La guerre est une vraie mission dans la France ; partout on se confesse et on communie. Hier soir j'ai été à la chapelle de Notre-Dame d'Espérance, à Saint-Brieuc ; elle était remplie, et on y voyait beaucoup de soldats. C'est là que l'on prie bien et que l'on chante avec ferveur !

En attendant notre départ, nous faisons tous les jours l'exercice. Les hommes sont, non pas enthousiastes, mais prêts à faire leur devoir. Hier j'ai conduit à confesse un de nos anciens élèves. Presque tous connaissent nos Frères et en parlent avec vénération. J'ai commencé à porter le sac ce matin ; Je le trouve rudement lourd, surtout après avoir passé la nuit sur un peu de paille ; le matin, j'ai les reins brisés : c'est le métier qui entre ! En ce moment, j'ai pour caporal un instituteur laïque ; je m'en suis fait un ami.

Le dernier vendredi d'août, nous avons eu un départ de troupes dans notre compagnie. Le lieutenant, après un petit discours tout vibrant de patriotisme, demanda aux volontaires de se ranger à part. Une cinquantaine quittent les rangs. Il en fallait 113. La plupart de nos réservistes sont des pères de famille et c'est ce qui explique leur hésitation. Cependant, quand ils sont désignés, tous partent avec entrain. Au moment des adieux, une grande tristesse saisit ceux qui restent ; à ce moment, ils préféreraient être sur les rangs. De la caserne à la gare, la foule ne cesse de crier : Vive l'armée ! Au revoir ! etc. Chaque fusil porte un bouquet de fleurs ; on en jette de toutes parts aux soldats.

Des blessés nous arrivent presque tous les jours. Des automobiles, des voitures, le fond garni de paille ; des aumôniers, des médecins-majors, des Sœurs, des dames de la Croix-Rouge, les attendent. Ils arrivent. Les uns, le bras en écharpe, agitent leur képi de la main libre, pour répondre à la foule qui ne cesse de crier : Honneur aux blessés ! Vive la France ! D'autres ne peuvent marcher qu'appuyés sur leurs camarades ; ils saluent en inclinant la tête. Enfin plusieurs sont portés sur des brancards, ce sont les plus grièvement atteints. J'en vois trois étendus sur de la paille ; un seul peut remuer ; il lève son bras nu et on applaudit avec frénésie. Je suis versé dans l'auxiliaire, mais la curiosité m'a fait prendre un sac et un fusil pour monter la garde et voir ce défilé.

Les blessés viennent à la caserne nous raconter leurs prouesses et nous faire part de leurs impressions. L'un d'eux nous montrait sa gamelle percée de plus de dix balles. Un autre portait son livret sur sa poitrine, dans la poche de sa capote ; ce n'est plus qu'une loque : la balle prussienne l'a traversé, ainsi que sa bretelle ; dans ce trajet, elle s'est tordue et s'est arrêtée entre la chemise et la peau. Pour un autre, la balle, après avoir traversé le képi, s'est contentée d'égratigner le cuir chevelu. Autant d'individus, autant de cas intéressants. Quelques-uns ne parlent que l'arabe, mais les chaudes poignées de main que nous leur prodiguons leur font bien voir qu'ils sont chez des frères d'armes.

Et les prisonniers allemands? Ils sont arrivés une centaine le 1ᵉʳ septembre. On peut dire que toute la ville était à la gare à cette occasion. Ceux que nous recevons sont jeunes, pâles, mais vigoureux. Deux ou trois pleurent, les autres ont l'air abattu ; un seul a un sourire méprisant, mais un sergent, d'un geste de sa baïonnette, lui fait rentrer ce sourire. Ils sont tête nue et presque tous nu-pieds. En entrant en prison, un des Prussiens hasarde un pas en dehors des rangs, mais un soldat présente la baïonnette. Alors le malheureux indique du doigt une vieille croûte de pain toute noircie qui traînait dans la poussière ; on lui permet de la prendre et il la dévore en un instant... Ils font signe qu'ils ont soif et qu'ils meurent de faim ; on leur apporte de l'eau et du pain, comme ils sont contents ! Mais qui dira la somme de souffrances imposées aux uns comme aux autres par les auteurs de cette horrible guerre?

Les Allemands ont une discipline extraordinaire; ils obéissent à l'œil et c'est bien ce qui fait leur force. Ils chargent à la baïonnette en silence, mais avec vigueur. Tout le monde a remarqué leur uniforme de très bon drap d'un gris marron, très peu voyant.

Les soldats anglais et les Belges font l'admiration de nos troupes. La Bretagne est inondée par les Parisiens, les habitants du Nord et de la Belgique. Parfois, dans le trajet, les femmes perdent de vue leur mari, les enfants se trouvent séparés de leurs parents ; alors ce sont des angoisses et des lamentations.

Ce matin, j'arrive au bureau de la compagnie ; on m'annonce que j'ai une lettre bien épaisse ; en un tour de main, j'en sors 7, 8, 9, 10 feuilles... un vrai journal, quoi ! Quelle chance ! quelle veine ! Ah ! oui, pour de la chance, c'est de la chance ! s'exclame-t-on autour de moi. Alors, tout fier, j'explique que là-bas, de l'autre côté de la Manche, il y a de bons petits cœurs qui pensent à moi. Dire la joie, la consolation que j'ai ressenties en lisant ces bonnes lettres est chose impossible. Toutes ces ferventes prières adressées au bon Dieu pour ma bonne mère récemment décédée, quelle consolation pour moi ! Merci du bon moment que vous m'avez fait passer ; en retour, que le Sacré-Cœur de Jésus vous donne à tous une grande piété et un grand amour pour votre vocation !

18 octobre. — Tous les blessés allemands dépendent de notre compagnie ; voilà pourquoi j'ai l'occasion de les voir souvent. Parmi eux il y a beaucoup de Saxons et une centaine de Polonais et d'Alsaciens. Ces derniers sont intéressants ; ils sont classés dans des salles à part et soumis à un régime de faveur. Je viens de rencontrer un Polonais qui porte ostensiblement la cocarde tricolore. Beaucoup d'entre eux, quand ils sont guéris, demandent à faire partie de la légion étrangère. Les Polonais, ainsi que les catholiques allemands, sont très pieux ; le respect humain n'est pas connu chez eux. Ils se promènent dans les salles le chapelet au cou et veulent avoir tous les dimanches la sainte messe, à laquelle ils communient. L'aumônier dit que ceux qui meurent sont résignés, et il n'y a presque rien à faire pour les bien préparer à la mort.

Au début, quand les catholiques étaient mélangés aux autres, je suis passé dans les chambres un jeudi. Les catholiques étaient en peine, car ils savaient que le lendemain ils n'auraient eu que de la viande, et les protestants disaient en riant : « Demain, pain sec pour vous et toute la viande pour nous ! » Et nos chers Polonais auraient préféré manger du pain sec toute la journée plutôt que de manquer à l'abstinence du vendredi. Quand ils ont vu que je demandais les catholiques et que je m'intéressais à eux, ils m'ont entouré, me montrant leurs chapelets, leurs scapulaires, leurs livres de prières avec l'image du Sacré-Cœur ou des médailles à l'effigie de Pie X. Ils furent heureux quand je leur dis que la loi du vendredi n'existait pas pour les soldats, surtout en temps de guerre et que moi-même je mangerai de la viande toute la journée.

Du F. Floribert. — « Quand la paix sera-t-elle signée? Dieu seul le sait. Nous sommes fermement convaincus du succès final. Les prisonniers allemands que nous avons ici sont stupéfaits des ravages causés par notre canon de 75. On ne devrait jamais combattre, disent-ils, contre des soldats maniant de telles armes, elles sont terriblement meurtrières. A l'hôpital militaire, il y a environ 40 officiers allemands blessés. Cette après-midi je suis allé les voir. Leur infirmier est un de nos Frères du Canada. Hier, il en est mort trois qui souffraient un vrai martyre ; l'un deux avait les intestins percés de part en part ; un autre avait reçu une balle à travers la joue et la langue, ce qui avait amené un abcès aussi volumineux que sa tête, de sorte que de loin il paraissait avoir deux têtes. Presque tous les autres avaient été atteints dans le dos, après la débâcle générale au nord de la Marne. Les trois quarts de ces Allemands sont catholiques, la plupart Bavarois ou Polonais. Ils sont très pieux et assistent à la messe chaque jour. Ils portent des scapulaires, médailles et saintes images. En arrivant, beaucoup d'entre eux demandent un prêtre pour entendre leur confession ; ensuite ils reçoivent la sainte communion. Le Frère me dit qu'un Polonais, en particulier, est pieux comme un ange ; il dit son chapelet tout le long du jour.

J'ai hâte de dire que nos soldats ne sont pas en retard sous ce rapport. Presque tous portent à leur cou des chapelets, des médailles, des reliques, etc.

Un soldat, qui avait fait la campagne du Maroc, me montre dans son calepin, une image de la Sœur Thérèse de l'Enfant-Jésus que j'aime tant, et les litanies du Sacré-Cœur copiées à la main. On peut voir aussi nos braves Turcos se promenant dans les rues avec une médaille du Sacré-Cœur ou de la sainte Vierge fixée sur leur poitrine. Si quelqu'un approche et demande à examiner la médaille, la réponse invariable est : « Pas toucher ! Avec ça, pas mort ! »

REVENU DES ANTIPODES
POUR SERVIR LA PATRIE.

Fr. Marcel-Georges.

J'ai quitté Tahiti avec bien du regret. Je reçus ma feuille de route pour Nouméa, où je devais entrer à la coloniale. En m'éloignant, je trouvais ce petit coin de terre plus beau que jamais. Le dernier Frère que j'aperçus fut le bon Frère Allain que je saluai de loin d'un dernier coup de chapeau. Son souvenir me fait plaisir ; aussi ai-je voulu le remercier de sa bonté en lui envoyant de Nouméa quelques beaux coquillages sculptés par les forçats, et que j'ai eus pour presque rien.

Quelques jours après notre départ, les Arabes, qui sont chauffeurs à bord, tuèrent une de leurs vieilles biques efflanquées. Les Canaques à leur tour tuèrent un de leurs porcs sur l'avant du bateau. Les biquots, comme nous appelions les Arabes musulmans, voyant cela, lançaient des « pouah ! » aux Canaques en se pinçant le nez, et rebroussaient chemin. En voilà un cependant qui se hasarde à passer, mais un Tahitien prend du sang dans le creux de sa main et se met à courir après le pauvre homme qui pousse des cris de frayeur. Il réussit à se sauver et m'aborde en gesticulant: « Y a pas bon ça cochon, gros ventre si manger, et plus travailler, comme Canaques ! » Il désignait celui qui avait saigné l'animal et qui était remarquable par son embonpoint.

Une chose drôle aux antipodes : nous avons sauté un dimanche. Du samedi soir, on passe tout simplement au lundi matin. Les Arabes n'y comprennent rien ; quoique musulmans, ils profitent des fêtes chrétiennes. Ils ont été obligés cependant de travailler ce jour-là à peindre le bateau qui arriva comme un vrai petit bijou à Nouméa.

Enfin nous apercevons la terre dans la brume, puis le phare qui est à l'entrée de la passe. En face du phare, il y en a un autre tout petit qu'on appelle le pharon ; le gardien est un forçat condamné à mort. Il risque à chaque instant d'être emporté par le flot.

Après être descendu, j'avais deux heures à moi ; j'en profitai pour aller rendre visite à M. le Curé, à qui je remis une lettre de Mgr Hermel. Ma deuxième visite fut pour les Petits-Frères de Marie à qui je garderai toujours une grande reconnaissance pour la bonne hospitalité qu'ils m'ont accordée. Le C. F. Albano, directeur, fut très aimable pour moi, ainsi que tous les autres Frères.

Mes quinze jours d'exercice à Nouméa ne furent pas pénibles. Tous les soirs, à cinq heures, j'étais libre jusqu'à neuf. J'allais alors souper chez les Frères, suivant leur désir. Deux des leurs étaient avec moi.

Un grand cargo de 12.000 tonnes vint nous chercher pour nous mener en France. Les Calédoniens firent une belle fête à l'occasion du départ de leurs jeunes soldats.

Dès en partant, le bateau roulait comme une barrique, les valises se promenaient sous les lits d'un côté à l'autre de la cale. Il fallait voir les soldats courir après. Quelle cohue ! « Eh ! t'as pas ma savate ? mon godillot a f... le camp ! » Ajoutez à cela qu'une vague avait rendu visite à la cale pendant la nuit ;

c'était un vrai lac qui allait d'un bout à l'autre de notre dortoir ambulant, où nous étions au moins 250.

C'est l'heure de la soupe. Deux hommes de corvée sont désignés par escouade pour faire le service. Il faut monter deux grands escaliers glissants pour arriver à la cuisine. Vous voyez quelle scène cela produit de temps en temps avec le roulis. Cependant tout le monde réussit à se caser dans un coin, assis par terre, sur des bouts de planches. La soupe est au milieu des convives, quand un mouvement brusque renverse marmite et bidons, et les soldats de glisser ici et là. En se relevant, heureux celui qui ne retombe pas au milieu de la sauce, parmi les gamelles renversées. La soupe est mangée sans profit, mais on rit quand même.

La mer fut mauvaise jusqu'à Sydney. Nous y fûmes bien reçus. J'allai plusieurs fois chez les Frères Maristes avec mes deux compagnons. La veille du départ, nous fîmes une excursion à *Blue Mountains*. Le voyage, bien entendu, était gratuit. Nous pouvions aller ainsi n'importe où, en tramway ou en bateau. Enfin notre cargo nous emporta vers Freemantle.

C'est dans cette nouvelle phase de notre voyage que nous avons le plus dansé ainsi que nos plats qui toujours se promenaient sur le pont, et même moi qui me suis allongé une fois en plein sur le dos. Un Belge, qui voyageait avec nous, faillit se tuer en descendant l'escalier d'une façon peu réglementaire.

Ma couchette se trouvait dans le fond de la cale, qui n'était éclairée que par un panneau et quelques hublots, fermés alors à cause du mauvais temps. Nous entrions à tâtons dans les couloirs séparant les lits superposés. Ceux qui étaient au fond depuis quelque temps voyaient assez clair ; aussi en profitaient-ils pour faire des niches aux autres, soit avec un quart d'eau lancée en pleine figure ou autrement. Malgré tous ces inconvénients, nous étions toujours joyeux.

A bord, nous avions un aumônier à qui j'ai répondu la messe tous les dimanches sur le pont. Beaucoup de soldats y assistaient et chantaient de bon cœur ; beaucoup aussi y communiaient. Notre capitaine, que nous avons encore, allait en tête.

La vie devenait de plus en plus ennuyeuse à cause de la longueur de la traversée et du peu de divertissements. La moitié du pont était occupée par des bestiaux, vaches, moutons qui, à Colombo et à Aden, furent remplacés par des zébus et des moutons à grosses queues et sans laine.

A Freemantle, il nous fallut défiler pendant trois ou quatre heures. La foule, poussant des hourras, était si compacte que quelquefois c'est à peine si nous pouvions passer. Deux jours après notre départ, nous rencontrâmes un banc d'au moins quatre à cinq cents marsouins qui vinrent faire des gambades autour du bateau. Le temps resta calme jusqu'à Colombo.

Quelle ville sale et repoussante dans le quartier hindou ! Vous voyez ces êtres misérables, moitié nus, les joues creuses, les jambes comme des flûtes. Les uns sont devant leurs cases, assis à la manière des tailleurs ; ils mangent du riz pimenté, gâchant avec leurs mains cette espèce de mortier qu'ils avalent à pleine bouche. Le plat principal est un panier de jonc très solide, dont le fond est tapissé de feuilles de bananiers. Un plat de bois bien creusé, assez joli, ou une terrine de terre poreuse, renferme le piment. Chacun prend sa portion sur un morceau de feuille de bananier, et au travail avec les doigts !...

Voici le quartier mi-européen. Je suis à me demander encore comment je m'en suis retiré. Passez-vous dans une rue, une dizaine de garçons de café, de magasins, vous accrochent par le bras : « Viens ici, Madame, je vends du café bon, bon, de la bière ; c'est dix sous, dix sous. Viens, viens ! » Et puis un autre : » Viens monter pousse-pousse, moi courir fort, mener toi voir jolie ville ». C'est comme cela tout le long de la route. Certains magasins ne vendent que des boudhas en cuivre ou en os, des tapis, des éléphants d'ébène. Ils vous écorchent le plus qu'ils peuvent ; je le sais par plusieurs qui se sont laissé rouler. Certains endroits sont encombrés de voitures basses, couvertes de feuilles de coçotier tressées, et conduites par de tout petits zébus : je ne sais s'il y en a beaucoup à avoir plus d'un mètre de haut. Puis, c'est le conducteur de pousse-pousse qui court à longues enjambées pendant des heures et des heures, traînant un monsieur ou une dame, qui lit sans s'occuper du reste.

Nous avons failli être obligés de descendre mettre la paix. Le gouverneur avait envoyé une demande au capitaine : une querelle avait eu lieu entre bouddhistes et mahométans. L'affaire n'a pas été très grave, aussi nous n'avons pas eu besoin d'agir.

En allant à Colombo, nous sommes passés trop loin de l'île des Cocos pour la voir. J'aurais bien voulu apercevoir l'*Emden* qui n'a pas été entièrement coulé.

Nous quittons Colombo pour Aden. Le troisième jour, vers neuf heures, que voit-on à l'horizon ? Des cheminées vomissant une fumée noire. A n'en pas douter, ce sont des bateaux de guerre. Mais de quelle nationalité ? Alerte sur le pont, dans la cale, partout. Toutes les lunettes sont braquées. Les signaux sur la dunette venaient d'être hissés et sans doute reconnus. Aussi ces cinq bateaux, un cuirassé et quatre contre-torpilleurs, ne parurent faire aucune attention à notre cargo.

La nuit, un autre bateau de guerre, tous les feux allumés, se dirigea sur nous à toute vapeur, mais, nous ayant reconnus, il fit volte-face feux éteints.

Le sixième jour, la terre se fit voir de nouveau : c'est la terre d'Arabie, déserte et nue à cet endroit.

Puis nous arrivâmes à Aden. Pas un arbre, pas un signe de végétation, pas même le cocotier si habitué pourtant à la chaleur.

Le pays est montagneux. Des maisons sont accrochées au flanc du rocher, d'autres sont à la base. Les chameaux défilent le long du quai par cinquantaines. Tous sont chargés d'alfa et de marchandises enveloppées dans des étoffes de couleur. Seul, avec les deux Frères Maristes, j'ai pu descendre. Un de leurs confrères, vêtu de blanc, est venu nous chercher.

Nous sommes entrés à l'école. Ils ne sont que deux pour soixante élèves, blancs et noirs et, peut-on ajouter, juifs ou musulmans, à part quelques exceptions. Nous y avons pris un bon repas. Dans la salle à manger, nous ne pouvions guère souffrir de la chaleur : un petit garçon assis tire, par une ficelle, un large éventail d'étoffe rouge. Je sentais en moi des frissons, tellement la réaction produite était violente.

Mais le chaud revint assez vite dans la Mer Rouge. Nous couchions sur le pont jusqu'à deux heures du matin : alors on nous faisait redescendre dans la cale à cause de la fraîcheur plus grande à ce moment. Un de nos compagnons mourut le deuxième jour de notre voyage dans la Mer Rouge. Les honneurs militaires lui furent rendus, sur le pont, avant que la planche fatale ne se baissât pour le laisser tomber dans les flots. Il avait pu voir le prêtre avant de mourir.

Nous étions à Suez le sixième jour de notre départ d'Aden. L'ensemble de la ville nous parut assez gai, car la vue de la terre, même stérile, est un plaisir après un assez long séjour sur mer. Tout le long du canal, nous voyions les troupes australiennes et hindoues qui nous saluaient au passage, de leurs « hip ! hip ! hurrah ! » Mais quelle sécheresse partout ! La rive égyptienne est presque entièrement plantée d'arbres ; l'autre côté n'est qu'une plaine de sable où ne pousse pas la moindre petite herbe.

Vers le milieu du canal, on passa à côté d'un de nos bateaux, devenu glorieux par ses exploits, le *Requin.* L'équipage creusait des tranchées sur la rive. Nous saluâmes ces héros inconnus de hourrahs formidables. La musique joua la *Marseillaise* en leur honneur.

Puis voilà Port-Saïd. Nous nous y arrêtâmes une demi-journée. Là, comme à Aden et à Suez, les marchands juifs ou arabes arrivèrent dans leurs chaloupes, avec des plumes d'autruche et un tas de petits objets. Les soldats jouèrent plus d'une farce à ces Juifs déguenillés. Le soir, les derniers furent bombardés à coups de mottes de terre, prises sur l'ancre relevée du fond vaseux. Il fallait voir la course ! Une fois au loin, ils s'arrêtaient et gesticulaient, faisaient des grimaces, lançaient des quolibets, renvoyés avec profusion par des soldats connaissant l'arabe.

Nous eûmes le plaisir de voir nos avions s'élever et survoler la ville, puis descendre sur l'eau à côté de nous. Nous les saluâmes de cris frénétiques, auxquels les aviateurs répondaient en agitant la main ou un drapeau français. Notre enthousiasme était à son comble. Nous nous croyions déjà chez les Boches ; nous faisions des rêves magnifiques ; nous parlions de nos prouesses à venir. Jamais nous n'avions tant aimé la France. Selon l'expression des soldats, « nous la sentions de loin. », cette belle terre de France.

Notre vision, c'est alors Marseille. Pour moi, je m'y croyais déjà ; je m'endormis doucement dans cette pensée. La moitié du temps, j'étais sur l'extrême avant du bateau. De tout cœur, je l'encourageais à continuer sa marche vers la terre promise. Je laissais passer avec plaisir ces flots bleus qui restaient derrière nous.

La Sicile fut vite atteinte. Nous ne passâmes pas par le détroit, mais au sud de l'île. Puis, ce fut la Sardaigne et la Corse que nous longeâmes d'un bout à l'autre. Des villages pittoresques sont perchés sur le flanc des montagnes, tout le long de la côte, ainsi que de vieux moulins datant, paraît-il, des anciens Maures.

Enfin voici la terre de France, au loin, dans le brouillard. Puis Notre-Dame de la Garde apparaît toute brillante à l'entrée du port encore enseveli dans la brume.

Nous descendons à terre. Que cela est drôle ! Les jambes semblent fléchir et ne pas vouloir nous porter. Nous entrons dans une vieille caserne, ancien couvent, à n'en pas douter. Nous nous y ennuyons pendant trois jours, allant de côté et d'autres comme des âmes en peine. On nous accorde des permissions dont nous profitons jusqu'à la dernière minute.

Depuis, j'ai encore roulé un peu dans toute la France pour achever littéralement en Bretagne, mon tour du monde.

A L'ŒUVRE

DÉVOUEMENT. — SOUFFRANCES.
SACRIFICES. — DANGERS.

Soins aux blessés. — « J'ai reçu une horrible
blessure en combattant dans les tranchées. Dans
cette épreuve, c'est une consolation de me trouver
dans un hôpital religieux.. Madame la Présidente,
matin et soir, vient voir son « cher Frère ». Je me
recommande à vos excellentes prières. J'ai toujours
confiance que Dieu me rendra à mes chers enfants ».
L'honorable administrateur écrit lui-même : « Notre
cher blessé est splendidement installé ; il est soigné
par une remarquable Sœur infirmière. Pardonnez-
moi de vous vanter nos bienfaits, ce n'est ni par for-
fanterie ni par vanité, mais avec le seul désir de
vous faire connaître combien il est choyé, gâté et vénéré. Il me dit : « Combien je suis heureux ici, au
chaud, bien logé, bien nourri, quand je pense aux
pauvres camarades dans la neige, sur la ligne de
feu ! « Vous pouvez être complètement rassuré sur
son compte. La plaie se cicatrise. Inutile de vous
dire qu'il est un sujet d'édification pour le personnel
et les blessés de l'hôpital. Nous vous le renverrons
avec l'auréole d'une glorieuse blessure gagnée sur le
champ de bataille. Cette guerre terrible permettra
aux prêtres et aux religieux de relever fièrement la
tête, eux qui auront payé un si large tribut, et de
défier tous ceux qui pourraient avoir la velléité de

F. Ambroise, vaguemestre, et un séminariste.

leur lancer une injure qui ne sera plus de mise ».

Madame la Présidente du Comité de secours aux blessés ajoute : « Il se montre si reconnaissant que c'est un vrai plaisir de faire quelque chose pour lui ; je suis heureuse de penser que le peu, bien peu que j'ai pu faire, me vaudra le secours de ses bonnes prières et des vôtres. »

Assurément les lecteurs de *l'Écho*, et en particulier les membres de l'Institut, en priant pour nos chers blessés, surtout pour ceux qui le seraient grièvement à leur tour, ne manqueront pas de recommander à Dieu les intérêts temporels et éternels des personnes qui leur témoignent un dévouement d'une si admirable délicatesse.

La convalescence est longue. Le cher enfant se trouve toujours gâté par la Providence : « Je suis seul, loin de tout bruit. J'ai à ma disposition un infirmier et des Sœurs qui sont la consolation des blessés. Et puis pour moi, quel avantage ! Tous les matins, à six heures et demie, on m'apporte le Pain des forts. Sur mon lit, j'ai le temps de prier. J'ai à ma disposition des livres de piété et une petite brochure renfermant le Chemin de la Croix de la France ; c'est un saint curé, un nouveau curé d'Ars qui l'a composé. »

« J'ai ici plusieurs traités spirituels, entre autres le plus excellent, *l'Imitation de Jésus-Christ*. Je n'oublie point de prier pour les personnes dévouées, charitables qui prennent soin de moi et pour notre bienaimée Patrie qui expie en ce moment, mais qui porte si vaillamment sa croix ; puisse cette expiation la relever après lui avoir obtenu le pardon de ses fautes. Pour moi, il me faudra encore patienter assez longtemps : enfin à la volonté du bon Maître ; jusqu'à présent, il m'a béni ; et, s'il m'a conservé la vie, c'est afin que je redouble de zèle pour ma sanctification et le salut des âmes d'enfants confiées à mes soins. »

Sollicitude. — J'ai quitté Rennes brusquement ; j'ai eu juste le temps de faire mes paquets, de toucher des effets militaires et d'aller dire au revoir et merci aux chères Sœurs. Elles m'avaient préparé tout un trousseau. Je suis au Val-André, à la villa Notre-Dame. La chapelle, contiguë à la maison, est vaste et jolie. Deux messes s'y disent chaque jour. M. l'Aumônier paraît plusieurs fois par jour au milieu des blessés, conversant familièrement avec eux et leur distribuant des paquets de cigarettes. Un soir, après la soupe, il est venu les exercer à chanter un *Libera* pour un service funèbre. Tous étaient attentifs, sauf les têtes marocaines. Je remarquai des instituteurs laïques très appliqués à la leçon, et le lendemain, je devais les revoir au chœur, à la messe, avec tous les autres. Oui, il y a tout de même quelque chose de changé en France.

Noël. — D'autres personnes charitables ont aussi pensé, à l'occasion des fêtes, aux soldats et surtout aux blessés : « Un jour, j'entre en coup de vent dans la salle remplie de dames de la Croix-Rouge en train de faire des pansements. Mesdames, leur dis-je, vous attendiez des blessés, eh bien ! ce sont des morts que nous venons de recevoir à l'instant. » — « Des morts ! répondent-elles effarées, d'où viennent-ils et où sont-ils ? » — « Ils sont à la porte d'entrée, on les a pendus aux portemanteaux du corridor... ce sont les oies de Noël ! » L'impression pénible sombre dans un éclat de rire. Les blessés s'assemblent autour de ces oies qu'ils contemplent avec un air de béatitude. Nos chers Marocains sont là aussi, mais leurs voix rauques crient l'indignation et l'horreur. « Eh bien, Sidi, voilà qui sera bon, » dis-je à l'un d'eux. — « Peuh, peuh ! moi jamais manger ça. Et toi manger ? » — « Certainement, Sidi, et bien content encore, pourquoi pas ? » — « On a tué ces oies

sans couper cou, et toi manger ça ? Dans notre pays,
mis en prison. Toi manger et toi devenir oie après :
Mahomet l'a dit, et Jésus-Christ aussi ! » ... Voilà
une vérité évangélique que je ne connaissais pas et
que Sidi m'apprend ; je m'instruis à la guerre ! Pour
nos braves Turcos, qu'il s'agisse d'oies ou d'Allemands, il faut « couper cabêche », ou ça ne compte
pas. Pauvres gens ! au point de vue religieux, ils
sont dans la bonne foi, mais tout est extérieur chez
eux ; au point de vue moral, c'est la dégradation la
plus complète. Bref, le jour de Noël, ils n'ont point
voulu toucher aux oies ; mais, grâce à nos généreux
bienfaiteurs, ils ont pu se régaler tout de même.
Quant aux soldats français, ils n'ont pas eu les
mêmes scrupules. Maintenant vont-ils être changés
en oies ? Le fait est qu'en sortant de table plusieurs
se dandinent déjà d'une manière inquiétante ; mais
il faut ajouter qu'il y a eu vin et même chartreuse... »

« Le soir, séance, arbre de Noël, pêche à la ligne.
L'hameçon est une épingle recourbée. Il s'agit d'accrocher des paquets posés à terre. Un Sidi s'attaque
au plus gros. Encouragé par ses compatriotes qui
l'entourent, il multiplie ses efforts pendant un quart
d'heure. Enfin, il l'enlève. Plein d'enthousiasme, il
déplie successivement les enveloppes de papier
jusqu'à la vingtième, et trouve au milieu... une
poignée de foin ! Mes amis, quelle joie parmi les
Sidis ! »

F. A.-E.

Pourquoi rien ne coûte. — « Me voilà enfin à
mon poste de combat. Il est moins brillant que bien
d'autres et je ne suis point exposé à m'attirer les
louanges des hommes, (la lettre suivante montrera
qu'il se trompe) ; mais c'est un poste de dévouement où l'on peut se rendre bien utile et faire
sans bruit beaucoup de bien ; je compte, avec l'aide
de Dieu, le remplir avec générosité et sans défail-

lance. Je suis tout à mes malades ; je les aime et les soigne de mon mieux. Chaque matin, il m'est permis de sortir pour entendre la messe et faire la sainte communion. Rien ne me coûte donc ensuite pour accomplir mes œuvres de charité, puisque je porte en moi Celui qui est tout charité. Tout est fait en union avec lui et pour lui. Aussi le soir, il me semble qu'il accueille favorablement la journée que je viens lui présenter. J'ai vu le Révérend Frère deux fois. Nous avons pu causer un peu. Il inspire toujours la plus grande confiance, et c'est par excellence l'homme de Dieu.

Nouveaux élèves. — « Je suis heureux au milieu de mes blessés. Il me semble que j'ai retrouvé mes élèves. Dans ma salle, se trouve un universitaire ; j'en prends grand soin. Au nom de tous ses camarades, il m'a souhaité la bonne année, et en leur nom également, il m'a remis un joli portefeuille. A cette surprise, j'ai voulu répondre par une surprise. Je suis allé trouver l'officier et lui ai demandé la permission d'offrir à mes blessés un verre de malaga. — Je suis heureux, m'a-t-il dit, que vos malades vous aient fait cette gracieuseté ; je tiens à ce que vous la leur rendiez, mais sans frais pour vous : tenez, voilà un bon pour une bouteille de vieux malaga et pour un gâteau ».

Besogne lugubre. — Il y a parfois des besognes bien méritoires : « Sur la langue de terre qui s'étend entre nos tranchées et celles des ennemis, gisent des cadavres qu'il a été impossible d'approcher. Ils sont là depuis octobre et nous sommes à la mi-janvier. Un petit boyau discrètement ménagé nous a permis d'arriver à quelques-uns, en profitant de l'obscurité d'une sombre nuit. Vite à l'œuvre. Les Allemands jettent fréquemment des boules lumineuses, et chaque fois nous sommes obligés de nous coucher à plat ventre pour ne pas être découverts. Parfois la tête ou les membres se détachent du tronc ; une odeur insupportable se répand autour de nous et provoque des nausées. Pourtant nous ne voulons pas quitter le terrain sans avoir rendu les derniers devoirs à ces infortunés. A genoux dans les betteraves, je récite un *De profundis* auquel les hommes répondent et plusieurs en pleurant. Une modeste croix de bois, façonnée avec des moyens de fortune, dira aux travailleurs qui passeront en cet endroit que des héros y dorment leur dernier sommeil. Besogne lugubre que nous reprendrons à la première occasion. Il y en a de plus agréables. Quand les abbés sont aux tranchées, il n'y a pas de bénédiction : alors je récite le chapelet, je fais chanter un cantique de plus, et nos braves regagnent leur paille, heureux de s'être retrempés un peu dans cette atmosphère pieuse qui leur rappelle notre chère Bretagne. La prière est notre arme la plus puissante ; aussi tous nos hommes, sans distinction, y ont-ils recours. C'est le secret de leur bravoure, de leur gaieté au milieu des fatigues de toutes sortes et l'un des gages les plus certains de notre succès final ».

Le sac de l'officier. — Un Frère sous-lieutenant écrit: « J'ai dirigé trois heures durant une équipe posant des fils de fer barbelé à 40 mètres de nos *vis-à-vis*. Aucun accident, grâce à Dieu. Je suis surpris de ma bonne santé, et pourtant je ne me ménage pas: pour soutenir nos braves gens, les remonter quelquefois, il faut bien être énergique et prêcher d'exemple : je porte toujours à la tranchée un sac assez lourd qui ne m'est d'aucune utilité, mais il faut s'entraîner et surtout entraîner. »

Heureuse rencontre. — Les moins à plaindre ne

sont pas les prisonniers : « J'ai reçu deux blessures à la bataille de Longwy et on m'a emmené dans une ville de Bavière. Je suis dans des baraquements en bois construits par mes camarades pendant que je me trouvais encore dans les hôpitaux. Je suis guéri maintenant. Quoiqu'il y ait des poêles, je ne m'endors qu'assez difficilement la nuit, à cause du froid. La Providence, par une circonstance extraordinaire, m'a amené dans les bras du R. P. Rameau qui est notre premier aumônier et que j'avais connu, il y a six ans, à Taunton. »

Le ravin de la Mort. — J'étais hier soir dans le ravin de la Mort avec le charmant et héroïque Jésuite dont je vous ai déjà parlé. Nous avons récité le chapelet à l'intention de nos camarades. Quelques heures plus tard, des obus sont tombés en plein dans les tranchées, mais celles-ci étaient vides. Ainsi nous étions exaucés.

Après une journée de fatigues, nous creusions un abri pour nos blessés quand il a fallu transporter un malade au cantonnement ; je me suis offert aussitôt, mais un camarade de Rennes s'est mis à ma place et a traversé, avec les trois autres, un endroit toujours battu d'obus et de balles. Les soldats de la tranchée, qui les voyaient partir, se disaient qu'ils n'arriveraient jamais au but. Mais quand le Jésuite est là, nous n'avons rien à craindre, nous sommes sûrs de revenir. Il semble invulnérable. C'est comme cet excellent F. A. Il y a quelques jours, nous étions ensemble aux premières lignes. Nous avons ensuite parcouru les tranchées, excepté la plus dangereuse où il est allé seul ; j'en suis encore tout honteux ; mais nous avons eu tellement de blessés dans cette affreuse sape que j'hésite toujours à y mettre le pied, sauf en cas de besoin. Cependant avec le F. A. j'irais me promener sous les obus, comme avec le Jésuite. Il attend avec impatience le moment de se précipiter sur les Boches avec tous ses poilus.

Le 11 février, j'ai vraiment eu de la chance, mais j'avais la conviction que ce jour-là il ne m'arriverait aucun malheur. J'ai pensé à N.-D. de Lourdes et beaucoup prié pour le R. F. Abel à l'occasion de l'anniversaire de sa mort. J'égrenais tranquillement mon chapelet quand un obus, que personne n'avait entendu venir, éclate sur nos têtes et s'enfonce à deux mètres de moi. Les petites balles sifflent à droite et à gauche ; aucun des dix brancardiers n'est atteint.

Le 14, durant la nuit, il a fallu aller chercher un blessé à travers les tranchées pleines de boue. Le pauvre camarade, fou de douleur, se roulait par terre. On essaie de le consoler, mais c'est en vain. Le plus pressé d'ailleurs est de le faire sortir. C'est tout un problème, car l'ouverture de l'abri est une chattière, et, revêtu de sa peau de mouton, il paraît énorme en comparaison du trou d'aiguille dans lequel il faut passer. Je lui coupe sa fourrure et on l'introduit. La commotion causée par sa blessure, légère pourtant, l'a rendu comme ivre. On le porte ; il résiste et s'arrête à chaque pas. Et voilà qu'une fusillade générale commence sur toute la ligne. Enfin, nous arrivons couverts de sueur et mouillés comme des canards. Il faut ensuite passer une nuit blanche à garder notre blessé toujours agité. Dans des cas semblables, on se rattrape le lendemain en dormant dans l'écurie, au cantonnement, quand les chevaux sont sages.

Quel repos et quelle tranquillité quand on sort pour quelques jours de cet enfer des tranchées ! Alors on peut reprendre tous ses exercices : messe, communion, salut du Saint-Sacrement, chapelet. Pour en comprendre le prix, il faut s'en voir privé durant certaines périodes, au milieu d'accablantes fatigues, avec une âme abattue, desséchée.

Nous avons changé de place après un repos de douze

jours. Le poste de secours est établi dans une école mixte ; je vous écris sur un vrai pupitre, celui de la maîtresse, en présence d'un garçonnet de sept ans à l'air candide, mais qui poserait bien des question pendant sept autres années sans s'arrêter. Les quelques carreaux qui restent vibrent et accompagnent en sourdine nos 75 qui garnissent les pentes du ravin. J'avais déjà passé ici au mois de septembre. J'ai ma litière dans le même coin, devant le tableau noir. A ce moment, nos ennemis nous envoyaient des « marmites » grandes ou petites, nuit et jour. Maintenant, on ne compte plus que deux obus par mois. Le dernier cependant traversa en vitesse les deux pans de la toiture de l'église, sans déranger personne ; mais il éclata dans le champ voisin et blessa cinq soldats qui tranquillement humaient leur « jus » en causant du pays natal. Un autre obus a passé juste au-dessus de la tête de saint Joseph, sans lui toucher, il est déposé comme ex-voto au pied de la statue. La Sainte Vierge a aussi le sien. La toiture de l'église ressemble à une écumoire. Cependant Notre-Seigneur y reste en permanence et c'est une grande consolation de n'avoir que la rue à traverser pour être à ses pieds.

Ensuite, il a fallu faire connaissance avec les nouvelles tranchées. Autour, le terrain est tellement battu qu'il est interdit de s'y aventurer. Je suis rompu par les fatigues des courses de jour et de nuit. Dimanche, on apporte un blessé baigné dans son sang, qui dégouttait du brancard. Un Franciscain lui donne aussitôt l'absolution ; je lui glisse une médaille et un scapulaire sur la poitrine et lui fais sur le front un signe de croix avec de l'eau bénite. Il est mort dans mes bras, les yeux fixés sur moi. On a essayé en vain de les lui fermer, il continue de me regarder. Pauvre camarade ! il est père de quatre enfants. En l'absence du prêtre, j'ai dû y suppléer, dans la mesure du

Une messe dans le ravin de la mort.
(F. Bernardin-Louis, servant de messe.)

possible, pour l'enterrement d'un autre. Le commandant, qui communie chaque jour, a répondu au *De Profundis*.   F. B.-L.

Le sujet de méditation. — J'ai été heureux d'apprendre les derniers succès dans le procès de la Cause de notre Vénérable Père. Dans notre position, nous pouvons contribuer à l'avancement de cette Cause si chère en offrant à Dieu nos souffrances dans la vie de tranchées, le port du sac, très pénible parfois, etc. Chacun fait ce qu'il peut.

J'applaudis de tout cœur à l'idée du F. Antholien de nous réunir tous après la guerre pour une retraite. Je crois qu'il sera alors superflu de nous faire méditer sur la mort, nous le faisons tous les jours. La semaine dernière, je causais avec un camarade de tranchée ; il s'agissait de savoir si nous serions au repos le jour de Pâques. Tout à coup une balle vient frapper un créneau, fait ricochet et atteint mon ami à la tête ; il tombe comme une masse et meurt une demi-heure après, sans avoir repris connaissance !...

Les zouaves et les bataillons d'Afrique s'étant amusés à s'approcher le plus possible des tranchées ennemies, on en est réduit à se faire sauter réciproquement à la dynamite. C'est affreux, un vrai tremblement de terre. Un dimanche, deux tranchées sautèrent ainsi. Immédiatement la fusillade commença des deux côtés. A 8 heures, commença le bombardement qui fut terrible et dura jusqu'à 11 h. 10. Nous reçûmes 1.200 obus de cinq calibres différents. Ayant trouvé un prêtre breton, j'ai eu la consolation de lui emmener neuf camarades à confesse.   F. G.-Y.

Piété et zèle. — Comme je dois être de tranchée le jour de Pâques, j'ai fait ma communion pascale le dimanche des Rameaux, en compagnie de plus de 500 soldats pieux et recueillis.

Le 10 mars, nous passions sur une colline à deux kilomètres de nos premières lignes quand les Boches nous envoyèrent quatre marmites qui vinrent éclater tout près de nous. Nous entendions les éclats siffler au-dessus de nos têtes. Un marsouin, qui se trouvait avec nous, fut atteint et mourut quelques heures après. Plus tard, les obus tombèrent sur nous en pleine tranchée, ensevelissant deux hommes. Nous nous empressâmes de les dégager. Ils n'avaient pas une égratignure. La protection de la Sainte Vierge a été bien visible. Ici, on a une grande dévotion envers Marie et la communion fréquente est en honneur, c'est très édifiant de voir les soldats s'approcher de la sainte Table. L'aumônier me donne des chapelets que je distribue à la compagnie. J'en ai fait accepter un, avec une médaille, à un brancardier qui ne pratique point, et nous l'avons récité ensemble. Il n'avait pas mis les pieds à l'église depuis sa sortie de l'école.   F. H.-L.

Contraste. — Les hommes du service armé, détachés dans les hôpitaux, devaient retourner à leurs compagnies pour le 20 février. Ne me connaissant aucun cas de réforme, j'ai sollicité la faveur d'être envoyé au front comme infirmier. Le major voulait me présenter à la commission pour me faire verser dans l'auxiliaire et me garder dans la vie tranquille que je mène ici. Or, à mes côtés, au bureau de l'hôpital, je vois un juge aux idées blocardes, un rentier jouisseur et un instituteur laïque qui proclame que la pratique de la religion est une perte de temps. Ils ont eu recours à toutes les platitudes pour se faire embusquer, puis classer dans l'auxiliaire. Je n'ai pas voulu les imiter ni leur permettre de dire : « Bah ! les curés n'ont guère plus de dévouement que nous. » Vos excellentes prières et celles de tous mes bons amis de Bitterne sauront me ramener « at home » si le bon

Dieu pense que ma vie peut être de quelque utilité. S'il me demande de consommer le sacrifice déjà fait au soir du 4 août, vous m'obtiendrez le courage nécessaire : c'est pour l'Eglise, la France et l'Institut ! En attendant mon départ, je continue mon service à l'hôpital.

F. R.-M.

Ceux à qui on peut tout demander. — Un soldat ne trouvait pas d'expression pour me dire ce qu'il avait souffert dans les tranchées. Quand, par les grands froids, il fallait rester assis sur la terre glaise, les pieds dans la boue, pendant 48 heures, sans bouger, on en pleurait quelquefois. Et rien pour se réchauffer. Quand le cuisinier, parti de 5 km., arrivait, la soupe et le café étaient froids, heureux encore quand on en avait, car, obligés de marcher pendant la nuit, les cuisiniers tombaient souvent dans les trous pleins d'eau creusés par les obus ; tout était renversé, ils se contentaient alors de ramasser la viande et de nous l'apporter couverte de boue.

Lorsqu'on progresse, la première chose est de creuser des tranchées à la place conquise. Combien de fois la pioche s'enfonce-t-elle dans les cadavres allemands enterrés depuis quelques jours ! Il faut creuser quand même et s'installer là malgré l'infection.

Avant de partir à l'attaque d'une tranchée ennemie, on est souvent quatre ou cinq heures sous un feu infernal. Puis, on s'élance à la baïonnette, sous la mitraille ; on bondit sur l'ennemi dans le plus terrifiant corps à corps ; Français et Allemands mêlent leur sang, confondent leur souffle, s'étreignent dans la mort. Il ne faut pas y penser, on deviendrait fou.

C'est, à quelques variantes près, le récit de tous nos blessés.

Cette perspective terrible ne laisse pas que d'en effrayer quelques-uns. Malgré les traits de bravoure héroïque enregistrés de toutes parts, tous ne sortent pas des tranchées avec le même élan, comme le montre bien une lettre adressée par un soldat, actuellement au front, à son frère que nous soignons ici. Il est d'une région où la foi est moins en honneur que le bien-être, et les détails qu'il donne montrent assez qu'on ne peut en attendre le même dévouement que de ce magnifique régiment breton que l'on vit arriver sur le champ de bataille, tous les hommes portant sur la poitrine une croix rouge et un Sacré-Cœur. Un vieux colonel marchait en tête avec une juste fierté, portant les mêmes décorations. A ceux-là on peut tout demander.   F. A.

Visions sanglantes. — Un jour, me dit un jeune soldat de l'active, nous étions une cinquantaine assis dans une douve au bord de la route. Un obus éclate derrière moi ; je ne suis pas touché. Tout heureux je me retourne vers mon camarade de gauche pour lui exprimer ma joie ; mais horreur ! sa tête vient d'être lancée à 10 mètres, et de son cou le sang s'échappe en jets !...

Un obus emporte le bras d'un soldat. Fou de douleur, celui-ci court ramasser le membre sanglant et s'en va ainsi au poste de secours !...   F. A.

Le porte-monnaie. — La sœur Thérèse de l'Enfant-Jésus, qu'un grand nombre de soldats connaissent, fait des siennes sur le champ de bataille. Beaucoup lui attribuent leur préservation ou d'autres grâces. Je ne cite que cet exemple qui m'a été rapporté. Un cavalier avait perdu son porte-monnaie, contenant une certaine somme et une petite image de la Servante de Dieu. Le soir, il traversait le champ de carnage. Soudain, son cheval s'arrête, hennit et, d'un de ses pieds de devant, frappe la terre, sans vouloir avancer. Le cavalier se penche et aperçoit son porte-monnaie...   F. A.

L'autre maman. — Avant de finir, je recommande à vos prières un petit Flamand qui vient de partir au feu et que j'ai soigné ici. Il disait qu'en me voyant prendre soin de lui, il pensait à sa bonne mère qu'il aime tant et qui a été bien peinée de le voir partir ainsi que ses trois frères. Il est le plus jeune et n'a que dix-huit ans. Cependant, figurez-vous qu'il songe à une autre séparation. « Que j'échappe à la mort, dit-il ; j'embrasse encore une fois ma mère, et je vais vous rejoindre à Bitterne. »

Qui sait s'il ne surgira pas, en effet, quelques vocations parmi les survivants de cette terrible guerre ? Les renoncements et les souffrances qu'elle impose sont un rude et fécond noviciat.   F. A.

Impressions à l'arrivée. — Je vous griffonne ces lignes dans le gourbi avoisinant nos mitrailleuses.

Les Boches sont à 200 mètres, mais nul ne paraît s'en douter. Aussitôt notre arrivée, un obus a passé sur nos têtes... l'impression a été différente comme les positions, mais ma foi, je suis resté calme et debout comme un habitué. Ici, nous entendons balles et obus passer au-dessus de nos têtes. Cette nuit, j'ai pris la garde auprès de la mitrailleuse : la pluie, le vent rendaient le poste fort peu intéressant, mais on est si heureux de montrer de la bonne volonté aux camarades qui nous ont si bien reçus ! D'ici, nous dominons une plaine splendide rayée par la ligne de tranchées boches. Il paraît que le coup d'Hébuterne présentait un spectacle unique, vu de notre poste d'observation. Notre secteur est assez calme depuis longtemps. On se rend compte des difficultés formidables que nous rencontrons en parcourant nos propres défenses. C'est un enchevêtrement de

boyaux, de retraits, de créneaux, de postes numé-
rotés, ayant ses poteaux indicateurs, vraie ville de
troglodytes avec certains indices de la civilisation
moderne.

Nous formons corps à part, mais nous voisinons
avec les autres compagnies du 116e. Alors c'est un
afflux de questions de la part de tous ces vieux qui
tiennent ici depuis octobre.

Quelle vie ! quelle existence ! Par des jours plu-
vieux comme ceux-ci, on ne voit circuler que des
masses de boue. J'avais bien lu toutes les relations
des journaux, mais je n'avais nulle idée de ce
que c'est... Étant actuellement acteur du grand
drame, je commence à voir un peu clair dans le jeu
des exécutants. Je ne sais encore les commodités que
je trouverai au point de vue spirituel ; hier, dimanche.
je n'ai pas eu de messe, mais je crois qu'en temps
ordinaire, je pourrai y aller au moins le dimanche.
L'aumônier du régiment est M. Moisan, Secrétaire
Général de l'Evêché de Vannes. Mais vous compre-
nez que les longues veilles, les heures de garde face
à face à l'ennemi sont tout à fait inspiratrices... De
soi-même on remonte vers Dieu qui seul, absolument seul, mettra fin à cet horrible état de choses.

Distraction avantageuse. — Hier soir, je disais
lentement mon chapelet au bruit de la canonnade
lointaine et de la fusillade intermittente. Tout à
coup, une balle ou un éclat cingle les feuilles et, à
un mètre de moi, fait gicler l'eau jusque sur mon
képi. J'en ai été quitte pour une petite commotion.
Inutile de dire que mon chapelet n'en a été que
mieux terminé. F. F.-J.

Regrets et ennuis. — Bien souvent, le cafard,
l'ennui me prend et je me dis alors : Quand me
retrouverai-je au milieu de mes élèves? Quand me

sera donnée l'occasion d'essayer de leur faire du bien?
Il est certain qu'à la longue on se dépite, on s'ennuie ;
hors de son milieu, on souffre. Heureusement que
les deux collègues sont là ; nous pouvons nous soutenir les uns les autres. Tel est gai aujourd'hui qui
demain paraîtra soucieux. Nous nous remontons
mutuellement.

D'ailleurs, dans la sainte Communion, qu'il nous
est possible de faire chaque jour, on puise la force,
le courage nécessaire pour faire front à tous les ennuis. C'est le ressort qui redonne l'énergie, retend
la volonté.

Ce que devient la peur. — Je suis heureux de vous
annoncer que je suis encore en vie, après en avoir vu
de toutes les couleurs. Hier, j'étais rendu, je n'en pouvais plus ; la veille, toute la journée, j'avais transporté des blessés, et sous la mitraille, sous le feu de
l'ennemi. Heureusement, avant de partir, j'avais eu
le bonheur de communier, j'étais prêt à paraître devant Dieu.

Par nature, je suis très peureux ; mais, dans ma
communion, j'ai trouvé le courage nécessaire pour
aller, sous le feu de l'ennemi, chercher les pauvres
camarades, qui sont admirables et souffrent avec résignation, en offrant leurs souffrances à Dieu, pour le
salut de la France. Presque tous portent le petit drapeau du Sacré-Cœur.

Deux aumôniers ont été tués.

Je ne sais si jamais je pourrai revoir ma chère mission d'Haïti.
                                        F. L-E.

Une alerte. — Une alerte m'a fait interrompre
cette lettre, et ce n'est que grâce à une protection
spéciale que je puis vous écrire en vous disant que je
suis sorti sain et sauf de cette fournaise où tout n'est
que fer et que feu. La plume ne peut décrire ces

heures d'angoisse, mais le bon Dieu doit les comprendre et les récompensera, j'en ai la douce espérance. Courbé sous les raíales, on ne peut que dire avec Jésus : « Que votre volonté soit faite, ô mon Dieu, et non la mienne ! » Du reste, l'alerte est passée, tout à notre avantage, et maintenant tout est calme, mais pour combien de temps ? Enfin, on vient de m'envoyer un peu en arrière, pour apprendre le maniement de la mitrailleuse : j'ai donc dû quitter ma compagnie et mon frère. C'est un nouveau sacrifice ; que le bon Dieu l'unisse aux autres et me donne la force de les supporter tous. La souffrance elle-même a ses joies quand on l'endure par amour. Je me permets donc, mon Révérend Frère, de me recommander à vos bonnes prières ; demandez au bon Dieu que je l'aime toujours davantage, le reste viendra tout seul. Croyez bien que, de mon côté, je reste uni de prières et d'affection à ceux qui sont mes frères en N.-S., à vous en particulier.

Des ailes ! — Réellement quelle vie triste et mélancolique il nous faut mener ! Ah ! où sont les beaux jours de Sainte-Mary's ?... Lorsque, chaque jour, je vois évoluer, au-dessus de nos têtes, avions, taubes, albatros, j'éprouve certainement le regret de n'avoir pas des ailes.

Des ailes, pour voler vers les confrères de Bitterne, me récréer, me reposer, me réconforter avec eux !

Des ailes, pour me distraire de ces bruits assourdissants du canon, de ces horribles spectacles de blessures, de carnage !

Oui, certes, ce sont là de bien grands sacrifices et de profondes privations ; mais encore une fois, je les supporte joyeusement.

Mercredi soir, vers les neuf heures, il y a eu un semblant d'attaque à notre droite. La fusillade et la canonnade ont été terribles, j'en étais assourdi.

Deux jours après, nous avons appris que c'était une compagnie entière de Polonais qui se rendait ; mais, non avertis, nos grosses pièces, et surtout notre terrible 75, ont donné, les obligeant à reculer avec d'énormes pertes. Seuls, deux ont réussi à atteindre notre tranchée. Vous devinez notre désappointement.

Encore une fois de plus, la protection de mon Dieu et de ma bonne Mère du ciel s'est grandement manifestée à mon égard. Vous dire comment je suis revenu sain et sauf du lieu « épouvantable » de combats et de carnage où j'étais est chose impossible !...

Maintes fois, j'ai été secoué par les marmites et les torpilles. Par le déplacement d'air de ces dernières, je me croyais en route pour l'autre monde !... Après une terrible culbute, je me suis relevé tout couvert de terre et de boue : les yeux, les oreilles, et surtout la bouche et le nez, en étaient pleins ; une demi-heure après, je ne crachais encore que de la boue.

Qui comptera les privations et les petites misères de toutes sortes qu'une telle vie impose ? Tantôt c'est la faim, tantôt la terrible soif, tantôt enfin la fatigue ! Et où vit-on ? Toujours dans la terre ou sous la terre ; dans les tranchées ou dans des gourbis, souvent de 2, 3, 4 mètres de profondeur. En un mot, de vraies taupes, de vrais renards. Mais, que ne supporterait-on pas, que ne ferait-on pas, quand on sait que Dieu, de son beau paradis, agrée et bénit tous ces sacrifices, religieusement acceptés ? Sans doute, il faut du courage, de la patience et un grand esprit surnaturel, mais ne trouve-t-on pas tout cela dans le Cœur de Jésus ? En lui donc tout mon trésor, en lui toute mon espérance.   F. A.

Une ambulance avancée. — Vous apprendrez

sans doute, par les communiqués officiels, à quels dangers nous expose, depuis trois jours, le violent bombardement d'Arras. Aujourd'hui encore, l'artillerie fait rage. Une détonation n'attend pas l'autre. De nombreux civils blessés nous arrivent. Pauvre ville ! que restera-t-il d'elle ?

Notre ambulance se trouve dans l'école normale et, comme je vous l'ai dit, à quinze cents mètres des lignes. C'est, je crois, l'ambulance la plus rapprochée de l'ennemi.

Aucune vitre ne reste à notre établissement ; les murs sont criblés d'éclats. Hier soir, en cherchant un pansement, j'ai été couvert de morceaux de vitres et de plâtre. Un éclat passe par la porte, traverse les quatre pieds de deux tables, une cloison, un corridor, la porte du bureau du médecin-chef, le fauteuil, et va se loger à un mètre de hauteur dans le mur extérieur.

Nous habitons actuellement dans les sous-sols, bien faible abri contre les monstres qu'il m'a été donné de voir hier. Au milieu de la cour, un superbe culot d'obus de 320 était intact. Nous l'avons mesuré et pesé : il a exactement trente-huit centimètres de diamètre et pèse soixante-sept kilos sans la fusée. Qu'est donc l'obus entier, et quelle protection peuvent nous offrir nos pauvres caves ?

Il fait sombre dans ces souterrains, l'air y est mauvais, on y sent une grande fraîcheur. Tout cela ne vaut pas assurément l'air pur du Canada. Nous réussissons cependant à avoir nos cérémonies religieuses, qu'accompagne le sifflement des obus en passant de la note la plus aiguë à la note la plus grave. Cependant, les circonstances nous privent quelquefois du saint Sacrifice : ces matins-là, nous sentons que quelque chose nous manque.   F. L.-J.

Quelques pages du journal. — *26, Dimanche.* — Pas

de messe; je m'unis à vous qui là-bas, dans la paix, chantez les louanges du Seigneur. Avec les blessés reviennent, essoufflés, les vainqueurs d'hier matin. Un de mes grands amis, sous-diacre de Saint-Brieuc et sous-lieutenant, est tombé mortellement blessé. Deux autres de mes amis, un jeune Lazariste et un Séminariste de Quimper, sont parmis les disparus.

Le soir, le R. P. Aumônier vient me proposer de l'accompagner dans la plaine, à la recherche des blessés. Volontiers, certes, d'autant plus que j'ai remarqué à la jumelle que plusieurs des malheureux étendus entre les lignes remuent encore.

Chemin faisant je demande : « Mon Père, avez-vous dit la messe aujourd'hui ? — Non, mon petit, (c'est naturel, n'est-ce pas que le bon Père m'appelle ainsi) non, mais si vous disirez communier, je puis vous satisfaire, je porte le bon Dieu sur mon cœur. » Vous devinez ma joie ! Imaginez la scène. Dans une sape étroite et boueuse, un petit soldat, tout maculé de boue, casque en main, s'agenouille devant un prêtre qui élève un instant dans l'obscurité la blanche Hostie. L'action de grâces ne ressemble guère à celle que je faisais dans la chapelle Saint-Mary's. Radieux, sûr qu'avec Jésus dans son cœur, on ne peut avoir peur, j'avais à peine reçu le pain céleste que j'escaladais le parapet, anxieux de pouvoir soulager les membres souffrants du Sauveur, les martyrs de la patrie. Combien de temps le Père et moi avons-nous erré de mort en mort, en tous sens ? Je ne saurais le dire. Nous étions loin des nôtres quand tout à coup la canonnade et la fusillade éclatent devant nous, des fusées de toutes couleurs inondent le ravin de lumière ; plus de doute, une attaque boche va se déclancher. Il faut rentrer... L'attaque ne se produisit pas ; nos 75 l'enrayèrent sans doute, notre course avait été inutile Vers deux heures du matin, on vient m'avertir qu'on entend des cris dans la plaine. Je prie deux brancardiers de m'accompagner. Ils m'attendent dans la parallèle et j'ai le plaisir de leur rapporter sur mon dos un de nos braves blessés.

27, Lundi. — « Tout le monde aux créneaux, baïonnette au canon ! » Je demande la raison de cet ordre qui court la tranchée. Deux colonnes ennemies ont été aperçues venant renforcer nos vis-à-vis, leurs baïonnettes brillent sur la crête d'en face. Qu'ils viennent ! » s'écrient nos braves en épaulant leurs armes. On sent qu'ils vengeront les morts de samedi. Mais un superbe tir de barrage enlève aux Boches l'envie de mettre le nez dehors. (C'est alors qu'en courant au secours d'un mitrailleur blessé, un fusant m'éclata au-dessus de la tête et me blessa légèrement au biceps droit). Les Boches sont si vexés qu'ils nous gratifient d'une généreuse distribution d'obus à gaz lacrymogènes. Tout le monde pleurait ; quelques-uns s'affolaient, se croyant dans une atmosphère de gaz asphyxiants. Heureusement, la plupart se contentèrent de pleurer abondamment et de se moucher souvent, tout en criant : « Ah ! les c... ! » J'ai encore aperçu deux blessés remuer sur la plaine. Je repère bien l'endroit où ils gisent, ce soir j'irai les relever.

Le soir venu, le Père Aumônier, qui pleure encore, et qui a tant pleuré qu'il voit à peine, veut m'accompagner. La scène de la veille se reproduit ; les Anges seuls assistent à ma communion dans la sape. Que craindrais-je maintenant ? Je me sens assez fort, assez brave, grâce à Jésus, pour explorer la plaine tout seul. Vu l'état du Père, je lui demande de rester dans la parallèle ; je reviendrai lui demander son aide, si j'en ai besoin. — « Non, non, mon petit, je veux vous accompagner, au moins pour vous ramener, s'il vous arrive quelque chose, » En route donc vers les hautes herbes.

F. René-Maurice
décoré de la médaille militaire et de la croix de guerre

Nous marchons presque debout, à peine courbés, examinant les morts, parmi lesquels nous reconnaissons un lieutenant que nous ramenons. Mais nous repartons aussitôt. Nous marchions depuis un quart d'heure au moins, surpris de ne pas trouver un blessé que j'avais pourtant bien repéré, quand tout à coup je vois une ombre surgir devant nous, puis une autre. Ce ne peut-être qu'une patrouille boche. J'arrête le Père : « Filons ! lui dis-je, nous sommes poursuivis. » Hélas ! la nuit est noire, où sont nos lignes ?... Mais qu'est-ce ? Nous trébuchons dans des fils de fer barbelés ; plus nous avançons, plus nous nous empêtrons. Où sommes-nous ? C'est la question des plus angoissantes. « Père, dis-je, je crois que nous sommes à un point de nos lignes, à droite ou à gauche de la parallèle, là où les fils de fer ont été remis après l'attaque de samedi. » — « Je ne le crois pas, mon petit, je pense plutôt que nous sommes en plein chez les Boches. » — « Ce n'est pas possible, mon Père. »... Des coups de feu retentissent autour de nous ; c'est le coup sec des Mausers allemands ; deux, trois fusées s'élèvent près de nous : grand Dieu ! ce sont des fusées boches, le Père avait raison. Aplatissons-nous, faisons le mort là où nous sommes ; ces coups de fusil, ces fusées, sont des signes certains que l'ennemi nous a entendus. Que faire ! « Père, prions saint Michel de venir à notre secours ! » Et sans crainte, nous voilà debout au milieu des fils de fer ennemis, récitant l'*Ave Maria*. » Maintenant, Père, recouchons-nous, attendons qu'on lance une de nos fusées ; je les connais bien, je saurai alors vers quel point nous diriger. »

Qu'ils parurent longs, ces instants ! Enfin, l'étoile libératrice, l'étoile du salut, s'éleva dans la nuit, plana longtemps sur la plaine, comme pour éclairer notre chemin, puis s'éteignit. C'est alors qu'en nous entr'aidant, nous sortîmes de notre piège et sans

bruit, la main dans la main, nous descendîmes la
pente ennemie.

Je ne saurais trouver les mots capables d'exprimer
ce qu'on ressent dans la situation où nous étions, perdus dans une plaine couverte de morts, à deux pas
de l'ennemi. Les morts, cette nuit, aidèrent à nous
remettre dans le bon chemin. « Voyez, Père, disais-
je, ils sont tombés face à l'ennemi, la tête près de
leurs réseaux de fils de fer. Voici des abris creusés
par les blessés, leurs sacs sont restés debout, là où
ils les avaient plantés comme un bouclier contre
les balles. Nous tournons bien le dos aux Boches,
maintenant marchons. » Et pourtant, nous continuions d'examiner les corps, de les remuer, au cas
où ceux qui paraissaient morts eussent été des blessés engourdis.

Enfin, j'aperçois le parapet blanc de notre parallèle. Tout le long du chemin, nous avions continué
d'invoquer nos saints Anges, ils nous avaient sauvés.
Grâces leur soient rendues et à Marie, leur auguste
Reine ! Quel soupir de soulagement je poussai
lorsque je me trouvai enfin en sécurité dans nos
lignes ! Les nôtres avaient trouvé notre absence un
peu longue, et mon capitaine inquiet avait lancé la
fusée qui nous sauva. N'est-ce pas providentiel ?
Jamais je n'ai tant ressenti l'effet de vos prières
comme en cette équipée ; merci à tous mes charitables confrères et à nos bons jeunes gens.

30 septembre. — On vient de m'apprendre que mon
capitaine est allé demander au colonel de me proposer pour la croix de guerre. « Capitaine, cette récompense m'a déjà été demandée pour votre infirmier et
accordée. » Je me suis empressé d'exprimer ma reconnaissance au capitaine, car je voyais surtout dans
sa démarche un témoignage que j'avais fait mon
devoir. « Ne me remerciez pas, me dit-il, la croix

vous est due, peu l'auront aussi bien gagnée. » C'est une citation à l'ordre du corps d'armée que le colonel va demander pour moi. C'est à Jésus que je retourne l'honneur qui m'est fait. C'est lui qui vint chaque soir, au moment même où j'allais braver le danger, me donner le courage nécessaire. C'est à Marie, notre bonne Mère, que je l'attribue aussi. Combien de pèlerinages mes parents ont fait à ses sanctuaires pour moi ! combien de chapelets ont été dits à Bitterne à mon intention ! Toutes ces prières m'ont obtenu le sang-froid nécessaire, m'ont placé dans les circonstances propres à faire quelque folie récompensée à la guerre par une croix ! Cet honneur, il est vôtre, confrères et jeunes gens, qui m'entourez, par vos prières, d'une cuirasse invulnérable ; il est à l'Institut qui m'a formé et m'a donné l'idéal qui inspire mes actes.

1ᵉʳ novembre. — La récompense qui m'avait été promise après la bataille du 25 septembre m'a été accordée vendredi dernier. Devant plusieurs régiments amenés pour une revue, le Général a épinglé sur ma poitrine la *médaille militaire*, et, le lendemain matin, la *croix de guerre*, avec la palme sur le ruban, a été placée à côté. Je craignais un peu que cette double récompense ne fît quelques jaloux ; mais je fus rassuré lorsque j'entendis des exclamations comme celles-ci : « Ce n'est que justice ! Peu de médailles ont été aussi bien méritées ! »

Combien je pensais alors à mes confrères et à mes jeunes amis de Sainte-Mary's House, dont les prières et les sacrifices méritent plus d'être récompensés que mes pauvres actions.   F. R.-M.

En remerciant Dieu avec leur brave et héroïque professeur, les chers jeunes gens du Noviciat de Bitterne lui ont envoyé une liste de bonnes œuvres faites à son intention. Puissent tous ces secours contribuer à soutenir ses

forces et à le préserver des dangers auxquels il s'expose
cependant sans hésiter, lorsque la charité le demande,
comme on le constate dans le récit que nous venons de reproduire.

Scène indescriptible. — Un spectacle affreux
m'attendait au retour de ma permission. La veille,
deux camarades de ma compagnie avaient été tués
par une bombe. L'un des deux était réduit en lambeaux, déchiqueté d'une façon affreuse, et j'étais désigné pour l'ensevelir. Il fallut donc faire passer
d'une toile de tente qui les renfermait, ces pauvres
débris, dans un cercueil. Or, la veille, en raison du
danger et pour ne pas allonger une corvée déjà très
pénible, on avait négligé de fouiller les poches. Les
vêtements étaient hachés et les poches naturellement
introuvables. Une odeur épouvantable se dégageait
déjà de ces lambeaux de chair. On mit près de dix
minutes pour découvrir, dans une section de la
cuisse, un bout de pantalon qui recouvrait un mou-
choir dans lequel on trouva un billet de cinq francs.
Il était grand temps de finir, car le cœur me manquait. En narrant ce détail, je tiens à faire remarquer
le sérieux, l'honnêteté et la bonne volonté que nous
mettons à découvrir les objets, souvenirs ou pécule
appartenant au disparu.   F. B.-L.

La grande souveraine. — La mort règne en souveraine sur le champ de carnage ; elle nous guette à
tout instant, tantôt au tournant d'une tranchée,
tantôt au poste d'observateur, tantôt dans la sape-
abri. Le petit soldat, jeté dans la mêlée, assiste à
des scènes terrifiantes que ma plume se refuse à
décrire. Quand passe la tempête de fer et de feu,
quand souffle, au-dessus de nos têtes, l'ouragan infernal, oh ! alors combien est fervente la prière qui
jaillit du fond du cœur vers le Maître de la vie et de

la mort ! Comme on se sent petit en face des éléments déchaînés ! Plus que jamais, on constate le vide et le néant des choses qui passent ; plus que jamais, on se jette avec confiance dans le sein de la miséricorde de Dieu.

F. R.

Au loin comme auprès. — C'est la vie de misère, de privations, d'énervement, de sensations et d'émotions désagréables, que les amis du front français vous ont décrite, qui est devenue la mienne. Cependant, cet état de choses n'a eu encore aucune prise sur mon moral, ce qui fait l'étonnement des soldats de l'escouade, qui trouvent drôle que l'ennui des corvées dangereuses, la fatigue et la lassitude ne s'exhalent pas chez moi, comme chez eux, par les récriminations ordinaires dans le milieu où je vis.

F. J.

Le chapelet inachevé. — L'autre jour, nous avons bombardé les premières lignes allemandes avec nos crapouillots. Malheureusement trois ou quatre sont tombés sur nos secondes lignes, effondrant une sape où se trouvaient six des nôtres. Vite on court chercher des pelles, des pioches, et aussitôt au travail, durant cinq heures de temps et sur la plaine. Pas un Boche n'a tiré sur nous. Quand nous sommes arrivés, quatre étaient encore en vie. Pendant que nous maniions les pelles et les pioches, ils récitaient leur chapelet et leur acte de contrition. Nous avons réussi à en sauver deux, les quatre autres étaient morts asphyxiés. La Très Sainte Vierge ne les a pas laissés finir leur chapelet ici-bas, mais ils sont allés l'achever au ciel, j'en ai la certitude. Plusieurs appelaient cela une triste mort, mais moi, je me disais : « Heureux sont les morts qui meurent dans le Seigneur ! » F. E.-J.

Sur d'autres sommets. — Je touche à la fange,

mais sans m'y salir. Jésus est avec moi : qu'ai-je à craindre des hommes sans foi, sans honneur, victimes trop nombreuses, hélas ! de la morale laïque ? Hier soir encore, que de chansons immondes j'ai entendues ! Mais je me suis endormi quand même dans de saintes pensées, en redisant avec Jésus sur la Croix : *In manus tuas, Domine, commendo spiritum meum.*

F. D.

Pauvres blessés ! Pauvres brancardiers ! — En ce moment, transporter les blessés est une rude tâche. Dans la boue jusqu'aux genoux, on a peine à s'en retirer. Et cependant, il faut aller vite, car les obus pleuvent de toutes parts. Pauvres blessés, rien que le transport suffit pour les achever ! On en pleurerait bien. Celui qui n'est pas venu par ici ne peut pas se faire une idée des souffrances que nous endurons. J'ai eu une courte permission. Je me suis empressé de revêtir ma soutane. Si je pouvais la reprendre bientôt définitivement !

F. L.-E.

Ils en ont assez. — Les jours derniers, un jeune Boche de 17 à 18 ans s'est rendu prisonnier. Heureux comme un roi de voir pour lui la guerre se terminer, il disait : « Tous mes copains dormaient dans leur guitoune, j'en ai profité pour m'échapper et me faufiler jusqu'ici. » Il semble que les Boches, plus encore que nous, en aient par-dessus la tête de cette existence sauvage.

Souvenirs de la maladie. — Après avoir longtemps tenu bon contre la fièvre, il me fallut me rendre et me voir hospitalisé dans ma propre ambulance, et l'infirmier fut alors soigné par ses blessés... C'était le résultat des fatigues survenues à l'attaque de Champagne. Il fallait travailler tout le jour, et la nuit on ne dormait guère. D'ailleurs la garde revenait toutes les deux nuits, et quelle garde ! c'était au milieu de pauvres blessés incapables de faire un mouvement. Aucun repos, pas de temps libre, pas de sortie. Cependant j'eus deux heures le jour de la Toussaint. Je les passai à l'église. Je n'ai jamais été aussi heureux. Le bon Dieu ne distribue pas toujours ses meilleures faveurs durant le noviciat.

Malgré la fatigue, le sommeil, je tâchais de m'en aller avant le jour entendre la messe et faire la sainte communion ; c'était tout ce qui me restait de ma vie religieuse ; il me fallait lutter pour la garder.

F. B.-H.

Rude corvée. — Tous les soirs, nous partons et nous revenons le lendemain matin. Que c'est pénible de transporter les blessés par ces montagnes remplies de trous d'obus ! Nous allons à trois cents mètres des Boches ; il faut faire vite : pas de boyaux, terrain découvert et un marmitage pas ordinaire. Jusqu'à présent, ma bonne Mère m'a gardé et j'espère qu'elle va continuer ; pendant tout le trajet, j'ai recours à elle en lui disant de me protéger et de me donner la force de transporter ces pauvres malheureux. Nous les portons à dos jusqu'à 4 kilomètres et nous faisons au moins 7 kilomètres pour aller les chercher.

F. L.-E.

Encore plus terrible. — Un blessé est signalé ; je reçois l'ordre de partir avec trois de mes compagnons. Il est huit heures du soir. Il faut aller à une batterie repérée, en traversant une zone dangereuse. On nous dit qu'il n'y a que quatre cents mètres. Nous partons. A un détour, nous laissons notre voiturette ; je prends le brancard. Les obus pleuvent tout autour de nous ; une attaque est déclanchée à droite et gagne peu à peu toute la ligne. Tout à coup, un tir de barrage : nous ne pouvons rester là, il faut avancer ou reculer. On fait un bond, on se couche et on recommence, combien de fois ?... Mon brancard m'embarrasse ; je roule plusieurs fois dans la boue. Enfin mes compagnons, plus libres, ont traversé la zone et ils m'appellent. Un obus tombe à quatre pas devant moi, mais n'éclate pas : « Merci, Vénérable Père de la Mennais ! » Je prends le galop malgré la vase à moitié desséchée qui me monte jusqu'à mi-jambe. Les obus sifflent et passent, tombant en arrière. Je rejoins enfin mes compagnons anxieux. Il fait noir. Nous voilà au gourbi où se trouve le patient. Mais on ne peut sortir tout de suite, car le tir s'est raccourci. L'abri est encombré par des avalanches de toute nature produites par les éclatements.

Nous profitons du premier moment d'accalmie pour partir. Dix mètres sont à peine franchis que la canonnade recommence de plus belle ; cette fois, nous croyons bien notre dernière heure venue. Le pauvre blessé crie, nous priant de ne pas le laisser là ; mais la marche devient très difficile. Comme nous sommes chargés, nous enfonçons de plus en plus. Par deux fois, je me vois obligé d'aider un de mes camarades, à retirer son pied de la boue gluante. Cet effort me fait enfoncer à mon tour et je roule de nouveau. Les obus pleuvent toujours : je me recommande à la Sainte Vierge et à saint Joseph. Le brancard glisse plutôt qu'il n'est porté. Deux fois le blessé tombe, son pansement se défait, impossible de le refaire dans ce lieu, au milieu des ténèbres, nous ne savons plus même où nous sommes. A bout de force, nous nous arrêtons un instant pour nous consulter. Je prie intérieurement et je fais deux pas en avant, seul. Voilà le sentier : Dieu soit béni ! Nous reprenons courage ; la voiture se retrouve cinquante mètres plus loin et nous rejoignons enfin le poste, toujours sous la mitraille. Pour parcourir ces quatre cents mètres, il

F. Liguorius-Eugène transportant un blessé allemand.

nous a fallu trois heures et demie !... Jusqu'ici c'est mon record de lenteur. J'ignore ce que me réserve la Providence ; j'espère qu'au milieu de ces circonstances épouvantables, elle continuera de me protéger, grâce aux prières de mes Frères.   F. L.

Comme pendant la retraite de Russie. — A mon retour au front, on m'a envoyé faire un stage comme mitrailleur dans un camp d'instruction, près du front. Nous étions logés dans une baraque aux planches disjointes. Il y faisait un froid de loup. Au réveil, nous avions des glaçons pendus aux moustaches. La température est basse et le froid rigoureux. C'est, mon Révérend Frère, une épreuve ajoutée aux autres épreuves. Ce sont de mauvais jours ; mais, comme le dit le *Lien Fraternel, transierunt,* ils passeront. Je fais de mon mieux pour supporter ces épreuves, et, tout en désirant malgré tout un peu des bienfaisants rayons du soleil d'Haïti, je m'efforce de souffrir le plus patiemment possible les rigueurs de la température ; c'est une belle occasion de mériter, et aussi d'attirer les regards de Dieu sur notre chère Patrie.   F. C.-J.

Pour nous réchauffer, nous mangeons du pain glacé et nous cassons à coups de pioche notre malheureux *pinard* qui s'obstine à ne pas se laisser boire ; mais baste ! mieux vaut cela encore que l'enlizement dans les fondrières et les trous de marmites. Ainsi, quand on y regarde de près, on s'aperçoit que le bon Dieu sucre toujours de quelque manière les plus mauvaises pilules.   F. F.

Ce qui répond à tout. — Parfois la nature, rassasiée d'injustices, murmure et, voyant la bassesse d'âme de certains chefs arrivistes, voudrait crier vengeance et maudirait volontiers les auteurs de ces injustices. Mais soudain, je me rappelle la parole de notre Sauveur: « Mes délices sont d'être avec les enfants des hommes. » O Ciel! Quelle désapprobation de mes pensées et de mes sentiments!... Quoi! mon Seigneur fait ses délices d'être avec les hommes dont il reçoit cependant d'injustes traitements, bien autrement écœurants et nombreux; et je me révolte d'une enfantine contrariété qui ne m'arrive que par sa permission!... Vit-on jamais un être plus innocent que Lui? Or, il endure, sans se plaindre, les plus atroces tourments, la mort la plus ignominieuse, en demandant pardon pour ses bourreaux; et je ne pourrais supporter une piqûre d'épingle sans me plaindre! Quelle confusion pour moi !   F. A.-J.

Quelle marche ! — Pour arriver en première ligne, il y a 700 mètres à parcourir: il faut 3 heures pour faire ces 700 mètres. On se tient 4 à 4 par des courroies; à chaque pas on s'enlize. Plusieurs ont passé des journées entières enlizés jusqu'au cou ; quelques-uns y sont restés. On a beau dire : c'est la guerre, on ne se fait tout de même pas à un tel genre de vie. Comme il faut souffrir toutes ces peines, on est au moins heureux de les offrir au bon Dieu, et de pouvoir en retirer quelque profit pour soi et pour les autres.   F. A.

Dévouement sacerdotal. — A notre dernier changement de cantonnement, j'ai réussi à découvrir une ambulance française. Le dimanche 3 décembre, je m'y suis rendu, aussitôt libre, pour voir si je pourrais y entendre la messe. Malheureusement j'étais trop tard. Les deux prêtres infirmiers que j'y ai rencontrés avaient été forcés, à cause des évacuations, de dire leurs messes de bonne heure, mais ils se mirent à ma disposition pour l'avenir et me proposèrent très aimablement de me dire la messe à l'heure que je voudrais. Comme je ne puis être sûr de mon temps qu'avant le réveil, il fut convenu que j'irais vers cinq heures réveiller l'un deux. C'est ce que je fais. Je me lève vers quatre heures, et je me mets en route tout en disant ma prière du matin. Je suis de retour au camp quelque peu avant six heures. De cette façon, je suis toujours là pour le service qui ne commence guère qu'à six heures et demie. Ces messieurs me donnent une bien grande marque de charité, car ils ont souvent passé une grande partie de la nuit sans sommeil lorsque j'arrive les réveiller et certainement ils dormiraient encore volontiers, après cinq heures du matin. Ainsi, hier soir, ils ont reçu des blessés jusqu'à minuit, et en plus, ils prennent la garde à leur tour dans les salles. Aussi vous dire ma reconnaissance pour eux me serait difficile.

F. C.-M.

Loin du théâtre de la guerre. — Admirer les étoiles, ouïr le mugissement de la tempête, respirer à pleins poumons l'air âpre et glacial pendant quatre heures de nuit et autant de jour, voilà une cure merveilleuse. Par ailleurs, notre ordinaire ne serait pas trop déplacé à côté de celui des moines les plus pénitents. Voilà le meilleur régime pour se bien porter.

F. P. DE L.

Pour les pauvres parents. — Toutes les nuits, mes camarades vont chercher les blessés ou les morts. Ils ramassent des morts de trois mois, à moitié enfouis et décomposés. Il faut avoir le cœur solide pour faire cette besogne. Grâce au dévouement des brancardiers, plusieurs inconnus seront identifiés et les parents recevront des souvenirs.

Une ascension. — Il nous a fallu faire l'ascension de la montagne à genoux, en traînant le brancard; quelle souffrance pour le pauvre patient!

F. L.-E.

ZÈLE. — APOSTOLAT. — ÉDIFICATION.

Les apôtres. — Je suis toujours très heureux
au milieu de nos dévouées religieuses et de mes camarades d'infortune. J'ai la joie de m'entretenir avec
quelques-uns sur des sujets religieux. C'est vraiment
bon de pouvoir leur faire un peu de bien. Mais quel
bonheur quand je pourrai revoir la chère école à
laquelle je pense toujours !

Il ne faut plus d'esclavage en France, il nous faut
a liberté. Je reviens sur cette question en particu-
ier et en public. Je raconte comment on nous a tout
volé, comment on a jeté sur la rue des vieillards sans
ressources qui avaient usé leur vie au service de la
religion et de la France dans les colonies ; que nous
avons été contraints de prendre le chemin de l'exil,
et aujourd'hui qu'on nous appelle pour la guerre,
nous voici ! Mais demain, tandis que vous chanterez
victoire et que vous vous réjouirez à juste titre, il
nous faudra encore faire notre paquet et dire triste-
ment adieu à ce pays que nous sommes venus défendre : comment trouvez-vous cela, vous autres ?
— Oh ! non, après la guerre tout cela va changer et il
y aura liberté pour tous, me disent la plupart. Et
d'autres : Vous avez été bien bêtes de venir ; à votre
place, je les aurais laissés se débrouiller tout seuls,
je n'aurais pas bougé...

Mais ce qui manque surtout en France, on ne
saurait trop le répéter, c'est l'instruction religieuse.

Pauvres gens ! leur esprit est imbu des plus stupides préjugés et la foi de plusieurs a sombré dans une vie de débauche. On ne veut pas croire parce qu'on ne veut pas refréner ses passions ; de là, toute sorte d'arguments pour se persuader que Dieu n'existe pas. Que de discussions religieuses il m'a fallu soutenir depuis que je suis à la caserne ! Ce soir encore, j'étais aux prises avec un commis voyageur et, en présence de toute la salle qui nous écoutait en silence. Il a fini par me dire que la foi était une très belle chose et qu'il enviait mon sort. Malgré eux, tous ces gens-là sont tourmentés par la question religieuse ; mais les passions sont là pour étouffer l'idéal. D'autres, dans leurs souffrances, blasphèment la Providence. Que de misères morales dans le monde ! Il faut y vivre un peu pour comprendre combien, à tous les points de vue, la vocation religieuse est une grâce de Dieu.

F. A.-E.

Erreurs dans le compte des Ave Maria. — Et de l'amusement, passons aux choses sérieuses. Vous me demandez ce qui pourrait me faire plaisir. Dans les tranchées, les goûts sont modestes et les besoins limités. Pouvez-vous me procurer quelques livres pieux ? Une *Imitation de Jésus-Christ* ferait mon bonheur. Si d'aventure vous accrochiez sur votre chemin un marchand de chapelets, ne le lâchez pas de sitôt. Tous les soldats de France ne sont pas malheureusement les soldats de Marie, néanmoins Notre-Dame du Folgoët et Notre-Dame de Rumengol ont parmi nos paysans de bons et loyaux serviteurs. A maintes reprises, je leur ai distribué des chapelets ; mais à la longue, on les perd, on les casse, et plusieurs m'en ont réclamé d'autres, parce que, disent-ils, quand nous récitons nos *Ave Maria* sur nos doigts, nous nous trompons souvent dans notre compte. Comme la bonne Mère doit sourire de ces petites erreurs de calcul et mettre au double chaque *Ave Maria* de trop par dizaine !   F. R.-J.

A la cueillette des fleurs. — J'ai reçu l'*Echo des Missions* que vous m'avez envoyé. Je l'ai lu avec plaisir, puis je l'ai passé à Monsieur l'Aumônier, l'abbé Ferté, qui en a été enchanté.

Nous avons aménagé une cave en chapelle et nous y conservons le Saint-Sacrement. Tous les matins, je réponds la messe et je fais la sainte Communion, ainsi que mon camarade. Le Commandant assiste, lui aussi, à la messe et y communie tous les matins. Il y a même un certain nombre d'hommes qui s'approchent fréquemment de la sainte Table. Tout en faisant l'enfant de chœur, je suis sacristain et je suis chargé de l'entretien de la chapelle. Je trouve encore, pour l'orner, quelques fleurs dans les jardins ravagés par les obus. Je dirai même que les Boches sont assez gentils : lorsque je vais faire la cueillette des fleurs, ils ne tirent pas sur moi, quoique je sois bien en vue.   F. H.-L.

Confiance communicative. — La semaine de tranchées est pour nous, je suppose, une bonne retraite, car on pense au bon Dieu à chaque instant du jour et de la nuit. J'ai une grande confiance en Notre Dame de Bon-Secours. J'ai assuré à un camarade que, le dimanche matin, nous sortirions sains et saufs l'un et l'autre de la fournaise. Ce jeune homme, qui n'avait pas pratiqué depuis son enfance, récite ses prières matin et soir et dit son chapelet avec moi. Il ne veut plus me quitter ; me voyant si confiant, il se croit en sûreté à mes côtés. Hélas! le reste de mon escouade n'a aucun sentiment religieux, j'en suis peiné. C'est une épreuve comme une autre ; je l'offrais au bon Dieu hier, à la bénédiction, et j'ai bien prié pour ces pauvres âmes. Le bon Dieu se laissera peut-être toucher.

La guerre est terrible. Quel vacarme ! que d'angoisses lorsqu'on est canonné ou torpillé des heures entières ! Les torpilles surtout sont de nature à terroriser. Priez, priez toujours pour nous ; en retour, j'offrirai mes peines pour la prospérité de ma famille religieuse.   F. A.-D.

Cela répond à notre mission. — Me sachant membre du bataillon de marche qui doit bientôt se mettre en route pour le front, je suis allé trouver le capitaine ce matin pour solliciter l'emploi de brancardier.

— « Mais quelles sont vos aptitudes, m'a-t-il demandé ». Me souvenant, mon Révérend Frère, de ce que vous m'aviez dit lors de votre passage à Guingamp, je lui ai répondu : « Je suis religieux, mon capitaine, et le soin aux blessés répond bien à notre mission qui est toute de charité. — Ah ! bien, bien, je vais y voir ». Et par deux fois en s'éloignant, il a répété : « Je ferai mon possible. » Aussi, j'ai grande confiance que sous peu je partirai comme brancardier.

Je me jugerai heureux de secourir les blessés. Et qui sait si Dieu ne se servira pas de son pauvre instrument pour sauver quelques âmes ? Dès à présent, je fais le plus d'apostolat possible. J'espère amener plusieurs camarades à la sainte Table pour dimanche prochain.   F. T.-A.

Une aspiration comprise de tous. — J'aspire, de toute la force de mon âme, à l'heureux moment où je pourrai enfin reprendre mon saint habit religieux. Il me semble que je l'aime comme jamais je ne l'ai aimé ! Et si le bon Dieu me réserve encore cet inappréciable bonheur, je me livrerai tout entier, et avec un nouveau zèle, à l'éducation chrétienne des enfants, pour la plus grande gloire de Dieu et celle de notre cher Institut, si éprouvé par la perte de ses meilleurs enfants tombés sous le feu de l'ennemi. F. A.

Réflexions du Lien Fraternel. — Non seulement vous serez apôtres par la prière et le sacrifice. Vous le serez encore, à l'occasion, par la parole et l'action, toujours par le bon exemple. C'est ce que font ceux qui empêchent le blasphème, encouragent des camarades, arrêtés par le respect humain, à assister à la messe, à prier et à s'approcher des sacrements. Plusieurs ont obtenu de consolants résultats : je les en félicite. « Cet hiver, m'écrit un secrétaire, nous nous sommes entendus pour réciter en commun deux dizaines de chapelet avant de nous coucher. » Un jeune Frère m'écrit des Côtes-du-Nord : « Le F. T. a eu la bonne idée de fonder une petite ligue pour la récitation du Rosaire : chaque membre dit une dizaine de chapelet tous les soirs, et nous arrivons à deux rosaires. Je suis chargé, dans mon groupe, de veiller à ce que la dizaine de chapelet soit fidèlement dite, charge que j'accomplirai de mon mieux. » — « J'ai d'assez bons camarades, dit un autre ; mais ils étaient habitués à jurer à chaque parole. Je leur ai fait comprendre que cela n'avançait à rien, au contraire. Actuellement c'est très rare d'entendre un blasphème. » Ceux qui sont gradés peuvent favoriser leurs hommes pour la pratique des devoirs religieux ; mais un simple soldat même a obtenu de son chef, pour lui et des camarades qui s'en abstenaient jusque-là, la permission de sortir assez tôt pour arriver à temps à la messe.

L'Assomption dans un hôpital. — Le 15 août a été une vraie bénédiction pour notre hôpital : les trois quarts de nos blessés se sont approchés de la table sainte ; six des plus affligés ont communié dans leur lit. Cette scène émouvante, à laquelle j'assistais comme choriste, restera longtemps gravée dans ma mémoire. Je dus cependant user de ruse pour décider deux timides ; sachant que M. l'Aumônier leur avait en vain proposé son ministère, je fus les trouver moimême un à un et découvris facilement le joint : ils avaient honte, ni plus ni moins, d'être entendus de leurs camarades de lit ; je levai l'obstacle en leur offrant de passer dans la chambre à côté. Le lendemain, c'étaient les plus heureux de tous. Comme je félicitais l'un d'entre eux, il me répondit : « Il était plus que temps pour moi de remercier la Sainte Vierge de m'avoir tant de fois protégé ! » Il serait à souhaiter que tous comprissent à la manière de ce blessé le devoir sacré de la reconnaissance.   F. C.-M.

La prière en commun. — Le jour de la Toussaint, quand je rentre à la chambrée, tout le monde se presse autour de moi et demande que je fasse la prière du soir à haute voix. J'ai cru d'abord à une plaisanterie, mais, sur les instances réitérées qu'on m'a faites, j'ai vu que c'était sincère. J'ai donc récité la prière du soir et tout le monde a répondu.   F. E.

Le témoignage des autres. — *Extrait d'une lettre adressée par un religieux mobilisé à un journal canadien :*

« Pour l'exercice, on nous a donné à tous des bourgerons neufs, non pas jaune écru, mais d'un blanc immaculé : cela fait cinq cents *Pierrots* qui se trémoussent dans la cour et sur les landes. Seuls, les képis diffèrent, les uns rouges, les autres bleus. Pendant les pauses, quand ces pierrots se reposent, assis en longues files au pied des fusains qui longent la cantine, cela fait de jolies bordures, coquelicots et bluets mêlés.

« Le second jour, un des pierrots m'aborde : « Monsieur l'abbé, je suis religieux, Frère de Ploërmel. » Il me fait honte. Le premier soir, comme la conversation dans la chambrée était plus que leste, et que même Notre-Seigneur était insulté, il s'est fâché tout rouge. Le soir même, plusieurs venaient le trouver : « Moi aussi, tu sais, je fais tous les soirs une prière dans mon lit avant de m'endormir... Moi j'étais choriste... Moi j'étais enfant de chœur. » Déjà il fait centre, et les timides ne se sentent pas seuls. »

Le Devoir, Montréal, 16 octobre.

Rien que la présence... — Au point de vue moral et religieux, il n'y a pas grand'chose à faire avec les bureaucrates. J'ai essayé d'entraîner quelques jeunes au cercle et à l'église. Un seul jusqu'à présent y est fidèle. Encore est-ce un de nos anciens élèves de Pontivy. Avec les vieux, il n'y a rien à faire. D'autre part, je vous dirai que je suis considéré, justement à cause de mon titre de *curé*. Souvent on est bien ennuyé de me voir là ; on ne peut pas parler comme on voudrait. Les auteurs de conversations déplacées sont toujours gênés par la présence d'un calotin. Quelqu'un s'oublie-t-il ? « Un peu de respect pour les oreilles prudes », crie le voisin, moitié grave, moitié riant. L'effet est toujours produit, quelle que soit l'intention de l'interrupteur.   F. C.-J.

Novices, appréciez votre vocation. — De grand cœur, je ferai, le cas échéant, le sacrifice de ma vie pour la France, pour mon cher Institut et ses Supérieurs, pour nos petits novices, afin que tous, correspondant pleinement à leur vocation, deviennent de fervents apôtres de l'enfance : la société actuelle en a tant besoin !   F. N.-J.

Rude école. — Depuis quinze jours, dans les casernes, on prépare les locaux pour les jeunes soldats de la classe 17. Les salles sont blanchies, désinfectées, aménagées presque à neuf. Ce sera chauffé. Il y aura des réfectoires et des lavabos. Bref, rien n'est oublié, pour le corps du moins, car, hélas ! de l'âme, qui donc s'en est préoccupé? Il faudra s'élever au-dessus de ce confortable matériel et se précautionner contre la contagion. Ce sera une rude école de perfection qui exigera bien des efforts sur soi pour pratiquer discrètement sa religion: prières du matin et du soir, Bénédicité, pieuses lectures ; supporter tout sans murmure et se tenir en garde contre le langage boulevardier des soldats. Mais que cette pensée réconforte: « J'y suis par la volonté de Dieu, sa grâce ne me manquera pas ! »   F. J.

Ceux qui exhortent de loin. — Le *Lien Fraternel* m'a profondément édifié. La lecture des extraits de lettres qui trahissent des âmes héroïques confond ma lâcheté et l'exemple de leur si vive piété rallume un peu ma ferveur.

Merci donc à nouveau, mon Révérend Frère, de tout le bien que vous faites à ma pauvre âme.

                    F. H.-M.

Ces exemples relèvent mon courage, me portent à la vie intérieure, à l'esprit de foi, me font aimer le bon Dieu, la vertu, ma chère congrégation et ma vocation religieuse.   F. C.-E.

L'apostolat par l'eau-de-vie et le tabac... — Je suis au poste téléphonique de première ligne, à 30 mètres des Boches. A chaque instant, les bombes et les obus tombent autour de moi, éteignant ma bougie, couvrant de terre ma cabine, faisant sauter le bouchon de la bouteille et coupant le fil en plusieurs endroits. Alors, entre deux bombes, mon camarade et moi allons vivement le réparer. On a parfois de l'eau jusqu'aux cuisses ; ces bonnes souffrances sont de la bonne monnaie pour le paradis. Je suis bien exposé en ce moment : mais je me remets complètement entre les mains de Dieu ; je suis prêt. Le médaillon du Sacré-Cœur est placé au-dessus de l'appareil et il nous protège.

Mon camarade est un bon garçon, mais il blasphème beaucoup. Savez-vous comment je l'empêche de jurer? par de l'eau-de-vie et du tabac. Tous les jours, nous touchons deux rations d'eau-de-vie, puisque nous sommes deux. Comme il l'aime beaucoup, je lui ai dit : « Si tu ne jures pas tant de fois, je te donne ma part d'eau-de-vie. » Et lui, heureux d'avoir double ration, ne blasphème plus. Le premier jour, il ne devait pas dépasser 10 fois et aujourd'hui, 2 fois. Mais il ne jure plus du tout. Je lui ai aussi fait cadeau de trois paquets de tabac qui m'ont été envoyés.

F. C.

La classe 17 et l'apostolat. — Ma chambrée est composée de gens bien tranquilles et parlant peu ; mais quelle ignorance en fait de religion ! Si vous saviez quelles objections ils m'ont présentées au sujet de la sainte messe ! Aussi tous les dimanches, j'en vois quelques-uns qui n'y vont pas. C'est le moment de leur faire quelque bien. Je réussis à en décider trois ou quatre : autant de péchés mortels de moins !...

F. A.

Utiles leçons. — Pendant le repos, semblable à la vie de caserne, j'ai recueilli plusieurs enseignements ; d'abord l'obligation où nous sommes de mener une vie édifiante, une vie de saints, car on ne comprend, on n'excuse aucune faute de notre part. Que de faits insignifiants, mal interprétés, dénaturés, grossis quand il s'agit de prêtres, de religieux, d'instituteurs chrétiens ! Nous devons être des exemples vivants pour tous. Que de bien nous faisons alors, même sans nous en douter ! On ne saurait aussi inspirer aux élèves trop d'horreur des vices grossiers. Je vois un grand nombre de soldats qui sont des chrétiens pratiquants. Ils vont à la messe, au salut, au sermon, et de temps en temps à confesse et à la communion, mais ils n'essaient nullement de résister à leurs passions et trouvent étrange qu'on le leur conseille. D'autres sont tellement ignorants et victimes des préjugés qu'on ne parvient plus à les éclairer et à les convaincre : l'arbre est trop vieux pour être redressé ; c'est quand il est jeune qu'il faut lui faire prendre une bonne direction. Oh ! comme notre mission est importante et belle !   F. X.-M.

Naturellement attiré par les petits. — Pendant ma visite au Saint-Sacrement exposé, j'ai eu le plaisir de voir les enfants des écoles chrétiennes venir passer une demi-heure tour à tour devant Notre-Seigneur. J'ai dit une partie de mon rosaire avec eux. La musique de leurs petites voix pieuses me charmait et m'élevait vers le ciel. J'ai demandé à Marie de garder leurs âmes bien blanches et de me conserver ma vocation pour aller bientôt travailler au salut d'autres petits qui leur ressemblent et qui m'attirent.   F. N.

Quand on n'est pas prêtre. — Hier soir, je suis allé pour la première fois chercher des blessés ; certes, je n'étais pas loin des Boches ; les balles me sifflaient aux oreilles, mais un Haïtien ne doit pas avoir peur. Mon compagnon, lui, saluait souvent leur passage avec un profond respect. Enfin, on est arrivé à bon port, mais notre pauvre blessé fait pitié ; il a reçu une bombe sur la tête ; je crains qu'il ne puisse aller longtemps.

La belle basilique d'Albert est presque détruite, et des pauvres petits bourgs des environs, il ne reste plus rien que des ruines.

Par ici, on est édifié de la conduite des soldats.

Avant de se rendre dans leurs tranchées, ils vont à confesse ; quand ils reviennent, au bout de six jours, ils font de même. Tous les matins, on ouvre la porte de l'église à 5 h. 1/2 ; eh bien ! ils sont là attendant ce moment désiré. Plusieurs me demandent si je veux les confesser ; je ne le puis, mais je les conduis au prêtre et ils sont contents. L'un d'eux ne voulait pas faire baptiser ses enfants ; depuis qu'il est ici, il a changé totalement ; il a écrit à sa femme d'accomplir au plus tôt ce devoir. Lui-même s'est hâté d'apprendre ses prières et il a fait sa première communion. Un autre me disait : vous verrez que ça changera après la guerre, et que vous serez défendus surtout par ceux qui n'avaient pas vos idées auparavant. Oui, il faut venir au front pour voir ce renouveau.   F. L.-E.

Sergent, écrivain public et un peu aumônier. — Les Immortels qui travaillent au Dictionnaire consulteraient avec profit les poilus sur la valeur de certains mots ; on leur en dirait long, par exemple, sur le sens du verbe *patienter*.

Heureusement que la prière est là. Nulle part on ne se sent plus en face de soi-même, ni plus près du bon Maître. Ce contact incessant avec les morts, ces petites croix aux inscriptions lugubres et glorieuses à la fois : *Ici reposent douze braves. — Ne creusez pas, il y a des cadavres. — A la mémoire des héros du !...* quelle éloquente prédication et comme l'âme croyante vole à tire d'aile vers le ciel bleu ! Aucun cloître ne vaut la première ligne de tranchées pour goûter les douceurs de *l'Imitation*, les joies et les douleurs des mystères du Rosaire. Et, quand, après un jeûne spirituel de plusieurs jours, souvent de plusieurs semaines, on peut communier, c'est alors un bonheur qui se sent, mais ne s'exprime pas.

On dirait que chaque coup de canon brise un des

mille liens qui enchaînent l'âme à la terre, et la rapproche de son Créateur. La présence de Dieu, quelle serre incomparable pour cultiver cette plante précieuse ici entre toutes : la gaieté, qui s'étiolerait si vite dans l'atmosphère des tranchées ! Il n'y a rien comme les pratiques religieuses pour soutenir le moral des troupes et leur garder des sentiments élevés. Nos poilus ne sont pas tous des saints, mais beaucoup demandent qu'on seconde au moins leur bonne volonté. Aussi, le dimanche, quand les exigences du service permettent d'assister à la messe, j'en affiche l'heure aux portes du cantonnement. S'il s'agit de distribution d'objets pieux, oh ! alors c'est un assaut. Mais je fais comprendre que l'objet en lui-même n'est rien si la foi ne l'accompagne, et je réussis habituellement à obtenir la promesse d'une récitation quotidienne de quelques *Ave Maria*. C'est peu, mais auprès de quelques-uns, c'est un commencement ; espérons que Notre-Seigneur et sa sainte Mère feront le reste.

Il y en a qui sont de véritables apôtres. Par leur intermédiaire, j'arrive à glisser les bonnes publications dans les milieux les plus hostiles ; il en restera bien quelque chose. D'autres fois, ils amènent des camarades aux prières du soir où nous chantons le plus possible dans la langue de chez nous. Nos Bretons aiment leur langue maternelle ; j'en use largement et je n'ai pas à m'en repentir. On passe ainsi pour n'être pas fier, ce qui est important.

Pendant la nuit, durant les heures de quart dans la tranchée, je vais de l'un à l'autre, leur causant de leur famille, de leurs bêtes, de leurs récoltes, toutes choses au contact desquelles leur cœur s'émeut et se livre.

En ma qualité d'écrivain public, en breton et en français, je reçois beaucoup de confidences. J'en profite pour donner à ceux qui sont restés à la maison, avec des détails piquants sur notre vie de taupes, un conseil utile, réclamant une prière pour les combattants, un pèlerinage à tel sanctuaire de la région. En général, on nous répond avec empressement. La note la plus touchante vient des enfants dont chacun demande au ciel le prompt retour du papa.

Au souvenir de ces chers petits, il est rare qu'une larme ne perle pas aux yeux du brisquard, et alors on me sort pour la ...ième fois la photographie familiale que chacun porte sur lui comme un talisman. On me montre avec orgueil les mioches que je connais depuis longtemps ; on me répète leur nom, leur âge, leurs qualités et leurs défauts...

J'aime beaucoup mes hommes, ce sont de grands enfants qui me témoignent une pleine confiance. Quand il s'agit d'écrire, ils me le demandent souvent ainsi : « Je n'ai pas donné de mes nouvelles au pays depuis quelques jours, tu sais ce qu'il faut dire, mets du joli et donne la lettre au vaguemestre. » On ne me demande pas si j'ai le temps, du papier, si je n'ai pas oublié l'adresse... on est de la maison, que diable !

Le 3 mars, un sergent de mes amis est frappé mortellement à mes côtés. Comme nous en parlions avec regret, je fis remarquer qu'il s'était confessé le 1ᵉʳ mars avant de monter aux tranchées et que le prêtre que j'avais fait venir était arrivé à temps pour lui donner une dernière absolution : c'était donc là pour nous une consolation dans notre douleur. Peu après, un homme vient me trouver, me priant de le désigner pour une corvée quelconque là où il y a un prêtre. Vous devinez avec quel empressement j'accédai à son désir. Au retour, il vint tout guilleret me dire que la corvée s'était bien faite. Dieu en soit béni !

Quant à l'ami tombé au champ d'honneur, je profitai du repos pour faire dire une messe à son intention. La veille au soir, je passai dans les cantonnements pour prévenir les hommes et me proposer d'éveiller ceux qui voudraient y assister à 5. h. 30.

Le lendemain, à l'heure fixée, toute la section était sur pied, si bien, qu'avec les amis venus des sections voisines, nous nous trouvions une bonne soixantaine dans la chapelle des sœurs de Saint Vincent de Paul, surprises d'une pareille affluence. Je récitai le chapelet à haute voix pour fixer leur attention et leurs intentions, plusieurs s'approchèrent de la sainte Table.

Nos patrouilleurs, ayant découvert un cadavre entre les lignes, le transportèrent dans la tranchée et on m'envoya dire de venir vite faire l'enterrement. — « Mes bons amis, je ne suis pas prêtre. » — « Viens quand même, tu sais ce qu'il faut dire, ça suffit! » — Je récitai un *De profundis* devant le corps de ce brave que nous enterrâmes sur place, son état de décomposition ne permettant pas de le porter plus loin.

Ces petits détails sont consolants, n'est-ce pas? Si nous avions un prêtre dans la compagnie, peut-être se multiplieraient-ils. Mais, par endroits, ces messieurs sont en nombre trop restreint et, malgré leur dévouement, ils ne peuvent arriver à tout faire : que la bonté de Dieu y supplée !   F. R.

Nos lecteurs trouveront comme nous que ce brave y supplée aussi de son mieux. A tous ceux qui sont dans son cas, avec des hommes en danger de mort, ne pouvant recevoir l'absolution, on ne serait trop conseiller de leur suggérer des actes de contrition parfaite, leur disant un mot de la bonté, de la justice, de la sainteté de Dieu, afin d'amener le regret des fautes, non par la crainte, mais à cause de ses perfections divines offensées.

Pourquoi l'on fredonne. — Quand je suis arrivé dans la sape, plusieurs juraient, à cause des corvées. Lorsqu'ils m'ont vu déployer mon journal *La Croix* et *Le Pèlerin*, placer une médaille miraculeuse à mon téléphone, je n'ai plus entendu blasphémer, et les passages des chansons un peu trop risqués étaient simplement fredonnés...

F. C.

Résolution de retraite. — Comme résolution de retraite : A toutes les fois que j'entends un juron ou un blasphème, j'adresse une louange à Dieu. J'ai communiqué cette idée à plusieurs camarades qui l'ont fort bien acceptée et m'ont promis de la mettre en pratique.

F. A. R.

Confessé sans le savoir. — Au début du mois de juin, je promis au Sacré-Cœur de faire tout mon possible pour lui amener une brebis égarée. Cette brebis, je la trouvai dans ma section. C'était un brave Breton, père de famille, mais insouciant au point de vue religieux. Depuis dix ans, il ne s'était approché d'aucun sacrement. Par routine, il continuait d'aller à la messe le jour des grandes fêtes.

Je captai sa confiance en lui servant de secrétaire particulier, et ainsi, petit à petit, lorsque nous étions au repos, je l'amenais aux réunions du soir présidées par l'aumônier, qu'il trouvait bon et dévoué. Le dimanche, il m'accompagnait à la messe. Il n'y avait plus que la confession à le gêner.

Un bon soir, que nous nous promenions ensemble dans les dunes, il me raconta sa vie. Lorsqu'il eut fini, je lui dis : « Mon cher ami, si j'étais prêtre, je vous donnerais l'absolution, car vous venez, sans vous en douter, de me faire votre confession. Allez trouver l'aumônier ou un autre prêtre ; dites-lui la même chose et ce sera fait. — Tu te moques de moi, me dit-il, ce n'est pas comme ça qu'on dit lorsqu'on va à confesse ! »

Je fis si bien que le soir même il était décidé. C'était la veille de la Fête du Sacré-Cœur. Nos devoirs militaires ne nous permettaient pas d'aller à l'église ce jour-là. Mais dimanche dernier, 1ᵉʳ juillet, nous avions la matinée libre. Dès cinq heures, je réveillai mon homme ; ensemble, nous nous rendîmes à l'église et, après une bonne confession, nous allâmes recevoir le Pain des forts.

Au sortir de l'église, mon camarade était si joyeux qu'il en pleurait de bonheur. Le jour même, il fallut narrer le fait à sa femme et envoyer deux images du Sacré-Cœur à ses petites filles. Aujourd'hui, il est de garde avec moi dans les tranchées et cause encore de son bonheur. Il veut, dit-il, dimanche, recevoir de nouveau le bon Jésus. Puisse-t-il persévérer dans ces bonnes dispositions !   F. A.

Les oublis. — J'ai l'habitude d'oublier sur mon lit les livres et publications que je reçois, ainsi que les journaux que j'achète parfois. Plusieurs camarades les lisent au moins partiellement ; c'est autant de gagné pour leurs âmes.

Le secret pour y réussir. — Je fais en sorte que rien dans ma journée ne soit perdu. A l'offrande générale de mes actions, j'en joins une infinité d'autres le long du jour, qui me tiennent uni à Dieu, à la sainte Vierge, à saint Joseph ou à d'autres saints. Par moments, c'est la vie intérieure intense : c'est le secret pour ne jamais éprouver le *cafard*, ou du moins, pour ne pas lui donner prise. C'est aussi le moyen pratique pour agir sur les âmes. Je continue à correspondre avec plusieurs de mes élèves et de mes anciens élèves. Trois années et demie de guerre n'ont pu amener l'oubli. Tous me témoignent une confiance que je ne saurais vous dire et, comme vous le pensez, j'en profite pour leur glisser le mot qui fait du bien.   F. B.

Une autre forme d'apostolat. — J'ai eu toute facilité pour me livrer à des lectures sérieuses. J'ai en ce moment entre les mains « *Les sources de la Piété* » et j'ai passé à quelques bons camarades « *La pratique progressive de la confession et de la direction* » qu'ils se disputaient presque l'un à l'autre. Il y a dans mon régiment un noyau de jeunes gens délicieux. Leur nombre est petit, mais la qualité supplée à la quantité. Malheureusement ils sont un peu éparpillés et il ne m'est pas possible de m'édifier en leur compagnie autant que je le voudrais.   F. T.-J.

Une offensive qui rompt la ligne. — Hier soir, je me suis élevé avec force contre les propos obscènes que trois ou quatre soldats ne cessaient de tenir, et ils ont dû se taire. Le lendemain, plusieurs m'ont dit que j'avais bien fait d'agir ainsi : bons jeunes gens habitués tout au plus à une timide et silencieuse défensive... De même, après des entretiens sur les questions religieuses, de jeunes soldats, instituteurs, étudiants, etc., m'ont déclaré que leur principal tourment était de vivre dans le doute. Rien ne frappe comme les affirmations nettes d'un esprit convaincu et le bonheur tranquille d'une âme qui se garde.   F. A.

L'exemple du nègre. — Il y a un nègre à l'infirmerie. Je le vis l'autre jour faire un grand signe de croix au moment où on lui remettait sa gamelle. Comme quelques-uns témoignaient de l'étonnement, il répondit : « C'est le Père qui nous a recommandé de toujours faire ainsi. » Et, sans s'occuper des remarques plus ou moins spirituelles de l'entourage, il se mit à manger. Dans cette circonstance, il ne me parut pas que c'était du côté de la prétendue civilisation qu'il fallait chercher le courage et le bon sens.   F. G.

Une belle œuvre. — Avec quelques séminaristes

et de bons jeunes gens, nous nous réunissons tous les soirs : nous préparons actuellement une messe en trois parties. Le mardi et le jeudi, réunions spéciales présidées souvent par le Curé-doyen. On commence par faire une petite prière, puis on lit un chapitre de l'évangile, lequel est commenté ensuite et expliqué par les jeunes gens eux-mêmes. Le président redresse les réponses qui manquent de netteté, aide les hésitants et donne lui-même les explications qu'il juge nécessaires.

Ensuite se présentent les objections suivies de leur réfutation... C'est un véritable petit foyer d'apostolat, pratique qui, tout en instruisant ces jeunes gens, les trempe en les armant pour les luttes de la vie.

Le départ du président du petit cercle a été cause que ces jeunes gens m'ont élu à sa place. Vous me voyez chaque soir bûchant et mon Evangile et les « Objections contre la Religion ». J'ai, en effet, quelques-uns de ces bons enfants qui ont fait des études sérieuses : préparation à Centrale, à l'Ecole normale supérieure, etc... Mon secrétaire est délicieux : un vrai novice en soldat : la guerre l'a pris comme dessinateur à la gare de l'Est, à Paris.

C'était une colonne de patronage, d'abord à Reims et ensuite à Paris. Il pense comme je pense et ne me quitte pas. Le dimanche, seul jour où nous puissions communier, nous ne pouvons le faire qu'à la messe de 9 heures : il reste vaillamment à jeun.

Hier, dimanche, avait lieu la communion des enfants à Liancourt : il eut cette parole magnifique d'un jeune homme du monde : « Pour l'édification, il vaut mieux que nous communiions à la messe des enfants. » C'était rester à jeun toute la matinée.

Je vais faire mon possible pour maintenir debout cette œuvre de jeunesse que j'ignorais il y a trois semaines et dont les circonstances ont fait de moi un petit « pivot ». Ce groupement de Liancourt est la continuation d'un très beau mouvement fondé au dépôt du 8ᵉ Génie à Angoulême et comptant aujourd'hui trois cents membres. L'initiateur est un instituteur libre qui, aujourd'hui sur le front, en reste le président d'honneur.

F. J.

L'Instructeur bénévole. — Je continue de réunir les enfants tous les dimanches avant la messe. J'ai pourvu chacun d'un catéchisme et je distribue quelques paroissiens aux plus méritants. A chaque leçon, celui qui sait le mieux est récompensé. Les petites dépenses que cela m'occasionne se prélèvent aisément sur ma solde ; j'évite les occasions de *trinquer* et mon budget reste équilibré.   F. T.-L.

Elles seront comptées. — Les jours où je suis obligé de frapper des notes à la machine, bien avant dans la nuit, j'offre ce travail à Notre-Seigneur par les mains de sa divine Mère. Je le prie d'agréer chaque lettre que j'imprime comme une amende honorable pour les outrages qu'il reçoit journellement.

F. J.-N.

PIÉTÉ. — DÉVOTION.
ESPRIT SURNATUREL.

———

Il fut bien gardé. — L'aumônier arrive à l'improviste dans une tranchée où se trouvent des officiers et soldats très pieux. Il porte le saint Ciboire. Malheureusement presque tous ces braves ont pris leur café, car on n'attendait plus le prêtre retenu trop longtemps ailleurs. Le capitaine et quelques soldats encore à jeun peuvent seuls communier. On était désolé. Alors, dans un magnifique mouvement de foi, l'officier supplie le prêtre de laisser Notre-Seigneur dans sa baraque, malgré le voisinage des ennemis, promettant de le bien garder. Après un peu d'hésitation, l'aumônier cède. Une petite bougie brûle sur la table; dans un coin, des soldats veillent et prient. Et le lendemain, comme il n'y a pas de prêtre dans la compagnie, deux séminaristes soldats distribuent le Pain des forts à leurs camarades ravis ! ... N'est-ce pas une scène de la primitive Eglise? On souffre, mais combien on se sent réconforté en voyant Jésus avoir lui aussi « sa part de tranchée ! »

Les étrennes offertes à l'Enfant-Jésus. — A mon retour, j'ai dû me mettre en route pour rejoindre mon groupe parti le jour de Noël. Jamais je n'ai vu autant de boue, ni de cantonnement plus triste. J'ai offert à l'Enfant-Jésus, comme étrennes, les incommodités et les privations résultant de cet état de choses : faible compensation, à coup sûr, des grâces que Dieu, dans sa grande bonté, n'a cessé de me prodiguer depuis mon séjour aux armées, entre autres celle de descendre tous les jours dans mon cœur.

F. C.-M.

Même foi, même manière de voir. — Nous passerons la Noël et le premier janvier en tranchées ; puisque Dieu le veut ainsi, il n'y a qu'à s'incliner et dire : *Fiat*. Il serait plus doux à la nature de passer la Noël loin du danger et d'entendre la messe de minuit dans une cathédrale brillamment illuminée, mais la grâce préfère offrir à l'Enfant-Jésus tous les sacrifices qu'impose la vie militaire. Je donne la préférence à la grâce, car elle seule est précieuse ici-bas.

F. T.-P.

La Crèche de Sézanne. — Une tranchée avec un poilu aux aguets près d'un créneau, un blessé couché au fond de la tranchée, et, dans une anfractuosité, la crèche avec ces mots : *Pax hominibus !* Quel contraste !

F. A.-P.

Où l'on voit la blanche hostie. — Un prêtre est venu m'inviter à faire la sainte communion avec un jeune séminariste. Pas de chapelle, pas même une excavation pour se retirer. C'est en plein air, dans un coin solitaire de la tranchée boueuse, que nous avons reçu notre Sauveur. Comme la blanche hostie semblait aimable, élevée par les doigts souillés de craie d'un prêtre-soldat, sous un triste ciel gris ! Quel sentiment de gratitude remplissait mon cœur à la vue d'une telle bonté de Notre-Seigneur à mon égard ! Je ne pouvais pas aller à lui, il venait à moi. Avec le réconfort de sa divine présence, on peut tout supporter, et ma vie ne m'apparaît pas trop dure.

F. R.-M.

La procession. — Vous ne pouvez vous figurer la joie des quelques civils restés ici et qui depuis vingt-cinq ans n'avaient pas vu de processions.

La cérémonie s'accomplit au son du canon et fut vraiment impressionnante. Elle était présidée par un vénérable curé des environs de Reims qui, le soir même, nous quittait pour fuir les barbares. De temps à autre, on jetait un regard vers le ciel pour considérer un avion ennemi aux prises avec une batterie anti-aérienne. Mais ce regard, loin d'être une distraction, ne faisait que stimuler la piété, chacun priant de son mieux pour éloigner l'oiseau de malheur et demander à Dieu qu'il ne trouble pas cette religieuse démonstration en l'honneur de Jésus-Hostie.

F. G.

Bonnes semences. — Je ne comptais guère faire mes pâques si solennellement cette année ; mais nous avons un colonel vraiment chrétien. Il s'est avancé en tête de ses hommes à la table sainte. Trois prêtres ont eu leurs confessionnaux assiégés toute la soirée d'hier et depuis 6 heures ce matin. C'était un émouvant spectacle de voir la petite église de Saint-Malo-de-Beignon bondée d'uniformes bleu clair, d'entendre à la messe les chants sacrés sortir de ces jeunes poitrines bretonnes qui seront demain le solide rempart de la France et de la civilisation chrétienne. Nos Bretons ont encore du cœur. Ils le noient trop souvent dans le cidre, mais ils lui permettent de surnager dans les bons moments. On s'aperçoit alors que nos vieux Frères, semeurs du temps jadis, ont bien enraciné les bons principes. Ils sont enfouis si profondément qu'on doutait parfois de leur présence, mais voilà qu'ils lèvent et portent de beaux fruits.

F. E.-C.

La retraite. — *Mon Révérend Frère,* En cette

belle fête de l'Assomption qui, hélas! va se passer pour moi comme un jour quelconque, je veux du moins m'entretenir avec vous.

Je vous avais promis de m'astreindre, autant que possible, aux exercices d'une retraite, mais je vous annonçais en même temps l'impossibilité où j'étais de trouver un prédicateur. Cependant, m'unissant d'intention à mes confrères, j'ai tâché d'être, pendant quelques jours, plus pieux, plus recueilli, et j'ai demandé à Notre-Seigneur d'être lui-même mon prédicateur, en choisissant dans l'*Imitation* des lectures appropriées qui ont constitué la série de mes méditations que j'ai tâché d'orienter vers un but : l'action de grâces que vous nous recommendiez, Très Révérend Frère, dans votre belle circulaire N° 144. J'ai cependant aussi envisagé un autre but bien approprié à ma condition actuelle surtout : « l'abandon au bon plaisir divin ». Les chapitres de cet admirable livre traitant ce sujet sont très nombreux ; je n'ai donc eu que l'embarras du choix. Prendre des notes m'embarrassait davantage encore, car, vous le savez, chaque sentence est digne d'être notée et chaque phrase est une sentence qui semble dictée pour celui qui la lit. Il m'est donc très difficile de répondre à votre désir de vous faire un petit compte rendu de ces lectures-méditations. Voici, dans l'ordre, les chapitres qui m'ont occupé : Livre I, chap. 25 et 1. — L. II, c. 1. — L. III, c. 1, 2, 3. — L. I, c. 20, 11, 21, 22, 23, 24. — L. III, c. 20, 47, 48, 49. — L. II, c. 6, 7, 8, 11, 12. — L. III, c. 16, 17, 18, 21, 32, 59.

En voyant cette litanie, vous allez dire que c'est beaucoup, que c'est trop même ; c'est vrai, quelques chapitres auraient suffi pour la méditation, mais, vu le peu de facilité que j'avais ordinairement pour m'isoler, j'étais obligé de lire attentivement et posément plutôt que de méditer, et je n'avais pour tout livre de lecture que mon *Imitation*, votre dernière circulaire et les deux derniers numéros du *Prêtre aux Armées*.

Voici maintenant les quelques réflexions que j'ai notées, ou plutôt quelques-unes d'entre elles, car je ne veux pas abuser de votre attention.

Jésus se complaît dans une âme recueillie, il y demeure, il lui parle, la console, la fortifie, la sanctifie. — Nous n'avons point ici-bas de demeure stable, car ce n'est point le lieu de notre repos ; il est au ciel seulement. — La grande sagesse, c'est de tendre au ciel par la voie du mépris du monde. — Vanité des vanités, tout n'est que vanité, hors aimer et servir Dieu seul. — Un religieux qui s'occupe à méditer et copier la vie de Jésus y trouvera abondamment tout ce qui lui est nécessaire ou utile, et il chercherait en vain quelque chose de meilleur, etc. etc.

2ᵉ *lettre*. — J'ai fait ma retraite comme vous m'en aviez manifesté le désir. Je l'ai commencée le 8 au soir, pour la clôturer le 15 août, fête de la Sainte Vierge. Rien n'a été plus facile, car ici tout porte au recueillement et à la prière. Il semble qu'au milieu du bruit des balles et des obus, on se trouve plus près de Dieu, on pense plus facilement à ses fins dernières ; on voit que la vie est peu de chose et qu'il faut toujours être prêt. Le premier jour surtout, le sujet de mes réflexions fut facile à trouver, car il y eut bombardement dès le matin, à trois heures et demie. Un sergent qui, la veille au soir, venait gaîment en tranchée, fut tué par un obus de 105, comme il entrait dans une cagna pour se mettre à l'abri. Il était littéralement criblé d'éclats. Il avait même une main complètement emportée. Quant à moi, le sacrifice de ma vie est fait. Je m'abandonne pleinement entre les mains de la Providence. Si je suis tué dans cette guerre, je n'aurai qu'un regret, celui de n'avoir pas encore pu prononcer mes vœux perpétuels. Dire que si cette guerre n'était pas venue, j'aurais peut-être obtenu de les faire cette année !

Voici le petit règlement que je m'étais tracé pour ces saints jours : Matin, lever à 5 h. 30 (quand je pouvais me coucher), prière et méditation ; à 7 h. 30, sainte messe et communion ; à 9 h., rosaire pour remplacer l'Office de la Sainte Vierge ; à 10 h., soupe ; à 11 h., lecture d'un chapitre de l'*Imitation*, litanies du Sacré-Cœur et examen particulier ; après-midi, à 1 h. 30, chapelet dans les tranchées, tout en ramassant les lettres pour les remettre au vaguemestre ; à 2 h., Vêpres de la Sainte Vierge ; à 3 h., lecture et méditation d'un chapitre de l'*Imitation* ; à 4 h., chemin de Croix sur mon crucifix de profession que j'ai toujours sur moi ; à 5 h., soupe ; à 7 h., lectures pieuses, prières, puis occupations de mon emploi : désinfection des tranchées. — Malheureusement, je n'ai pas pu observer cet horaire tous les jours, car nous avons eu des bombardements, ce qui nous a donné du travail à transporter les blessés. Maintenant je me sens plus fort, plus courageux. Comme il ne m'est pas toujours facile de faire tous mes exercices, j'ai pris l'habitude de réciter mon rosaire tous les jours.

Divin Jésus, je m'abandonne complètement entre vos mains ; faites de moi ce que bon vous semblera. Je vous fais le sacrifice de ma vie pour le salut de la pauvre France et pour notre chère Congrégation.

Une fête bien passée. — Je ne sais comment l'on est au front ; mais je sais bien que la jeunesse qui est à la caserne est bien perdue.

Je continue d'aller toujours avec les mêmes bons camarades, fuyant toutes les occasions qui, de près ou de loin, pourraient m'être dangereuses.

Le 14 juillet, nous avons eu quartier déconsigné depuis le réveil jusqu'à minuit. J'en ai profité pour bien sanctifier la journée ; pour cela, aussitôt habillé, je suis sorti de cette boîte et me suis rendu vers la chapelle de l'hôpital Saint-Charles, dirigé par les bonnes Sœurs de Saint-Vincent ; là, je me suis confessé, j'ai fait la sainte Communion, puis je suis parti, avec mes bons amis, pour une excursion à la campagne. Nous sommes revenus très satisfaits de notre 14 juillet.

Je tâcherai, moi aussi, de faire, autant que possible, ma retraite, en m'efforçant d'être plus pieux et plus recueilli. Du 5 au 12 août, je suivrai en esprit mes chers confrères d'Espagne à la chapelle, priant et écoutant la divine parole ; puis dans les couloirs ou sous les arbres, au bord du Zadorra, méditant les vérités éternelles. Dieu veuille, dans sa miséricorde, me rendre participant des fruits de cette sainte retraite.   H^{no}. L.

Tirer parti de tout. — Comme je bénis le bon Dieu des lumières qu'il m'a données sur la vie chrétienne pour pouvoir, malgré ma faiblesse et ma misère, tirer parti de tout pour me sanctifier ; mais comme je lui promets aussi, s'il juge à propos de me faire survivre à cette horrible guerre, de devenir toujours un religieux plus saint et plus zélé !   F. E.-C.

Précieuse image. — Je suis heureux d'avoir l'image de notre Vénérable Père. Tous les jours, depuis le mois d'août dernier, je lui adressais une petite prière pour nous autres soldats. J'avais déjà une image de lui, mais simple ; elle ne m'a pourtant jamais quitté. Quant à celle que je viens de recevoir, je la conserverai encore plus précieusement, à cause, surtout, de la parcelle de soutane qu'elle porte.

Comme vous nous le demandiez dans l'avant-dernier numéro du *Lien*, j'ai fait une petite retraite, moi seul, dans les tranchées de première ligne. N'est-ce pas un moment bien choisi pour méditer sur les grandes vérités et se rappeler que nous sommes bien peu de chose aux yeux de Dieu ?

Les balles sifflant à nos oreilles et les obus passant au-dessus de nos têtes, nous disent assez que la mort nous guette toujours.   F. T.

Une petite Fête-Dieu. — Ce matin, au bruit du canon qui mugissait dans le ravin, sous un arbre garni de lierre, au milieu des branches d'acacia que nous avions cueillies et qui fleuraient si bon, Notre-Seigneur a bien voulu descendre sur l'autel — trois planches nues et disjointes — et reposer sur ma couverture déposée sous la nappe sainte. Dans ce décor champêtre, où l'on oublie si vite tout le reste, même les bruits horribles du carnage voisin, j'ai assisté à la messe et communié en compagnie du saint Jésuite, mon inséparable compagnon et mon ange gardien.

Quel bonheur et qu'elle consolation ! Pendant l'action de grâces, que j'ai faite en union avec ma chère famille religieuse, j'ai tout revu en esprit : vous, mon Très Révérend Frère, nos Très Chers Frères Assistants, nos jeunes gens de Bitterne, nos Frères d'Orient et mes chers camarades tués à quelques mètres de nous. Si l'on me tue, je me présenterai à Dieu avec confiance, et mon premier cri sera encore un cri d'action de grâces, car il y a des moments où le Ciel lui-même descend sur la terre, et il est des « Fêtes-Dieu » qui ne s'oublieront jamais et dont nous reparlerons souvent là-haut, dans le Paradis.
                    F. B.-L.

Nouveau postulat. — Les occasions de sacrifice ne manquent pas : refaire dix fois son paquetage parce que le caporal, le sergent, l'adjudant, le lieutenant ne sont pas du même avis ; accomplir de bon cœur un acte commandé, bien qu'il soit absurde, et presque aussitôt recommencer autrement, parce qu'on s'est aperçu qu'il est déraisonnable ; continuer la gymnastique alors qu'on n'en peut plus ; quand tout le monde se plaint, ne rien dire ; et, au lieu de chercher un dérivatif à cette vie automatique dans les plaisirs grossiers et dans une indifférence dédaigneuse, dire comme notre Vénérable Père: « Laissons-nous dévorer par la Providence ! » Voilà ce qui rend heureux envers et contre tout.

Et puis, la vie intérieure, quand on s'y exerce, est une force et une source de mérites. Au lever, au lavage du linge et des assiettes, au balayage de la chambre, à la soupe..., la Sainte Vierge rappelle qu'elle ne se plaignait jamais ; pendant les marches, à la gymnastique, on pense à Jésus portant sa croix ; tous deux nous suivent et, si nous le voulons, nous entretiennent sans cesse ; quand les chansons obscènes se font entendre, ils murmurent au cœur de célestes cantiques.   X.

Bon emploi des heures de garde. — J'aime beaucoup mes heures de garde, car ce sont pour moi des heures de prières, pendant lesquelles je répète « over and over again » toutes les formules que je connais par cœur, ainsi que des oraisons jaculatoires. Pendant mes heures de garde, je trouve aussi le moyen de pouvoir dire, à peu près journellement, deux rosaires, afin de compenser partiellement la sainte messe que je ne puis entendre sur la semaine.

Privation très dure. — Quand j'étais à Saint-Malo, j'avais le bonheur d'assister presque tous les matins à la sainte messe et d'y faire la sainte Communion ; mais ici, je n'ai la messe assurée que le dimanche, et encore tous les quinze jours seulement, car je suis de service au téléphone un dimanche sur deux. Quelle privation pour moi de ne pouvoir pas plus souvent assister au saint Sacrifice !

J'y supplée, mon Révérend Frère, par la communion spirituelle fréquente, qui plaît tant au Sacré-Cœur de Jésus. Il m'est si facile de dire au bon Maître : « Venez, mon Dieu, venez, venez, mon doux Sauveur ; venez régner au centre de mon cœur ! Venez dans mon cœur, rendez-le semblable au vôtre. Augmentez ma foi, affermissez mon espérance, épurez en moi la charité... » J'ai pris l'habitude de faire la communion spirituelle avant, pendant et après chaque repas. Par ailleurs, je suis très fidèle aux prières de règle, au chapelet, aux oraisons jaculatoires.

Pour répondre à l'appel du *Lien Fraternel*, je ferai ma petite retraite, seul avec Dieu seul, en consacrant mon temps libre aux saintes réflexions et en m'efforçant d'être plus recueilli que de coutume. J'y mettrai certainement toute ma bonne volonté d'enfant du Vénérable Père de la Mennais.   F. D.

Le pain de chez nous. — Ce fut une joie bien douce pour moi, l'autre jour, mon Révérend Frère, de trouver à la poste une *Circulaire* et un *Echo des Missions*. J'ai dévoré avec avidité ce bon pain de chez nous. Votre belle circulaire traite de la reconnaissance due à Dieu, reconnaissance qui s'exprime avec d'autant plus de mérite que l'on souffre davantage : et, tout naturellement, je pensais au bon Directeur de Pontrieux disant : « Merci, mon Dieu ! » en se sentant frappé à mort. Pour moi, voilà un an que je suis mobilisé, mais loin de la souffrance et du danger. Le bon Dieu me gâte, je dois donc être bien reconnaissant envers Lui.   F. A.-E.

Temps bien employé. — Au milieu des dangers, je suis gâté par la Providence ; en temps ordinaire, je n'aurais qu'une messe le matin, tandis que chaque jour, j'ai le bonheur d'en répondre trois, quelque-

fois quatre. Un bonheur encore plus grand est celui
de la communion quotidienne. Les jours où je ne
suis pas de service sont employés pour le mieux
Après les messes, petit déjeuner; promenade en compagnie de deux ecclésiastiques; pendant ce temps,
on y fait à tour de rôle une pieuse lecture, suivie
d'une conversation sur le même sujet ; puis chacun
s'occupe. Je vais à ma trigonométrie, quand les obus
ne viennent pas me déranger. L'après-midi se passe
à peu près de la même manière, sauf que la lecture
est remplacée par l'office, la conversation par le
chapelet. Après la soupe du soir, chacun se met à la
correspondance ou à la lecture de ses notes, pendant
que les autres brancardiers jouent.   F. L.-J.

Ma retraite avec Marie. — Ma retraite touche à
sa fin : encore deux jours et je déposerai aux pieds
de Marie mes bonnes intentions et mes résolutions.
Déjà, l'année dernière à pareille époque, je me donnais tout entier à cette bonne mère. Je n'ai point lieu
de me repentir de l'avoir choisie comme protectrice
et c'est pourquoi, cette année encore, j'ai tenu à
mettre ma retraite sous sa protection et à la terminer
le jour de sa fête.   F. B.

Puissante prédication. — Pendant mes longues
heures de faction de jours et de nuits, je viens, 6
jours durant, d'essayer de me recueillir et de faire
un retour sur le passé, en un mot de faire ma petite
retraite.
Comme prédicateur, je n'ai eu que la forte voix
du canon et autres engins de mort des tranchées,
mais parfois combien elle était éloquente et savait
me faire saisir sur le vif, par des exemples frappants
et énergiques, toute la fragilité des conceptions humaines ! Le jour où particulièrement, je méditais
sur la mort, Dieu, comme pour m'enlever tout doute

à ce sujet, rappelait à lui, dans la force de l'âge et la fleur de la jeunesse, 3 de mes camarades, qu'un obus avait broyés en les ensevelissant sous leur gourbi. Et parmi ces 3 jeunes gens, y en a-t-il un qui ait pensé qu'à tous moments il pouvait être appelé devant le juge suprême pour rendre compte de sa vie ? Je laissse à Dieu le soin de les juger, mais leurs pensées étaient portées à tout autre sujet. Des 5 qui se trouvaient dans le gourbi, le seul sorti sans blessures, fut celui qui fréquentait assidûment l'église et assistait aux réunions des soldats lorsque nous étions au repos.

Fortes résolutions. — En examinant mon passé, comme éducateur religieux, je me suis reproché bien des négligences ; et quelques-uns de mes élèves qui sont aux tranchées pourraient, hélas ! m'attribuer leur trop peu de fidélité à la foi de leur baptême. Aussi ai-je bien résolu que, si j'ai le bonheur de reprendre mes nobles fonctions, je m'appliquerai à former de véritables chrétiens de tous les enfants qui me seront confiés, en leur apprenant tous leurs devoirs de fils de Dieu et de la Sainte Eglise.

Je veux aussi que ma vie devienne plus religieuse et plus sainte. Dans ces ouragans de fer et de feu, j'ai compris mieux que jamais le néant des choses humaines et je suis résolu de ne travailler désormais que pour Dieu, mon salut éternel et le bien des âmes.

F. A.

Les dimanches du prisonnier en pays protestant. — La journée du dimanche se passe entièrement dans ma chambre. Ma seule distraction, ce sont mes quelques livres. Je ne cesse de lire et de relire la vie de notre Vénérable Père. Je converse avec mon Dieu, le seul ami à qui je puisse confier mes peines et mes inquiétudes.

Plus que jamais je sens le besoin de me dévouer à son service : il a été si bon pour moi ! Aujourd'hui encore, dans mon malheur, n'est-il pas mon seul consolateur ? La journée se termine par la récitation du Rosaire. Je ne veux pas oublier notre bonne Mère du ciel. Puissiez-vous m'envoyer un calendrier pour que pas une de ses fêtes ne se passe sans que je l'invoque d'une manière spéciale.   F. L.- A.

Un bon petit livre. — Que de fois dans la journée je me rappelle mon petit livre *Douceurs cachées de l'abandon à la volonté divine*, que le R. Frère nous a fait adresser ! Le souvenir de la lecture que j'y ai faite le matin me sert de méditation pour tout le jour.

Quelqu'un qui a bien lu la page 28. — « Que la souffrance soit un secret entre Dieu et vous. « Que l'on ignore vos souffrances et même que l'on vous croie heureux. » Les camarades me supposent parfait sur ce point. Au groupe, on m'appelle l'*optimiste*, parce que j'ai toujours l'air content. Cependant, je vois encore bien du travail à faire.

La vengeance. — Le camarade avec lequel j'avais eu grabuge l'autre jour, et qui me trouvait trop calolotin, ayant besoin de plume et d'encre pour écrire une « babillarde », s'est approché de moi en douce et a voulu prendre mon porte-plume sans même le demander. Vous devinez bien qu'elle fut ma première impression ; mais je venais de communier ! J'ai saisi le porte-plume et je le lui ai présenté.

La table qui parle. — Sur la table de travail, avec mon crayon, j'ai tracé une petite croix. Elle ne dit rien à plusieurs, mais à moi elle me rappelle bien des choses : la présence de Dieu, la mort du divin Sauveur, son amour pour les hommes, l'émission de mes premiers vœux et le crucifix qu'on mit sur ma poitrine....

Vision lointaine. — Je me transporte bien souvent en esprit dans cette pieuse chapelle où tout me parle : le tabernacle, la belle statue de la Sainte Vierge qui le domine, l'autel devant lequel je revois le F. C. et les autres choristes aux jours de grandes solennités, l'harmonium et le C. F. Félicien, le banc où j'étais ; et, dans la grande salle du noviciat, la 5ᵉ table du côté de la terrasse... Là, j'ai passé de si bons moments, tout occupé du soin de mon âme et de la préparation de mon futur apostolat ! On est heureux d'avoir fait alors d'amples provisions pour les années de disette et quelle disette ! Mais que je voudrais maintenant n'avoir pas perdu une minute de ce temps précieux qu'on n'estime pas à sa juste valeur avant d'avoir souffert de la famine spirituelle !

Le F. C. dans une autre chapelle. — Une « marmite » tombe à deux mètres ; nous avons été ensevelis, et je ne sais comment personne n'a été blessé : je venais de placer dans le gourbi une médaille et un insigne du Sacré-Cœur...

Les bons côtés de la guerre. — Une course m'appelle-t-elle au loin ? C'est alors pour moi un vrai régal !... Oh ! tout le long des sentiers, pouvoir seul à seul, converser avec Jésus, lui dire, comme Lacordaire, qu'on veut être sien jusqu'au cou !... Cette guerre aura été pour moi un bien, puisque le bon Dieu, en me montrant l'humanité plongée dans le vice, m'en aura en même temps inspiré le plus grand dégoût. — C'est dans ce pauvre milieu de paresse et de luxure qu'on est saisi par la hantise des sommets et que l'on comprend toute la beauté de la Religion catholique.   F. E.-M.

Expérience précoce. — Je m'aperçois de plus en plus, bien que je sois depuis peu de temps à la caserne, que la vie de sacrifice et d'union à Dieu est bien celle à laquelle doit tendre un religieux même soldat, et que sans cette vie, il ne peut être vraiment heureux.

F. S.

En forme. — Rien ne contribue autant à maintenir *en forme* comme une conscience tranquille et les lectures sérieuses.

F. G.-J.

Le lever à la sourdine. — Chaque matin à présent, lorsque le service me le permet, sans faire de bruit, je me lève à 5 h. 1/2; les autres se lèvent à 6 h. 45, et j'avoue humblement que c'est un peu dur de se lever alors que les camarades ont encore presque une heure et demie à rester au chaud dans leur lit; mais c'est bien commencer sa journée par un petit sacrifice. A 6 h., je me rends à la chapelle et je sers la messe. Le soir, en rentrant de l'exercice, je retourne encore rendre compte au Maître de l'emploi de mon temps. Je suis heureux; que [sera-ce quand je rentrerai dans la vie religieuse qui est mon élément ?

F. L.

Même le jeûne. — J'ai obtenu du capitaine la permission d'aller à la paroisse pour assister à la grand'messe. J'en profite pour communier. Le *jus* du matin est sacrifié, la soupe est froide quand on arrive, mais que ne ferait-on pas pour assister à la messe et recevoir la communion !

F. R.

PATIENCE. — RÉSIGNATION.
ABANDON A LA VOLONTÉ DE DIEU.

Le baume qui endort la souffrance. — Hier, j'ai fait connaissance avec un pauvre blessé dont le frère venait d'être tué. Il le recommandait aux prières du prêtre que j'accompagnais. C'est un simple jardinier qui souffrait horriblement au début de son séjour à l'hôpital. Pas une plainte pourtant ne lui échappait. Dans les crises les plus violentes, il se contentait de regarder le crucifix. Durant ses longues insomnies, alors que la pâleur de son visage et la contraction de ses traits trahissaient la souffrance, il se faisait lire quelques chapitres de l'*Imitation* par son voisin de lit, instituteur laïque et libre penseur. Rien, disait celui-ci, ne paraît le soulager autant. Il était touché lui-même de cette lecture ; peut-être devra-t-il son salut à cette délicatesse.

Résigné à tout. — Me voilà prêt à repartir au feu dès qu'on m'en donnera l'ordre. Cependant, bien que ma plaie soit parfaitement guérie, ma jambe fatigue et enfle par une marche un peu longue. Enfin il en sera ce que le bon Dieu voudra ; je ne lui demande ni de repartir ni de rester, ni de mourir ni de revenir sain et sauf, mais d'accomplir en tout, partout et toujours sa sainte volonté.

Et pour quels motifs ? — Cette fois ça y est : je pars pour le front. Nommé caporal depuis peu, j'étais tout désigné pour un départ de cadres. J'attendais cette heure divine. Elle vient de sonner : All right ! Souffrir pour Dieu et pour la France, souffrir pour assurer le salut de nos élèves et pour gagner le ciel : voilà actuellement ma vocation. Si je meurs là-bas, tant mieux ! Si j'en reviens, tant mieux encore ! Que la volonté de Dieu s'accomplisse. En tout cas, au revoir là-haut !

Une petite croix. — C'est probablement le 1ᵉʳ avril que nous quitterons notre camp. Pour quelle direction ? Personne, sinon le colonel, ne le sait ; mais le bruit s'accentue au sujet de notre départ pour la Turquie. Vous allez encore mieux prier pour moi. Faites-le d'autant plus que le danger ne saura m'arrêter quand il faudra faire mon devoir. Et, si je tombe, priez encore, surtout alors, priez pour moi. Comme vous êtes exposés à ne pas même connaître le coin de terre qui recevra mon corps, laissez-moi vous rappeler une coutume des côtes bretonnes qui me suggère une idée. Pour se rappeler le souvenir des marins disparus, les parents plantent une croix en mémoire d'eux le long des murs du cimetière. Si je meurs sur le champ de bataille, faites de même ; trouvez un coin du noviciat où vous passez souvent ; placez-y une petite croix avec ces mots : « Priez pour l'âme du F. René-Maurice mort pour la France. » Avec cette précaution, je ne risquerai pas de languir trop longtemps dans le purgatoire.

Plaintes. — Mes pauvres compatriotes bretons se plaignent beaucoup d'être menés trop rudement. Moi j'endure courageusement mes privations et mes fatigues. Je suis si heureux de les offrir au bon Dieu pour notre pauvre patrie ! Je lui renouvelle bien souvent le sacrifice que je lui ait fait de ma vie pour sa cause et pour celle de notre France bien-aimée.

F. G.

A propos de la peur. — La vie tient à si peu de chose qu'en faire le sacrifice à Notre-Seigneur ne paraît plus être un acte méritoire ; la pluie de mitraille qui nous arrose parfois nous laisse indifférents. Dans ces moments-là, au lieu de penser beaucoup à nous-mêmes, nous prions pour ceux qui peinent dans les classes, et nous les remercions, par Marie, des prières que, de leur côté, ils adressent au Ciel à notre intention. Que nos Frères non mobilisés continuent de demander à Dieu que nous devenions des saints, afin que nous puissions faire honneur à nos anciens, si jamais les Boches nous envoyaient brusquement leur tenir compagnie dans l'autre monde.

F. F.

Profiter des facilités. — Jusqu'ici, j'ai pu faire mes prières du matin et du soir tout à mon aise. Il en est de même pour le chapelet. Le temps, même dans les tranchées — je dirai surtout dans les tranchées — ne manque pas ; j'ajouterai qu'étant officier et ayant un abri pour moi seul, j'ai toute facilité pour faire mes exercices sans être dérangé. Souvent, c'est-à-dire à peu près tous les jours, je fais le chemin de croix sur un crucifix indulgencié à cet effet. Au repos, j'assiste à la messe et communie chaque jour. Pour ce qui est de la retraite annuelle, aussitôt que je l'aurai faite, je vous écrirai. — Quant à tout ce qui concerne le temporel : nourriture, boisson, habillement, argent, je ne manque de rien. — J'ai fait le sacrifice de ma vie et j'attends patiemment que les desseins de Dieu sur moi s'accomplissent.   F. C.

Comment se plaindre ? — J'aurais mauvaise grâce

de me plaindre, car les centaines de cadavres qui m'environnent pourraient me dire : Qu'avons-nous fait de plus que toi pour être réduits à l'état où nous sommes et pourquoi es-tu encore ce que nous étions ?

Il y a 22 mois que je suis ainsi, mais c'est pour Dieu et pour la France ; ces deux nobles causes priment tout : les satisfactions naturelles, les consolations spirituelles et la vie même. Sans souffrances noblement supportées il n'y a rien.

25 décembre, minuit. Citadelle de... Gloire à Dieu ! — Je reviens de la bataille où la protection de Marie m'a encore bien servi. En ce moment, vous êtes tous dans la chapelle pour célébrer par des chants d'allégresse la naissance de l'Enfant-Jésus. Je m'unis à vous de tout cœur, et tantôt, dans mon sommeil, lourd de fatigues et de veilles, peut-être ferai-je les mêmes rêves qu'autrefois. Je m'endors. Oh ! que les planches sont douces quand on sort de la boue !   F. F.

Et lui ! — Le bon Dieu n'est pas mieux que nous. Lui aussi a sa cave où il réside toute la journée. Sa pauvre église est presque démolie. Les quatre murs seuls restent, et encore ils ne sont pas en entier.
                                                  F. M.-C.

Au lieu de murmurer. — Nous avons voyagé toute la Semaine-Sainte. J'étais heureux d'avoir un surcroît de fatigues et de privations à offrir en union avec celles de Notre-Seigneur pour le salut de la France et la prospérité de notre cher Institut.
                                                  F. H.-L.

Autre son de cloche. — De tous les côtés, je n'entends que des plaintes. Les uns regrettent de n'avoir pas choisi tel ou tel régiment ou bien les autos ; d'autres de ne s'être pas engagés ; maintenant ils se-

raient officiers... que sais-je ? Hélas ! il me semble entendre dans l'autre monde des gémissements bien
plus amers encore au souvenir des jours perdus loin
de Dieu.   F. J.-M·

Bien compris. — Je commence déjà à comprendre
ce qu'on peut amasser de mérites en pataugeant dans
cette pâte blanchâtre, où tant de mes aînés se sont
déjà sanctifiés, et où ils ont fait leurs preuves. C'est
pourquoi, même lorsque la boue recouvre mes sou-
liers et que l'eau les traverse, je m'efforce d'arborer
un sourire qui montre au bon Dieu et aux camarades
que je suis content malgré tout.   F. R.

Comment on y arrive. — En cours de route, on
cause à Jésus, on souffre le froid, pour son amour,
on s'offre à Lui, les pieds mouillés, les doigts glacés,
les vêtements trempés, mais le cœur brûlant d'amour
pour son Cœur adorable. Et le soir venu, on lui ré-
mémore sa journée avec ses petites croix, et on s'é-
tend sur sa paillasse en murmurant l'*Ave*.
                                                F. S.

L'autre ennemi. — J'essaie de combattre le découragement et de profiter de la longue épreuve, en
songeant qu'après tout, c'est Dieu lui-même qui a
tracé le plan de ma vie, mais la nature est faible et
soupire après la délivrance. Heureusement que je
puis fréquemment puiser la force nécessaire dans la
réception des sacrements, et qu'en général j'ai toute
la liberté et le temps voulus pour faire tous mes
excercices de piété.   F. R.-M.

En avant, les jeunes ! — Je suis prêt : qu'on m'appelle quand on le voudra ; j'attends patiemment ce
moment. Si ma vie, que j'ai consacrée à l'éducation
de l'enfance, m'est demandée pour le salut de la

France et la prospérité de l'Institut, volontiers j'en fais le sacrifice.   F. C.

Mais le moyen. — Je m'applique à bien faire mes exercices de piété pour plaire au bon Dieu et être toujours prêt à accomplir sa sainte volonté.

F. L.-J.

Comment communier tous les jours. — C'est aujourd'hui dimanche. Ne pouvant communier au corps et au sang de Jésus, *j'ai communié à son adorable volonté* : « Mon Dieu, vous voulez que je sois près de ces méchants Boches : *fiat*, de grand cœur ! »

F. R.

Gratte-papier. — Il me faut de la force pour m'astreindre à rester des journées entières dans un bureau, après avoir été en courant recevoir Notre-Seigneur sans pouvoir assister à la messe. Le travail monotone et fastidieux me coûte énormément. Mais il a pour résultat de m'attacher plus fortement à ma vocation. Dans l'ennui de cette besogne, je soupire après le jour où je me retrouverai au milieu des enfants.   F. S.

Le réconfort du « bleuet ». — C'est avec une bien grande joie que j'ai reçu le *Lien Fraternel* et quelques jours plus tard, *L'Écho*. Ils m'ont rappelé, au milieu de mon isolement, que je fais partie d'une grande famille où le plus petit des membres n'est pas oublié, et c'est avec une entière satisfaction que je les ai lus et relus, d'autant plus que c'étaient les seules lectures que je pouvais faire, ne possédant aucun livre, à part mon *Imitation*.   F. E.

Les consolations de l'ancien. — Comme on est heureux de recevoir des nouvelles de la famille dont on est séparé depuis si longtemps. En lisant l'*Écho*, on croirait être au milieu de ses confrères, participer à leurs joies, à leurs fêtes. Oubliant un moment ses misères, on s'imagine que la vie des tranchées a pris fin. Mais soudain le canon remet dans la réalité ; nous restons loin de ceux que nous aimons. La consolation, c'est de leur être toujours unis par la prière et de redire à Dieu de grand cœur : Que votre volonté soit faite !   F. J.

Note générale. — J'espère que rien de fâcheux n'arrivera pour moi, je demande au bon Dieu non de vivre, mais au moins de souffrir, et, s'il le faut, mourir conformément à sa sainte volonté.   F. A.

Il faut bien me résigner à la pensée que la mort me guette. Il m'est doux alors de me rappeler la joie qu'éprouvaient les martyrs qui comptaient les heures qui les séparaient encore du ciel.

Quoique la mort sur le champ de bataille n'ait pas toujours par elle-même la valeur du martyre, j'espère néanmoins que, si je meurs dans l'accomplissement de la volonté divine, Dieu me traitera avec miséricorde.   F. G.-J.

Rien, je l'espère ne sera perdu de cette longue épreuve que nous subissons et vous serez témoin, mon Révérend Frère, des fruits merveilleux que portera dans les âmes, l'apostolat de tous vos chers combattants.   F. B.-H.

J'ai pu assister à la sainte messe, m'y confesser et communier. Aussi ai-je l'âme embaumée. Rien ne vaut, n'égale ce baiser d'amour du Christ. Je lui ai dit : Seigneur, vous le savez, à la vie, à la mort, je suis tout à vous. Me voulez-vous maintenant ? prenez-moi. Voulez-vous humilier plus longtemps ma mollesse ? J'accepte vos desseins divins. Voulez-vous enfin me conserver pour l'après-guerre ? Je vous le promets, Seigneur, je serai vôtre tout entier. Aidez-moi dans ma grande faiblesse. Apaisez les plaintes de ma nature trop prompte à sentir son mal.

F. M.-B.

Il ne manquait que cela. — A toutes mes souffrances et misères endurées jusqu'ici, il me manquait les gaz. Je les ai, Dieu soit béni ! Puissent toutes ces épreuves compter pour le salut de la France.

F. L.-J.

BRAVOURE. — COURAGE. — CRANERIE.

Autre atmosphère. — Je revois encore le départ du noviciat, les pleurs des petits postulants, la dernière prière à la chapelle et le voyage mouvementé. Et puis la vie de caserne qui offre tant de contrastes avec nos habitudes de calme et de recueillement ! Il faut du courage pour se dégager de cette atmosphère lourde et s'ouvrir une échappée vers le ciel bleu. Mais la Sainte Vierge est là qui nous entoure d'une protection spéciale ; avec son aide, on marche droit en dépit des obstacles. Au cercle, chacun a son petit travail. Nous avons cinq ou six cents hommes au Salut et au chapelet tous les soirs. Tout ce monde-là chante des cantiques de tout cœur. Un jour, on arriva à ce passage : *Et rendez-nous notre frontière !* Le ciel dut entendre : les vitres en tremblaient.

Ce que voient et entendent les infirmiers. — Un Frère infirmier raconte qu'un de ses blessés se trouvait à la bataille de Sézanne. Le soir du premier jour, il ne restait plus un gradé dans sa compagnie, pas même un caporal. Les 43 survivants recommencèrent pourtant le combat dès l'aube, le lendemain. C'était un terrain découvert, à vingt mètres des ennemis. Il restait encore 17 Français quand l'auteur du récit fut atteint par une balle de revolver qu'un officier prussien blessé lui tira à bout portant. Furieux, il le tua et s'élança pour suivre ses compagnons dans une charge à la baïonnette. Au bout de trente mètres, il s'affaissa dans son sang. Pendant trois jours et trois nuits, il vit pleuvoir les obus autour de lui ; un projectile de 75 lui déboîta la hanche. La garde prussienne passa sur son corps en chargeant nos lignes. Enfin les nôtres avancèrent et purent le relever. Il fallut couper avec un couteau le sang figé qui le collait à la terre. A peu près remis, il parle d'aller bientôt revoir les Prussiens.

Belle ardeur. — Cette inaction, qui est bien faite pour m'énerver, met ma patience à bien rude épreuve. Quand tous les jours j'entends le canon, je trépigne de ne pouvoir être mêlé à ce brouhaha, à cette résistance héroïque de nos poilus. Je prends patience quand je me rappelle que je suis dans les mains de la divine Providence qui dispose tout pour mon bien.

F. M.-G.

Pour les jeunes. — Vive Dieu ! avec sa grâce toute-puissante, le sacrifice d'une vie si chétive sera offert pour tous les membres de la famille, surtout pour que les jeunes se préparent à devenir de véritables saints, pour que notre école devienne une pépinière de vocations religieuses et sacerdotales. Voilà les sentiments dans lesquels je veux me présenter au bon Jésus, s'il me juge une victime assez agréable à sa divine Justice.

Quelle joie en revenant de marche de recevoir une lettre portant sur l'adresse le doux nom de France qui m'indique immédiatement d'où elle provient ! La nouvelle de la mort héroïque d'un confrère aimé m'a donné une sorte de frisson. Puisé-je avoir la même attitude que lui si je meurs sur le champ de bataille ! Je ne crains point la mort et je pense que rien ne m'empêchera de faire mon devoir. Etant religieux, mon sacrifice est fait ; il ne me reste plus qu'à attendre en paix l'appel de Dieu. Notre pauvre France si coupable a besoin qu'on meure pour elle. Elle renaîtra dans le sang des pures victimes ; si Notre-Seigneur veut que je sois du nombre, je bénis sa sainte volonté.

Ici, le travail ne nous manque point ni les fatigues non plus. A la caserne, beaucoup les endurent sans mérite ; pour moi, je suis heureux de les offrir pour ma chère Congrégation et particulièrement pour mes jeunes confrères qui se préparent au grand acte du 19 mars.   F. A.

Injure flatteuse. — Nos vis-à-vis nous détestent cordialement. Une lettre trouvée sur un mort et que j'ai vue, disait littéralement qu'ils avaient en face d'eux des sauvages qu'on appelle les Bretons !...
       F. F.-J.

Comment combattre de loin. — Le premier jour de notre arrivée aux tranchées, une mine sauta à notre droite, sous nos camarades du 1er bataillon. Un lieutenant fut coupé en deux ; on ne retrouva de lui que la poitrine et la tête. Deux sergents furent tués, et vingt hommes ; trois autres, ensevelis sous les décombres, ne furent retirés que plusieurs jours après : ils étaient morts asphyxiés. — Les Boches ont reçu peu après la monnaie de leur pièce : une de nos mines bouleversa leurs ouvrages et projeta en l'air maints bras, jambes et têtes qui ne porteront plus le casque à pointe. Sur notre gauche, c'est bien pis encore ; c'est le 118e de Quimper et le 19e de Brest qui s'y remplacent tour à tour. Là, on ne peut creuser de tranchées sans hacher des cadavres ; on doit se contenter d'y élever des parapets avec des sacs de terre, et les lignes sont si rapprochées que ces sacs peuvent être renversés par les baïonnettes des adversaires.

Groupe de « bleuets » parmi lesquels FF. Tharsicius et Anatolien.

Ce n'est que lorsqu'une mine saute sur notre droite ou notre gauche qu'une fusillade générale se déclanche sur nos lignes. Malgré cela, nos bleus de la classe 1915 s'aguerrissent rapidemment. Jeudi soir, quatre d'entre eux étaient en patrouille, rampant dans la luzerne entre des tranchées. Ils s'apprêtent à passer par-dessus un petit talus quand de l'autre côté, surgissent neuf Boches. Epauler leur fusil et faire feu fut l'affaire d'un instant ; trois Boches s'abattirent l'un sur l'autre, deux pour ne plus se relever ; les autres réintégrèrent leur logis, mais non sans accroc. Le blessé fut ramené prisonnier, et l'on trouva que les morts avaient leurs musettes chargées de grenades.

Cette guerre de tranchées ne plaît guère aux jeunes pourtant ; ils préféreraient se battre en rase campagne. Puissent-ils bientôt pouvoir le faire ! Ce jour marquera pour nos sauvages ennemis le commencement de la fin. Pourtant, plus encore que la bravoure et la ténacité de nos soldats, vos prières contribueront au triomphe final. Nous aurons la victoire quand nous aurons assez prié. « Vous prierez, disait Jeanne d'Arc aux non-combattants, les hommes d'armes batailleront et Dieu donnera la victoire. »

Nos jeunes soldats. — Avec quel plaisir nous considérons, depuis quelques jours, nos jeunes classes, nos poilus sans poils. Les trois quarts sont imberbes, mais quelle démarche vive, nerveuse ! Ils jasent et pépient comme des moineaux. Quelle gaieté ! quel entrain ! Les obus éclatent à 10 mètres, à 2 mètres parfois ; nos jeunes camarades plient l'échine et la redressent aussitôt, sans se retourner. C'est la jeunesse de France qui passe, celle qui demain va vaincre et continuer nos succès sur toute la ligne. Elle est alerte, vigoureuse, héroïque, croyante ; tous portent ostensiblement au képi, à la veste, à la capote, le Sacré-Cœur : tels des drapeaux vivants, Très probablement, ils vont nous remplacer, nous, les vieux barbus qui menons depuis dix mois une existence de taupes emmurées. Ils ont l'air de sourire quand on leur parle des privations de la vie de tranchées. En comparaison de l'hiver qu'on y a passé, la vie leur paraît presque confortable, maintenant que tout y est fini, préparé, aménagé, fortifié.

F. B.- L.

Posé dès le début. — Partout, aussi bien devant mes chefs que parmi mes camarades, je me pose en religieux, Frère expulsé de Ploërmel, et ceux qui ne savent pas encore mon nom me désignent ainsi : « Celui qui est venu d'Angleterre ». Bien loin de m'attirer des railleries, cela ne m'a valu que plus de respect. Avant que je fusse connu parmi les soldats de mon escouade, il y avait beaucoup de jurements, de blasphèmes, de propos malséants, quoiqu'il n'y eût jamais même un seul mot déplacé à mon adresse. J'ai cru devoir mettre en place, en deux ou trois occasions différentes, quelques esprits forts qui se font gloire de dire des insanités. Les pauvres gens ! pour la plupart plus sots que méchants, ils se figurent qu'ils se donnent de l'importance en causant de la sorte.

Ces quelques répliques m'ont attiré l'estime des bons et la confiance de tous. Car depuis, quelques-uns m'ont dit : « Oh ! que vous avez bien fait de mettre celui-là en place, c'est moi qui riais ! » D'autres viennent me demander de leur écrire une lettre pour leur femme ou de lire celle qu'ils viennent de recevoir. Je constate avec plaisir que les blasphèmes ont beaucoup diminué dans mon escouade : en ma présence, on se retient. Plusieurs, pour me faire voir qu'eux aussi aiment la religion, m'ont montré leur chapelet, leur médaille, leur

Sacré-Cœur, et m'ont dit qu'ils allaient à la messe... Bref, plus je les connais, plus je m'aperçois que presque tous sont de braves gens.

Au début, personne n'osait se montrer croyant, ils étaient plus ou moins intimidés par quelques fanfarons. Je souhaite vivement que cette évolution vers le bien s'accentue de plus en plus, car une partie de ces bons paysans sont peu instruits. Je tâcherai de profiter, autant que je le pourrai, de l'ascendant moral que j'ai pu gagner sur eux, pour leur faire du bien.

Pas de faveur. — Je suis ici, je ne m'en plains pas : j'y suis parce que je l'ai bien voulu. Je ne suis pas un engagé volontaire, il est vrai, mais j'aurais pu, à la dernière heure, éviter le départ ; j'étais libre, j'ai préféré suivre le mouvement. Je déclarai au capitaine qu'ayant été désigné une première fois, je n'accepterais pas qu'un camarade prît ma place.

Et maintenant, à la volonté de Dieu ! S'il faut mourir ici, c'est volontiers qu'on offrira sa vie.

F. A.-M.

Les beaux communiqués. — Je suis sorti de ces combats sans une égratignure, mais non sans émotions ni sans fatigues. Au pied du parapet, sous l'absolution des prêtres que nous savions en première ligne, j'ai fait mon acte de contrition et renouvelé mes vœux. Et puis, c'est le saut périlleux, la marche au milieu des balles, des obus, des gaz, l'arrêt forcé devant un blockhaus de mitrailleuses où je suis resté plus d'une heure dans un trou d'obus. J'ai vu peu à peu s'immobiliser dans la mort la plupart de ceux qui m'environnaient. Le blockhaus pris, nous avons franchi nos 3 kilomètres assez allègrement ; mais les régiments de droite, plus malheureux, nous ont obligés à tenir le terrain gagné, aux prix de quelles souffrances ! Nous avons été cinq jours à subir la faim, la soif atroce, les gaz lacrymogènes, les obus terrifiants. De l'aveu de tous, c'est la plus affreuse semaine de notre existence. Nous étions méconnaissables à notre retour en seconde ligne. On se serre la main ; entre croyants, on bénit la Providence, et l'on prend presque en pleurant le quart d'eau et le morceau de pain que l'on n'a jamais trouvés si bons... Ils coûtent cher à écrire, les beaux communiqués !   F. F.-J.

La veillée des armes. — C'est aujourd'hui la veillée des armes. L'ordre d'offensive du général en chef vient d'être commenté. Au bruit du tonnerre de nos grosses pièces, la messe a été dite sous les pins de l'arrière. J'ai reçu le Dieu des forts avec lequel on ne capitule jamais. Les émotions se lisent sur le visage, malgré l'âme qui veut se garder énergique. Chacun de nous gardera longtemps burinées au fond de son cœur les émotions de cette veillée des armes. Nous allons écrire une page d'histoire : qu'on la lise plus tard avec respect, avec amour. Nous partons, l'âme en paix, le cœur plein d'espoir :

Pour le Christ et pour la France !

Comment la bravoure s'explique. — L'autre jour, j'ai surpris une conversation des bonshommes de mon escouade : « Il faut reconnaître qu'il n'a pas peur, disaient-ils entre eux. C'est forcé : il ne tient pas à la vie, et s'il meurt, il a la conviction qu'il ira au ciel ! » Hommage involontaire rendu à notre sainte Religion et aux principes qui inspirent les actes de ses enfants !   F. X.-M.

Hommage du même genre. — J'ai été désigné d'office comme patrouilleur. « Vous, vous n'avez pas le droit d'avoir peur, » me dit l'adjudant qui savait d'ailleurs pouvoir compter sur moi. Je risquais ma vie chaque soir, mais la pensée de Notre-Seigneur et de la Très Sainte Vierge était là pour éloigner de moi toute crainte. J'y allais avec goût, c'était même pour moi un bonheur. Parfois nous restions allongés quatre ou cinq heures durant dans l'herbe mouillée et par une gelée intense. Je n'en ai pas rapporté le moindre rhume. Nous sommes allés un soir à moins de vingt mètres de Messieurs les Boches. Ils avaient rudement l'air d'être enrhumés, et nous n'avons rien compris à leur langage guttural. Le bon Dieu a veillé sur moi ; il n'a pas voulu, cette fois encore, que je sois blessé. Rien ne donne une tranquille sécurité comme de se tenir entre les bras de la Providence.

F. M.-G.

En attendant. — Lorsqu'on me désignera pour aller au feu, je partirai avec l'idée que j'accomplis la volonté divine. Que je sois heureux ou malheureux, peu importe, pourvu que je fasse ce que Dieu demande de moi. Si Jésus veut que j'échappe aux dangers de la guerre, je l'en remercierai ; si, au contraire, il veut que je meure, je mourrai volontiers, afin que d'autres vivent.

F. R.

Un contre trente. — « A mis hors de combat une trentaine d'ennemis résistant dans un abri. » J'aurais préféré une autre citation. On me dit aimablement que je suis un vrai boucher. Enfin, c'était le devoir...

Un qui s'exerce à en faire autant. — En vue d'un coup de main, le commandant de compagnie voulait avoir le tracé exact des fils de fer et des réseaux boches. Un soir, le lieutenant, le caporal-fourrier et moi, nous partons avec un revolver et dix grenades dans nos poches. Nous travaillons pendant deux heures à faire un croquis. Tout à coup, j'entends les fils de fer remuer, et qu'est-ce que je vois ? Trois Allemands qui s'amenaient. Nous les laissons s'ap-

procher jusqu'à vingt mètres environ. Ils se mettent
à couper nos fils. Le lieutenant murmure : « Alphonse,
c'est le moment ! » — La parole n'était pas achevée
que les grenades leur arrivaient sur la figure. Deux
des blessés se traînèrent jusqu'à nos lignes, le troisième réussit à s'échapper.

Les Bretons. — Chez nos Bretons le moral est
toujours excellent : fermes à leur poste, stoïques
sous les plus violents bombardements, ils font l'admiration de tous par leur ardeur et leur ténacité.
Cette force et cette vaillance découlent de leur foi
inébranlable en Celui qui est le maître de la vie et
de la mort.   F. R.

Avant le raid. — Je vais avoir une mission très
importante ; on ne m'a point caché les dangers que je
vais courir : les auteurs du raid sont considérés pour
ainsi dire comme sacrifiés !... Mon sacrifice est
fait depuis longtemps déjà et je n'ai qu'à le renouveler. Du reste, dès le jour de la mobilisation, j'ai
pris pour devise la parole de notre Vénérable Père :
Laissons-nous dévorer par la Providence. Si Dieu m'appelle, c'est avec joie, qu'absous et bénit par l'aumônier à l'endroit même d'où nous nous élancerons, face
à l'ennemi, faisant à la Patrie un rempart de mon
corps, levant mon âme vers le Très-Haut et mon
cœur vers ceux de Jésus et de Marie, je répondrai :
Présent ! au Maître de l'heure.

S'il permet que je revienne de cet enfer, avec
quel zèle je me consacrerai à l'apostolat des chers
petits enfants ! Quoi qu'il advienne, *Fiat* ! oh ! oui,
Fiat !

Lorsque vous recevrez cette lettre, il est probable
que la chose sera faite. Où serai-je ? Vous saurez, du
moins, mon Révérend Frère, qu'après avoir reçu
Notre-Seigneur le matin, j'aurai passé une déli-

cieuse journée avec lui et que nous serons montés ensemble à l'assaut.

A la merci d'une balle ou d'un éclat d'obus, on comprend la fragilité des secours humains, j'ai cependant la consolation de jouir de la confiance absolue des soldats ; on les a invités à se placer autour des chefs de groupe rangés sur une ligne ; laissant officiers et sous-officiers, tous sont venus derrière le petit caporal ; il a fallu les partager d'office. Au revoir si Dieu le permet.   F. A. R.

Le raid a eu lieu ; nos lecteurs se demanderont ce qu'est devenu le petit caporal. Grâce à Dieu, il est sorti vivant de la fournaise et il y est même retourné, après toutefois un séjour à l'hôpital.

FRATERNITÉ. — SOLLICITUDE DES SUPÉRIEURS

Au nouvel an. — Tous ces jours-ci, nous avons plus pensé à notre famille religieuse, à son vénéré Chef, à nos communautés, à nos bons Directeurs et à nos confrères. Nous nous sommes rappelé combien chez nous était joyeuse, intime et cordiale la réunion de la veille du premier de l'an, pour la présentation des souhaits et l'accolade fraternelle. Nulle famille ne saurait offrir un plus beau spectacle d'union et de contentement parmi ses membres. Plus qu'en tout autre temps, nous venons de sentir l'amertume de la séparation.

Isolement. — C'est quand on se sent seul dans le monde, loin de ses confrères, que l'on apprécie mieux le grand bienfait de la vie religieuse, où l'on se supporte facilement, où l'on s'aime et s'aide réciproquement. Heureux le jour où je pourrai retourner dans une classe !...

Bienfait apprécié. — Mon Révérend Frère, j'ai reçu avec le plus vif contentement le *Lien Fraternel.* C'est une idée touchante et ingénieuse, inspirée par votre affection paternelle, que de réunir ainsi toutes les adresses des Frères Missionnaires. Ils peuvent de la sorte correspondre entre eux, se voir à l'occasion, et ceux qui tombent au Champ d'honneur sont assurés du concours presque immédiat des prières de leurs confrères.   F. C.-X.

Nostalgie. — Je ne puis écrire sans redire mon amour pour ma famille religieuse : je lui dois tout ce que je suis. Après Dieu et Marie, elle a toute ma tendresse. Hors de la vie de communauté, je suis comme dépaysé et je languis. Dans nos calmes demeures, je trouve la joie véritable. Ah ! mon Institut, mes Frères ! cela m'est aussi indispensable que l'air que je respire.   F. G.

Une rencontre. — Dimanche dernier, notre aumônier s'étant absenté, je suis allé chez nos voisins. En arrivant dans la chapelle, je vais saluer le prêtre qui m'avait vu la veille, et il me présente comme séminariste à un petit soldat qui attendait la messe. — « Pardon, Monsieur l'Aumônier, je suis, non pas séminariste, mais Frère de Ploërmel. » — « Moi aussi, répond vivement le camarade, je suis heureux de vous trouver ici ! » — Le reste se devine, c'est la joie de deux frères qui se rencontrent providentiellement. Avant la guerre, nous exercions dans des régions bien différentes ; nous ne nous connaissions pas, mais il a suffi de prononcer le nom de famille, nous ne sommes plus de simples amis ; un sentiment bien plus doux encore que l'amitié nous rapproche soudain, celui d'une sainte et affectueuse fraternité.   *F.* I.

Délicatesse paternelle. — A l'occasion des fêtes de Noël et du premier de l'An, le Révérend Frère n'a point oublié ses pauvres enfants si éprouvés après avoir été brusquement arrachés à leurs fonctions d'apôtres de l'enfance. Lorsque la chose a été possible, il leur a procuré quelques douceurs : elles ont été reçues et savourées avec émotion : « Ce qui nous faisait le plus de plaisir, disent-ils, c'est que cela venait de notre Père qui pense à nous. Nos Supérieurs partagent nos peines ; leurs prières, celles de nos confrères et de nos élèves nous vaudront la grâce d'agir toujours en vrais religieux et le courage d'accomplir bravement notre devoir. »

Il y a réciprocité : « J'ai été agréablement surpris, hier, de recevoir, avec une petite lettre bien réconfortante, une grosse boîte remplie de bien bonnes choses. Merci de penser ainsi à ceux de vos enfants exposés aux périls de la guerre. Mais je n'ai besoin de rien. Ce que je reçois suffit amplement à mes besoins ; j'ai même pu économiser un peu et envoyer 150 francs pour le noviciat... »

Les plus solides soutiens. — J'ai reçu votre Supplément au *Lien Fraternel* et votre *Circulaire*. Inutile de vous dire, mon Révérend Frère, combien l'un et l'autre m'ont fait du bien. Je garde, avec un soin jaloux, la *Circulaire* que je me propose de relire et de méditer souvent. La perpétuité du danger est sans doute un stimulant à l'amour de Dieu, mais combien plus consolantes sont les considérations que vous soumettez à notre méditation !   F. V.

Ceux qui sont à plaindre. — Je vous remercie du *Lien Fraternel* et du *Prêtre aux Armées* que vous m'envoyez régulièrement. Je lis toujours avec plaisir les conseils si chrétiens et si pratiques qui y sont contenus. Dans notre vie si pénible et si privée de secours religieux, c'est un réconfort précieux qui fait accepter avec résignation les privations de toutes sortes, et je plains de tout cœur les pauvres malheureux qui n'ont pour se remonter le moral que les consolations humaines.   F. G.

Remerciements. — Vous me gâtez vraiment, mon

Révérend Frère, en m'envoyant toutes ces choses, et quelles peines vous vous donnez pour faire plaisir à chacun de nous ! J'ai reçu le *Noël du Soldat* et le *Bulletin du Prêtre aux Armées* : qu'il est donc bien fait et instructif, et les belles méditations qu'il nous donne !

Je vous écris ces quelques mots sur une pierre, et je vous avoue que j'ai bien froid aux mains en les écrivant.

Nous changeons de secteur parce que nous avons fait deux kilomètres, mais non pas en nous éloignant de nos amis les Boches !...

A la prière du soir, au lieu de dire au bon Dieu de bénir notre repos, nous lui demandons de bénir nos travaux, parce que c'est pendant la nuit que nous sommes obligés de travailler dans les tranchées.

F. J.

Fermant mes registres de blessés, d'évacués, d'éclopés, etc., j'ouvre mon « student writing tablet » pour vous remercier du *Lien Fraternel*, de la *Circulaire*, du bulletin *le Prêtre aux Armées*. Quant au *Noël du Soldat*, il s'est égaré dans ce pays dévasté où toutes les habitations s'appellent tranchées, sans nombre comme sans confort.

Depuis 7 mois, on vit moins qu'au jour le jour. C'est un temps supportable avec la foi et la conscience tranquille, mais sans elles !...

Je continue toujours la campagne comme secrétaire du médecin, chef de service, brave homme des environs de Lourdes. Sous le rapport religieux, nous avons comme aumônier divisionnaire un des Vicaires Généraux de Rennes, **M.** l'abbé Céran, d'une affabilité de saint.

F. B.

Surprise. — Aujourd'hui nous étions en marche. A l'arrivée, une agréable surprise m'était réservée : je reçois de Nantes un colis renfermant sept boîtes de conserves diverses et d'autres objets utiles. Quittez tout et vous trouverez tout. Comme cette parole se vérifie bien ! Dans la vie religieuse, on a tous les avantages au point de vue spirituel ; et au point de vue temporel, on n'a à s'inquiéter de rien. Merci, mon Dieu, de m'avoir donné cette belle vocation ; rendez-moi digne de la conserver toujours.   F. R.

Nos pauvres prisonniers. — Hier m'est arrivée votre aimable lettre. Je ne saurais vous dire tout le plaisir que me causent vos délicieuses missives : elles me réconfortent et me donnent courage. Si dans mes fastidieuses lettres où je ne vous parle que de paquets, de provisions, de mon pauvre moi, vous avez pu découvrir quelque chose de bon, c'est qu'elles se ressentent du contact des vôtres si pleines d'affection. Soyez donc infiniment remercié de votre sollicitude toute paternelle.   F. T.-E.

On comprend bien le cœur du père. — Dans votre solitude et votre exil, vous sentez mieux que bien d'autres, mon Révérend Frère, l'horreur de cette guerre où tant de vos enfants tombent les armes à la main. Vous les voyez fauchés par la mitraille et entrer en possession du repos que Dieu réserve à ceux qui combattent les bons combats. Vous ne demeurez pas insensible devant ces morts glorieuses : vous priez, vous faites prier le Dieu des armées pour qu'Il couronne au Ciel ces braves, ces martyrs du devoir et de la patrie.

Lorsque l'un de vos enfants vient à être décoré de la Croix des braves, vous vous réjouissez; vous faites connaître l'heureuse nouvelle à la grande famille, et tous se réjouissent avec vous, en bénissant celui qui verse généreusement son sang et jette un rayon de gloire de plus sur la religion. Vous allez plus loin encore. Vous nous prêchez le courage ; vous nous donnez des conseils qui nous aident à supporter la cruelle épreuve-dès champs de bataille. Permettez-moi de vous en remercier en mon nom personnel et au nom de tous nos chers combattants.   F. C.

Reconnaissance. — Soyez remercié pour tout votre dévouement à l'égard de vos chers soldats. Nous ne pourrons pas dire qu'on nous a délaissés pendant cette longue guerre. Moi en particulier, je suis gâté de la Providence, gâté de mes Supérieurs, gâté de ma Congrégation.

Je dois aussi un grand merci à notre Vénérable Père. Je l'ai chargé de débrouiller mes affaires et il s'en tire avec un succès qui parfois me déconcerte.

De ce sujet je fais souvent ma méditation et je me dis que je n'ai pas grand mérite à rester fidèle à ma vocation.   F. C.-E.

GAIETÉ DANS LES SOUFFRANCES ET LES DANGERS.

Des blessés intéressants. — Je n'avais pas encore soigné de tels blessés. Etendus côte à côte, ils ne faisaient que plaisanter entre eux, et c'est en riant que nous badigeonnions les plaies saignantes avec de la teinture d'iode. « Aïe ! mais ça brûle !... Dis, là, y es-tu pour une partie de football ?... Oh ! je pourrais encore être garde-but, » répond l'autre, qui a la jambe traversée au-dessus de la cheville et un éclat dans le genou. — « Oh ! là, là ! regarde mon doigt donc, on dirait qu'il a trop bu ! » s'écrie le troisième. Le pauvre doigt, en effet, est fracturé, et la partie supérieure n'est stable dans aucune position. La voiture-ambulance dut entendre plus d'éclats de rire que de gémissements, malgré les cahots de la route.

Célébration brillante du 14 juillet. — Lisez-vous les journaux de France ? Si oui, vous y avez certes remarqué le sacrifice inouï, fait par les civils, des réjouissances du 14 juillet, en faveur des œuvres de la guerre. Les poilus l'ont appris avec attendrissement. C'est donc sur le front que toutes les attractions de la fête nationale se sont donné rendez-vous. Le programme tracé, des plus alléchants, avec une large place pour l'imprévu, s'est merveilleusement déroulé. J'en extrais les grandes lignes à titre curieux.

Le 13, au soir, Grandes Eaux, à faire tarir de dépit celles de Versailles. Toute la journée du 14 : salves d'artillerie, courses d'aéroplanes, tir à la cible. Dès la nuit tombante et jusqu'au matin, encore jeu des Grandes Eaux, épatant ! Lancement de bombes et de torpilles aériennes, jet de grenades et de pétards, superbes feux d'artifice, pluie de mitraille, féérie, marche rampante dans les herbes mouillées et les broussailles, concours de piste, sauts en hauteur sur fils de fer barbelés, jeu de patience aux créneaux.

Par une délicate attention que nous n'osions espérer, les locataires d'en face ont pris une part active à notre fête et, sans compter, nous ont envoyé obus, bombes, mines, boules lumineuses, etc. Le 75, en notes piquées, leur a excellement chanté l'hymne de notre reconnaissance. Décemment, nous ne pouvions moins faire pour les assurer de notre gratitude.

Beau fixe et tangage. — Ici, les intempéries de la saison ajoutent à nos privations ordinaires. Puissent-elles être pour nous tous la bonne souffrance, celle qui expie et rapproche de Dieu. Personnellement, santé et moral au beau fixe. C'est le secret des enfants de Dieu, de ceux qui se baignent dans sa divine Providence. En qualité d'observateur, j'ai élu domicile au dernier étage d'un gros hêtre. On y jouit d'une vue superbe qui permet de voir bien des choses intéressantes chez le voisin d'en face. Par beau temps, c'est une situation idéale, mais, quand il vente...! J'ai quitté mon perchoir ce matin, en proie à un violent mal de mer, tout comme si j'avais subi roulis et tangage dans une laborieuse traversée. C'est le revers de la médaille.   F. R.-J.

Comme saint Paul. — Je couche dans un abri souterrain couvert de terre, de tôle gondolée, et jusqu'à présent il ne pleut pas dedans. C'est donc la bonne vie, puisque *nous avons la nourriture et le vêtement.* Plusieurs grognent, se lamentent, mais moi je ne désire rien de plus.   F. A.-M.

Les souris. — A défaut de Boches, il faut faire la guerre aux souris. Elles envahissent jusqu'au bureau du capitaine et s'y promènent en plein jour, au grand effroi des demoiselles secrétaires qui se sauvent en poussant des cris. J'ai donc acheté six souricières. Ces pièges intriguent fort mes Kabyles qui n'en avaient jamais vu. Ils poussent des Ah! Ah! naïfs en les regardant. Quand ils s'avisent d'y toucher, ils sucent leur doigt, sautent en l'air en riant aux éclats. J'ai vu naguère, sur la côte anglaise, d'autres petites souris vives et alertes. Pourvu qu'elles ne se laissent jamais prendre aux pièges que leur ennemi sait bien mieux que moi cacher dans les coins!

Une nuit orageuse. — Depuis que j'habite cette contrée, j'ai plus souffert du voisinage des rats et des souris que de celui des Boches, mais jamais autant que la nuit du 5 au 6 mai. Je me trouvais alors cantonné dans une grange de blé non battu. Rats et souris en ont depuis fait leur domaine et s'y engraissent à bon marché. Tandis qu'à tâtons — la moindre lumière pouvant déceler notre présence et causer un bombardement — tandis qu'à tâtons chacun faisait son nid, des cris aigus percèrent l'épaisseur des gerbes, révélant la présence en force de la gent trotte-menue. Qu'importe ! La fatigue aidant, des ronflements sonores se mêlent bientôt aux cris perçants. Il faut avouer que l'accord des deux musiques n'était pas parfait ; nos adversaires résolurent d'imposer la leur au logis. Les cris retentissent plus aigus et plus forts dans toute la grange, sur les poutres au-dessus de nous, sous nos moëlleuses couches, sur nous-mêmes ; partout se livrent, au milieu des cris, des courses effrénées. Un rat passe sur la figure d'un de mes voisins ; il l'envoie d'un coup de main sur la tête d'un autre qui se déclare hautement vexé du procédé ; un autre rat plonge sa patte dans la bouche d'un ronfleur et du coup ferme la boîte à musique ; mais tandis que je ris des mésaventures de mes camarades, un rat s'élance d'une poutre sur ma tête. Je bondis en l'air et ne retombe sur ma paille que pour recevoir les coups de pied de mon voisin qui gigotte pour chasser un agresseur. — « A la baïonnette ! » s'écrie quelqu'un. Voilà tout le monde sur pied, enfonçant son arme dans les gerbes tout autour de lui. Les cris redoublent d'abord d'intensité, puis se calment. Hélas ! l'accalmie dure à peine le temps de remettre l'arme au fourreau. Je n'ai pas fermé l'œil de la nuit.

Une visite aux tranchées. — Entrez chez moi, dans ma cagna. Baissez-vous et prenez votre temps. Si je vous donne ce conseil, c'est que je sais par expérience que la brusquerie, en pareil cas, a bien des inconvénients. Maintenant, asseyez-vous sur ce banc, en faisant grande attention à l'équilibre de votre personne : sans cela, patatras !

Ici, à droite, c'est mon plumard ; un sac rempli de paille est le meilleur oreiller que l'on puisse avoir en guerre ; le mien est d'une solidité et d'une dureté de brique... Pour matelas, j'ai trois planches et une poignée de paille, une tôle ondulée comme ciel-de-lit, et une bonne couche de terre pour la sécurité du tout.

N'étaient certaines petites bêtes, je passerais dans mon plumard des moments délicieux, mais il faut sans cesse me tourner à droite, me tourner à gauche, gratter par-ci, pincer par-là, et de temps en temps, parfois tous les matins, faire une battue en règle. Ah la bonne chasse ! Quels beaux marcassins je déniche !

Après chaque offensive, nous trouvons dans les abris boches un lot respectable de ces bestioles engraissées par la *Kulture* et toutes avec la croix de fer sur le dos. Si vous passez une nuit dans ces abris, ça y est, vous êtes envahi; aux mouvements caractéristiques de vos épaules, vous voyez les camarades sourire d'un air narquois, en vous murmurant à l'oreille : « Hé ! ça mord ! » Donc, écartez-vous prudemment de mon lit.

Derrière vous, c'est l'étagère et tout le bric-à-brac : gamelle, assiette, cuiller, fourchette, boîtes de toutes dimensions, débris de ferraille et la sempiternelle boule de son que les rats et les souris me disputent âprement, témoin ce trou en cône que leurs dents y ont creusé.

Si je vous ouvrais mon sac, vous y verriez mes humbles frusques de pioupiou, voisinant avec le *Manuel de piété*, diverses publications et quelques brochures communiquées par l'Aumônier, et un tas de lettres ; à côté une trousse bien garnie.

En haut, sur deux pointes, voici mon Lebel, bien propre, bien net, et *Rosalie* avec sa poignée nickelée. Si je n'avais pas peur de vous donner des frissons, je vous ferais voir mon grand couteau à six crans, avec sa lame effilée et tranchante comme un rasoir.

A présent que vous avez vu mon *home*, sortons un peu prendre l'air. Noubliez pas votre casque et votre masque, et surtout ne soyez pas trop curieux avant d'être plus en sûreté. Ne cherchez pas à élargir votre horizon en hissant votre nez au-dessus du parapet. Falampin qui veille à travers son créneau vous ferait prestement rentrer la tête entre les épaules. Regardez par cette belle fente de l'obturateur métallique ; cette ligne brune et blanche, c'est la première ligne ennemie ; ce trait sinueux qui fuit, c'est le boyau de communication par où ces messieurs d'en face se ravitaillent.

Dans le village où nous cantonnons au repos, il y a une petite église avec une grande statue de Marie. Au salut, comme les assistants sont très nombreux, on se presse, on se serre, on s'étouffe... Il y en a de nichés dans le confessionnal ; les marches de l'autel sont envahies, et moi, l'autre jour, pour me tenir en équilibre sur un escabeau boîteux, je dus m'accrocher au pied de la statue. Y eut-il soudain un remous trop fort, une poussée trop violente? Je retombe tout à coup sur le voisin en emportant le gros orteil de la sainte Vierge !... Grand émoi dans les environs, rires étouffés... L'Enfant-Jésus penchait vers moi deux gros yeux étonnés, presque courroucés ; mais Elle, gardait son imperturbable sourire plein d'une bonté et d'une indulgence rassurante. A la sortie, je réparai de mon mieux la catastrophe et je me sauvai en vitesse. Pourvu que ça tienne !...

A Bitterne, votre vie s'écoule loin des agitations fiévreuses de la tranchée. Dans le calme de la pieuse chapelle, pensez un peu à votre ami ; demandez qu'il soit fidèle à Dieu et à sa grâce, et que le contact du monde ne lui fasse pas perdre de vue la sublimité de sa vocation et la perfection nécessaire à son état.

F. F.

Il y a loin de la coupe aux lèvres. — Mon premier soin, à mon réveil, est de sauter sur ma gamelle et mon bidon pour aller chercher mes vivres de la journée. Sur la route, je murmure avec les oiseaux ma prière du matin. L'autre jour, je me hâtais de traverser la vallée, lorsque quatre détonations éclatent au-dessus de moi. Je me trouve au milieu d'un nuage de poudre et d'une grêle de graviers qui retombe sur moi. Instinctivement, je me regarde des pieds à la tête ; je me tâte. Par bonheur je n'ai rien. Tandis que je courais m'abriter je rencontre un pauvre diable blotti sous un pont : « Les Boches m'ont vu, me dit-il, alors que j'examinais la région en regardant par dessus le pont! » J'avais le mot de l'énigme; ils avaient tiré trop court, mais leur maladresse avait bien failli me couper l'appétit et pour toujours. Après tout, le festin du Père céleste est plus alléchant que ceux de cette terre; pourquoi craindre d'aller s'y asseoir quand on est revêtu de la robe nuptiale? Un incident de cette nature, au début de la journée, vaut une bonne méditation; rien de mieux pour rendre sage et rappeler que la mort vient comme un voleur! C'est le cas de dire :

> Mon sommeil gravement est veillé par la mort.
> Mon réveil appartient aux canons homicides.

Déjà, lors de mon dernier séjour en tranchées, j'avais failli ne pas goûter au rata que j'étais allé quérir à cinq kilomètres de mon poste. Une attaque nocturne à la grenade nous ayant mis près de cinquante hommes hors de combat, ma section fût appelée vers ce point du secteur, en renfort. J'étais depuis trois jours séparé d'elle et n'avais pu toucher qu'un seul repas dans cet espace de temps. Je ne tenais guère à commencer mon carême avant l'heure, non plus qu'à en augmenter l'austérité. Le troisième soir, je partis donc aux cuisines mêmes, chercher ma pitance. Je pataugeai tant et si bien dans les boyaux boueux à l'aller que je résolus de traverser sur la plaine au retour: la nuit serait alors complète. C'est ce que je fis en compagnie de quelques amis, ou du moins c'est ce je voulus faire. Nous avions fait un kilomètre environ, quand une pluie d'obus s'abattit à vingt mètres devant nous, formant une barrière de feu. La scène qui suivit cette surprise eût été vraiment comique en d'autres circonstances. Fuyant le point visé par l'ennemi, pour trouver un boyau, si possible, et continuer notre route, nous eûmes la malchance de trébucher dans un réseau de fil de fer:

marmites de rata, seaux de vin et *boules de son* roulèrent dans la boue avec leurs porteurs. Pour comble de malheur, ayant pris le premier boyau venu, je m'égarai, si bien que, parti à quatre heures de l'après-midi chercher ma gamelle de rata, je ne retrouvai mon poste qu'à neuf heures et demie. Le proverbe qui enseigne qu'*il y a loin de la coupe aux lèvres* n'a plus besoin de m'être démontré : je l'ai trop clairement expérimenté... Qu'il est enviable le sort de ceux qui, sans souci, s'asseoient à une table toute servie, où le fumet des viandes chaudes, préparées avec goût, excite l'appétit ! La pauvreté religieuse ne nous imposera jamais aussi maigre chère que celle à laquelle l'indigène des tranchées se trouve souvent réduit... Mais voilà assez de philosophie pour ce soir ! Je ne vous dis pas : « A demain ! » mais : « A bientôt ! » Tandis que vous vous enfoncez dans vos chauds matelas et vos moëlleux oreillers, je m'apprête à charger mon sac sur mes épaules — une vraie croix ! — et à le porter, sur une route défoncée par les charrois continuels, et par dessus plusieurs rangées de collines, jusqu'à 17 kilomètres d'ici. Heureusement que la nuit est belle, la lune est d'une clarté sans pareille, et le beau soleil des derniers jours a séché la contrée. En cours de route, si j'ai du souffle *de rabiot*, je tâcherai d'envoyer quelques *Ave* vers le ciel, à votre intention, et à celle des retraitants en particulier ; quand le souffle me manquera, je prierai le bon Dieu d'agréer comme une prière les battements plus rapides de mon cœur. Bonsoir, donc, bien chers amis, au revoir !...

Nous revoir !... Nous revoir !... C'est un souhait charmant, peut-être trop humain, en tous cas bien précaire quand la mort, sous nos yeux, fauche et frappe sans cesse, et le jour et la nuit. J'ai confiance pourtant que le bon Maître, qui sanctifia, en les goûtant, les joies de l'amitié, bénira ce souhait.

Quatre heures du matin ; je m'étends fourbu sur un peu de paille, le sac sous la tête, dans une bourgade délabrée. J'étais cependant à six heures et demie à l'église paroissiale ; c'était la veille du grand jour de la prise d'habit, je tenais à offrir à la sainte Victime immolée sur l'autel ma petite part de prière pour les retraitants. J'ai bien souvent, depuis un an, prié sur les grandes routes, dans les bois, dans les abris souterrains de la tranchée, mais, bien que ma foi m'enseigne la présence de Dieu dans l'univers entier, je ne me suis jamais senti porté au recueillement comme dans une église. Là, le Tout-Puissant semble condenser son immensité, sa sainteté, sa bonté ; l'église est réellement sa maison et l'esprit ne l'y cherche pas dans le vague. Aussi, c'est toujours une fête pour moi quand mon bataillon est envoyé ici passer sa période de repos. Certes, la fête du 19, en particulier, aurait perdu de ses charmes, si je n'avais pu les goûter au pied de l'autel. Et pourtant un autre sanctuaire, ce matin-là, attirait mes regards et mon cœur... Ah ! pourquoi passèrent-elles encore comme un rêve, les scènes dont je fus alors le témoin ravi ? Mon bonheur fut grand, il fut réel, mais il dura trop peu.

F. R.-M.

ATTAQUES ET COMBATS.

Plus de bruit que de mal. — Le 18 avril, un dimanche — car c'est toujours un dimanche que nòs amis, les Boches, prennent la mouche — nous avons subi, de trois heures à neuf heures du soir, un effrayant bombardement. Les plus anciens poilus, qui ont fait les campagnes de Belgique et de la Marne, avouent n'avoir pas assisté à pareille danse. Obus de tout calibre, torpilles aériennes qui arrivent en se dandinant, bombes, marmites, etc,. enfin tout ce que le génie diabolique des Boches a pu inventer, nous fut gratuitement expédié, et en abondance, je vous le certifie.

C'était un roulement continu de coups de départ et d'éclatements de projectiles. Ceux-ci creusaient des trous de 6 mètres de diamètre et de $2^m,50$ de profondeur, projetant dans le secteur un nuage de poussière et d'épaisses colonnes de fumée noirâtre.

Pour moi, qui cependant n'étais pas des plus exposés, je me demandais si ma dernière heure n'était pas sonnée ! Remis de leur première surprise, nos hommes, enivrés par l'odeur de la poudre, furieux d'une telle attaque, étaient là, blottis, haletants, collés contre le parapet de la tranchée, l'œil aux créneaux, prêts à faire le plus chaleureux accueil au premier Boche qui aurait l'audace ou l'imprudence de montrer l'oreille.

Mais avant d'essayer un assaut, l'ennemi voulait bouleverser nos tranchées. Vers six heures, se figurant, bien à tort, que les Français étaient tous anéantis, il voulut leur donner le coup de grâce en achevant son œuvre de destruction. Il fit donc sauter une mine qu'il croyait avoir placée sous notre première ligne. Heureusement, elle en était bien à plus de 15 mètres, et nous n'eûmes aucun mal.

Une section boche se précipita dans l'entonnoir produit par l'explosion. A peine y était-elle installée que notre terrible 75, tombant dessus à toute vitesse (20 à 25 coups à la minute) la hachait littéralement.

Un peu plus tard, une autre section parvenait jusqu'à notre première ligne, volontairement abandonnée sur ce point ; puis, sans lui donner le temps de s'organiser, nos zouaves se précipitaient à la baïonnette et ne faisaient aucun quartier ; trois hommes seulement furent ramenés prisonniers. L'attaque était ratée.

De notre côté, hélas ! nous avions aussi des pertes : 25 tués et 23 blessés ; mais c'était bien peu, en raison du déploiement de forces et du tapage infernal de toute la soirée. Encore ce faible résultat fut-il dû à un malheureux effet du hasard. Toute une escouade avait cru prudent de se réfugier dans une sape avec quelques soldats du génie. Or, une torpille vint éclater juste dans l'entrée de la sape, réduisant en morceaux les pauvres réfugiés et comblant l'entrée de terre. Quel horrible spectacle que ces corps sans tête, sans bras ni jambes, et que l'on enfouit enveloppés dans une simple couverture ou une toile de tente !

N'est-ce pas là une juste expiation de tant de sensualités et du luxe mondain si en honneur dans notre siècle ? J'avoue bien simplement qu'il faut prendre son cœur à deux mains, en face de telles scènes d'horreur.

Le F∴ Guillaume-Tell, avec un ami, à Montreux,
sur le bord du lac de Genève (Suisse).

Il paraît que les Boches devinent que nous allons les attaquer. Ils nous demandent, de leurs tranchées : « A quand ? Est-ce pour ce soir ? »   F. F.

A genoux. — Depuis quelques jours, on parlait d'une attaque. Elle a eu lieu le 16. Elle a commencé par un violent bombardement qui a duré toute la matinée. A midi, le premier bataillon du 71ᵉ reçoit l'ordre d'attaquer. Au signal de l'aumônier, toute la 2ᵉ compagnie se met à genoux et fait un bon acte de contrition. Puis, laissant leurs sacs, les hommes montent à l'assaut avec leur fusil et des grenades à la main.

Qu'est devenu Frère Guillaume-Yves ?

J'ai été bien attristé de ne plus le revoir quand le reste du régiment est arrivé au repos. Il est sans doute tué ou prisonnier.   F. I.

Emotions terribles, douces consolations. — Eh bien, voilà ! nous venons d'administrer aux Boches une frottée magistrale. L'attaque commença par un bombardement formidable. 120 pièces, de notre côté, tonnaient sur un front d'un kilomètre : 75, 80 de montagne, 90, 95, 120, 155 long et court, et les 220, tout cela crachait à la fois ; sans compter une douzaine de lance-bombes qui envoyaient des torpilles de 50 kilos. Ce concert assourdissant dura de deux heures à cinq heures. Les Boches, de leur côté, répondaient ferme. Leurs 17 batteries nous rendaient nos coups avec une fureur que j'admirerais volontiers, si je n'avais pas à m'en plaindre, car un de leurs crapouillauds prit la liberté de m'enterrer tout vivant, et ce sans *Oremus...* Je récitais consciencieusement mon chapelet, à genoux derrière un parapet, quand, tout à coup une masse glauque me dégringole sur le dos. D'un coup de reins, je me dégage ; je me tâte : rien ! tant mieux... Sales Boches, va !

« En avant, les enfants ! » Les baïonnettes hautes,

tenues par des mains crispées, nous sortons. A peine 120 mètres nous séparent de l'ennemi. En quelques secondes, nous y sommes. « Allez, à la fourchette ! » Et nous tapons dans le tas, et dur et vite. En quatre minutes, nous avons tout nettoyé. L'ennemi démoralisé lève les mains et même, ce qu'il y a de plus épatant, c'est que bon nombre de Boches n'avaient pas attendu qu'on leur tombe dessus pour le faire. Avec une prestesse que je ne supposais guère à ces ventrus, ils ont couru de leur première ligne à la nôtre, suppliant qu'on les fasse prisonniers ; et, ma foi, à part quatre ou cinq, le manège a réussi à tous.

Haletant, j'arrive devant une caverne-abri ; un 220 l'a éventrée. Pour plus de précautions, j'y jette deux grenades ; peine inutile, la mort a déjà fait son œuvre : sur douze Boches qui s'y trouvaient, onze sont morts et le dernier agonise. Encore 50 mètres et nous voilà rendus sur les positions qu'on nous avait indiquées. Hâtivement, chacun fait son trou et s'y terre de son mieux ; car, si l'ennemi terrorisé a fui, rien ne dit qu'il ne reviendra pas. Trois heures après, en effet, nous étions bombardés de la belle façon. Pendant deux jours et deux nuits, je suis resté ainsi roulé en pelote dans un méchant terrier, sans boire, sans manger, sans dormir, faisant un purgatoire à donner envie à un saint. Pendant ce temps, d'autres régiments poussaient de l'avant, si bien que, somme toute, nous avons enlevé la position ennemie sur un front de 1800 mètres et 1200 mètres de profondeur. L'opération a demandé huit jours au total, nécessitant huit charges à la baïonnette et des bombardements à n'en plus finir. Nous avons éprouvé des pertes, mais enfin on les a eus, les Boches ! Hier, le général Baumgarten est venu nous féliciter au nom de Castelnau et de Joffre. Il n'y a qu'une communion qui puisse nous rendre plus heureux.

Hier soir, nous avons eu une cérémonie impressionnante : salut, chapelet, chant de cantiques ; puis, à la fin, nous avons chanté celui-ci, composé par un officier mort en saint aux derniers combats :

> Au ciel, au ciel, au ciel, tous ceux que nous pleurons,
> Au ciel, au ciel, au ciel, nous les retrouverons !

Puis notre aumônier est monté en chaire. Quelle émotion d'entendre un religieux-soldat chanter la gloire des morts pour exalter le courage des vivants, consoler les uns, remonter les autres et faire luire aux yeux de tous l'espoir passionnant des éternelles récompenses ! La guerre ne prépare point aux douces émotions, mais je vous avoue que je pleurais. C'était un peu le 19 mars ou le 15 août chez vous.   F. F.

Heure par heure. — *25 septembre*. — Voici le jour si longtemps attendu, personne ne doute que nous n'allions à la victoire. A minuit, ma compagnie quitte les bois. Debout sur un tertre, au bord du chemin, l'aumônier donne aux combattants une absolution générale. Je quitte les rangs et me confesse. Sera-ce pour la dernière fois ? Qu'importe ? Je rejoins la colonne, le cœur léger. Des éclairs jaillissent sans cesse, à droite, à gauche, en arrière ; nous portons instinctivement nos mains aux oreilles pour amortir le choc des détonations qui les suivent. Quel tympan cuirassé doivent avoir les artilleurs pour vivre depuis trois jours au milieu d'un tel vacarme ! Il ne me gêne pas trop pour faire ma prière et ma méditation. Celle-ci a naturellement pour but de me préparer à la mort qui peut me frapper en ce jour même. Deux ou trois pensées seules retiennent mon attention : « La mort nous enlève la possibilité de pécher ; — elle est la fin de nos souffrances ; — elle nous introduit dans la société des bienheureux, nous réunit à des amis chers, partis avant nous : donc la mort n'est pas à craindre. »

Vers trois heures, nous approchons enfin, le moindre bruit est sévèrement réprimé par les officiers, la marche est lente, les arrêts nombreux. Les cisailles font des brèches dans le réseau de fils de fer ; tout est déjà prêt. Je me hâte de rechercher un gourbi propre à abriter les blessés. Pour le moment, l'ennemi ne riposte pas à notre feu, dormons un peu.

A sept heures quinze, la canonnade redouble d'intensité ; c'est la préparation immédiate. Dans deux heures, ce sera l'assaut. Nous réglons nos montres ; nous jetons quelques coups d'œil par-dessus le parapet ; les ouvrages ennemis volent en morceaux. Les deux lignes adverses courent le long des sommets de deux crêtes parallèles, distantes de quatre à six cents mètres. Au milieu du ravin à pente douce qui les sépare, un calvaire s'élève encore intact. Le Sauveur étend les bras entre les deux adversaires, comme s'il voulait les empêcher d'en venir aux mains. Hélas! bon Sauveur, votre loi d'amour a été foulée aux pieds ; depuis quatorze mois, nos ennemis s'efforcent d'y substituer la leur, celle du plus fort. Si nos baïonnettes brillent derrière nos parapets, prêtes à se répandre dans la plaine, vous le savez, ce n'est que pour rétablir l'ordre que vous vouliez voir régner ici-bas par la justice et la charité.

9 h. 15. — Notre deuxième bataillon, officiers en tête, s'élance hors de la tranchée. Deux compagnies du premier l'imitent à sa droite et font la liaison avec l'ancien régiment du F. A. qui attaque avec nous. Tous marchent d'abord au pas, ce qui permet aux chefs de rétablir l'ordre dans les rangs, puis la ligne hérissée de baïonnettes escalade la colline au pas gymnastique. C'est beau ! Je ne peux les suivre plus longtemps. Les Boches se sont ressaisis, leur tir de barrage déchaîne sur notre première ligne un ouragan de fer. Je cours sous la mitraille, recherchant les blessés pour les panser et les mettre à l'abri ; c'est un enfer ;

le sol de la tranchée est pavé d'éclats ; c'est miracle qu'aucun ne me touche. Le feu ennemi diminue enfin ; où sont les nôtres ?... Les renseignements que je recueille semblent se contredire. A quatre heures, je profite d'un moment de répit pour voir par moi-même ce qu'il en est. La pente qui mène au fortin ennemi est couverte d'uniformes bleu clair et quelques-uns sont accrochés au fil de fer.

Toute la nuit les blessés continuent d'affluer : pauvres diables à qui la journée a paru longue, étendus comme ils l'étaient à huit ou dix mètres des Boches. Ils se sont protégés en plaçant leur sac debout devant leur tête, en se creusant un petit abri ou en se traînant dans un trou d'obus. Dès la tombée de la nuit, ils ont rampé vers nos lignes. Mon devoir est de les y attendre pour les panser ; que je voudrais cependant aller en chercher dans la plaine, malgré la pluie désagréable qui persiste depuis le matin !...   F. R.-M.

Page d'épopée. — Vous me demandez de faire revivre mes impressions sur le fait où j'ai eu une protection si évidente de la Très Sainte Vierge. Eh bien ! voici :

Nous occupions, dans un ravin, une petite tranchée. Tout à coup, le capitaine me fait parvenir un billet : ordre d'attaque ; sergent, je dois marcher en tête. Tous les hommes reçoivent sans un murmure cet ordre qui, pour plusieurs, sera un ordre de mort. Ils se recueillent, au contraire, et, à la gravité de leur figure, on sent qu'ils préparent leur âme à toute éventualité.

« En avant ! » Je pars au pas gymnastique, pour rejoindre un boyau qui doit nous rapprocher de l'ennemi. Un 77 me salue en cours de route, et c'est tout. Mais les mitrailleurs boches ont vu le mouvement : « Pan, pan, pan !... » En sûreté dans le boyau, je regarde avec angoisse le défilé de mes hommes. « O ma Mère ! disais-je, préservez vos enfants ! » Marie les préserva si bien qu'aucun ne tomba.

Au bout du boyau, il fallait couper, en terrain découvert, un ravin balayé par trois mitrailleuses. Le capitaine est inquiet ; moi-même, du fond du cœur, je me recommande à Marie. Il ne faut pas compter maintenant sur la négligence des mitrailleurs ennemis, nous les avons mis en éveil. Si je tombe, me disais-je, et les premiers avec moi, la compagnie épouvantée ne passera pas : ô ma Mère, gardez-moi ! En ce moment, je ne sais quel calme souverain s'empara de moi. Je souriais à mes hommes qui ne comprenaient point la gaîté en un tel moment.

« En avant ! » Le capitaine s'élance au pas de course et moi derrière. Cinquante mètres de cette course au milieu d'une grêle de balles, et nous voilà en sûreté. « Ça suit ? — Oui, mon capitaine. — Quelle veine, bon sang ! »

Je m'étais trompé, ça ne suivait pas ; les trente premiers avaient passé, mais quinze autres, qui avaient tenté de franchir le couloir, gisaient morts ou mourants ; les autres, épouvantés, restaient d'abord figés dans le boyau. Le capitaine et moi n'en savions rien et nous continuions notre marche.

« Faites attention ! nous crie un poilu ; là-bas, dans ce boqueteau, à gauche du ravin, il y a encore une mitrailleuses boche. — Ah ça, dit le capitaine, ces chameaux en ont donc partout, de ces mitrailleuses?... » Puis se tournant vers moi : « Nous nous garerons de celle-là. »

Ma foi, voilà que la danse commence : Tac, tac, tac, tac, tac... taratatatata, tac, tac, tac... biss, biss ! ça nous saute entre les jambes, en faisant voleter les cailloux. « Ça suit ? » demande le capitaine, tout en accélérant la course. — « Oui, oui. »

Le boyau que nous devions prendre était tout près, sur notre droite, d'après notre propre estimation ; mais il s'arrêtait à mi-côte, et nous ne le voyions pas du ravin. Et nous voilà allant toujours de l'avant, avec les méchantes abeilles nous bourdonnant autour de la tête.

Tout à coup : Taratata ! ... Les mitrailleuses brusquement démasquées nous fauchent à distance de deux cents mètres. C'est une grêle de balles qui nous encadre ; les hommes tombent les uns après les autres. Cette terrible surprise me démonte ; d'instinct je lance à Marie ces deux mots : « O ma Mère ! ô ma Mère ! » et je continue une course effrénée de 150 mètres dans cet enfer. Un talus nous offre un abri, au capitaine et à moi ; mais voilà que devant nous débouchent une quinzaine de Boches. Le capitaine se lève pour tirer son revolver et tombe raide mort. Je tire trois coups ; puis me voyant cerné, je fais le mort. Les Boches, par une protection spéciale de Marie, n'avancent pas davantage, et je reste ainsi six heures de temps, là, sans bouger, et les compères tout à côté !... Quelle situation ! Quelles idées me passent par la tête ! Que d'invocations à Marie !

Au bout d'une demi-heure, je me sens comme rassuré. « Mon enfant, me disait une voix, je te tirerai de là, aie confiance seulement. » J'ai confiance, et patiemment j'attends la nuit. Enfin il fait noir ; je lève le nez pour repérer un peu l'endroit où je me trouve. Les fusées, du reste, m'y aident beaucoup. Au moment que je crois propice, je me lève, me débarrasse de mon fourbi ; vite un *De profundis* pour le capitaine, et me voilà en route. Oh ! pas vite. Il me fallait ramper parmi les luzernes désséchées et, à chaque mouvement, ça craquait fort. Les ennemis entendaient bien quelque chose et lançaient fusée sur fusée. Quand l'une d'elles partait, je mettait le nez à terre et je ne bougeais plus...

LES BOCHES

Leur œuvre. — You can't imagine the amount of devilish work the Boches have done in this part of beautiful France. This district reminds me of the Sultan Mahmoud's story. Truly I am in a ruined country and numberless are the burned and unroofed churches and houses. A few days ago, I passed a village which had been occupied by the Germans. Imagine : as they were retreating before the Allied Forces, the Commanding officer of the Germans sent for a few loads of straw and crammed it into the sacred building ; then he ordered a catholic Bavarian to water it with petroleum and to light it. In a few minutes, the entire edifice was ablaze. Don't you find this horrible ? All the churches in this sector have been burned down ; private houses have not been spared either.

As we approach the firing zone, not a living person is to be met on the farms. I am in the very house in which Germans have been living for eight days, and in my bed a Bavarian General has slept all this time.

Ici, nous ne sommes qu'à 3 kilm. des Boches. Notre petite église essuie tous les bombardements des barbares ; elle est actuellement presque démolie. Tous les dimanches, aux heures des offices, nous recevons de gros obus, des bombes et de la mitraille. Rien ne manque pour rendre la fête un peu bruyante.

L'église est une cible. — Strange to say, the Germans bombarded the place mostly on Sunday, always at the time of divine Services, usually from nine to eleven, or at about 3 p. m., when Vespers is supposed to be going on. Of course, no service is now held in the church. This building has now become a regular target for the German bullets.

Still I am able to assist at Mass daily and to receive holy Communion ; and, as you may expect, I do not forget your Reverence.   F. FL.

Fini pour nous ! — Cette fois-ci, c'est pour de bon, nous sommes en plein dans la mêlée. Ça va bien : nous cueillons les prisonniers par centaines, de tout jeunes gens exténués et rachitiques pour la plupart. Ce ne sont plus les colosses d'Outre-Rhin dont on a tant parlé. Ils sont heureux d'être prisonniers : « Fini pour nous ! » disent-ils en riant de bon cœur. Cependant, un méchant petit lieutenant, haut comme ma botte et poseur comme tout officier boche qui se respecte, a eu le toupet de nous dire : « Vous ne nous aurez jamais ! » — C'est ce que l'avenir nous apprendra et, en attendant, on te tient toi, mon petit, ainsi que ton colonel et tout un état-major. Mais quelle vie ! quel vacarme et quelle infernale musique !

Ne nous oubliez pas dans vos prières.

F. F. DE B.

Une grève parmi les prisonniers allemands. — Nos pensionnaires sont au nombre de 1200 environ, dont 250 cordonniers, 150 forgerons, 80 sabotiers et différents métiers dans de petits ateliers. Il y a une vingtaine d'officiers nommés depuis leur capture, beaucoup de sous-officiers, et des inaptes par suite de blessures. Tout se fait à l'allemande, et nous autres, gradés français, nous n'avons affaire qu'aux officiers supérieurs, responsables chacun dans sa compagnie ; aussi nous éprouvons très peu de difficultés, tellement la dicipline est ancrée dans les habitudes, même à l'égard des chefs prisonniers.

Le dimanche, il y a chômage dans les ateliers : messe pour les catholiques, qui sont relativement peu nombreux, et prêche pour les protestants. Ceux-ci, en grande partie, se sont mis en grève contre un apprenti-pasteur, soldat comme eux, parce qu'il a osé leur dire qu'ils avaient beaucoup à expier pour les *crimes commis par eux en Belgique...*

Ils trouvent que leur captivité dure longtemps, mais ils sont persuadés que pour Noël prochain, ils seront chez eux, d'après les lettres que leurs parents parviennent à leur expédier.   F. Y.-M.

Paysage lunaire. — De ce qui fut un bois touffu, il ne reste rien, rien. Un vrai paysage lunaire où pas un seul brin d'herbe n'a survécu. Le sous-sol calcaire, les graviers, cent fois projetés, forment des dunes lugubres près de trous d'obus effarants. Une petite promenade de jour, par brouillard épais, suffirait à donner des cauchemars à quiconque n'est pas vacciné par l'habitude contre toute émotion de ce genre. Cadavres, équipements, fusils, débris jonchent le sol bouleversé. La nuit, nous ne voyons que peu de choses et tant mieux.   F. F.-J.

Pauvres gens. — Il est assez rare que je puisse assister à la messe, nous partons trop tôt et notre ami, le missionnaire Oblat, n'a pas le temps de célébrer. Nous remplaçons cela par les œuvres de miséricorde ; chargés d'évacuer les villages bombardés ou menacés, nous soutenons les vieillards et les infirmes, nous nous efforçons de rendre confiance à ceux qui abandonnent tout, le désespoir dans l'âme : « L'Amérique nous aidera et si votre maison est démolie on vous en reconstruira une autre », leur dis-je. On console ceux qui pleurent, et ce ne sont pas les femmes seulement qui pleurent, mais des hommes, de braves cultivateurs essuient de leur main calleuse leurs larmes abondantes : « Oh ! Monsieur, si vous saviez combien il est dur d'être chassé de chez soi et de tout perdre. » Pauvres gens ! Voilà 16 ans que je le sais et combien d'autres bons Français le savent mieux que moi !

Je vous envoie la photographie que j'ai fait tirer juste devant la grotte bénie de Lourdes. Un exemplaire y reste avec l'invocation : *Monstra te esse matrem.*

F. A.

Pour la seconde fois. — Sur notre route, nous avons souvent rencontré de longues théories de réfugiés qui étaient obligés de quitter leurs foyers pour la deuxième fois depuis quatre ans. Tout ce qu'ils avaient pu sauver avait été entassé sur des voitures. Suivait le bétail : vaches, veaux, moutons, etc.

F. R.

VARIÉTÉS.

A la Trappe. — Il y a un mois, j'étais donc à Paray-le-Monial, priant dans ce béni sanctuaire des apparitions, si pieux, si vénéré. Et il y a quinze jours, j'ai pu aussi, grâce à une attention de la Providence, aller faire ma récollection mensuelle chez les Révérends Pères Trappistes de Notre-Dame de Sept-Fons, à cinq ou six lieues de Moulins.

Ces bons religieux me firent le meilleur accueil. J'étais chez eux vers huit heures et demie du matin. Aussitôt l'on m'offrait à déjeuner, puis le Père hôtelier me faisait visiter le monastère, qui date du XII⁰ siècle, mais a été en partie restauré au XVIII⁰. L'abbaye n'a rien d'architectural. L'église seule a du cachet : à l'intérieur, des peintures simulent les motifs d'architecture ; il y deux chœurs, séparés par un jubé, le premier, celui des religieux prêtres, le deuxième, celui des frères lais. C'était le dimanche dans l'octave de l'Ascension ; aussi l'office était simple, quoique toutes les heures en fussent chantées et précédées des heures correspondantes de l'Office de la Sainte Vierge. En les entendant, je songeais à vous et je me disais : Ils prient en union avec les grands ordres religieux, et leur psalmodie imite celle-ci.

La grand'messe fut précédée de l'aspersion et de la procession. Pour l'aspersion, le Révérendissime Père

Abbé Dom Chautard, se tenant au bas du marchepied, les religieux viennent deux à deux devant lui, et, s'inclinant profondément, reçoivent l'eau bénite ; puis ils se saluent et retournent à leur place. C'est impressionnant.

La procession se fait dans les cloîtres, au chant d'une antienne dont le rythme fait songer à ces *alleluias* éternels que chantent cette troupe céleste de vierges qui, dans le ciel, suivent l'Agneau divin partout où il va.

A la messe, le P. Abbé s'avança, la tête recouverte du capuchon et assisté d'un diacre et d'un sous-diacre. Leur chant diffère un peu de celui des Bénédictins.

J'eus la liberté de me promener dans toute leur propriété : champs, jardins, vignes et prairies. J'en usai et j'allai m'agenouiller aux pieds d'une statue de Notre-Dame de la Salette, au bout de l'allée où se déroule chaque jour la belle procession du mois de Marie. Là, je vous recommandai de tout cœur à la protection de notre bonne Mère du ciel, lui demandant qu'elle vous rende forts dans les combats spirituels qui vous attendent et zélés pour la faire aimer et servir, car servir la Mère, c'est servir le Fils, Notre-Seigneur Jésus-Christ.

Les vignes couvrent 37 hectares de terre et le jardin est aussi très vaste. Il le faut, puisque leur régime consiste uniquement en légumes et un peu de laitage.

Les Trappistes de Sept-Fons ont depuis la guerre une colonie de petits réfugiés du Nord. J'ai vu aussi, après le repas, les novices en bure blanche jouer sous les arbres. Ils paraissent bien heureux au sein de leur solitude.   F. J.

En auto. — Durant certaines périodes, nous sortons un jour sur deux, faisant jusqu'à 20, 22 heures de voyage. Vous pensez si, lorsque l'on descend de voiture on se sent la tête vide, les reins en compote et tout l'intérieur bouleversé, après avoir été secoué, ballotté, cahoté sur des routes affreuses, pendant des journées entières. Nous menons donc une vie intense, bien remplie, et nous ne nous en plaignons pas, car nous avons la conviction que nous sommes utiles. Sans nous, que serait-il advenu sur plus d'un point ? Dernièrement nos troupes ont tenu héroïquement ; les Vendéens ont chargé avec un brio magnifique et nos camions ont transporté en trombe régiments sur régiments, des divisions entières.

Puissent tous ces efforts hâter la victoire et la paix ! Avec quel enthousiasme et quel désir de faire du bien nous reviendrons à nos chères occupations d'antan ! Notre activité se doublera d'une connaissance plus approfondie de l'espèce humaine — pas toujours belle — et de la nécessité de donner à nos enfants des convictions profondes, bien enracinées, d'en faire des hommes de caractère, à la personnalité bien marquée ; d'où redoublement de soin dans la diffusion de l'instruction religieuse, dans l'explication de la pensée du matin, et aussi pour le maître, plus de vraie piété, plus de sainteté.

J'ai lu, relu avec grand intérêt la dernière *Circulaire*, annoté différents passages et pris de bonnes résolutions. Dieu veuille que je réalise le type du religieux que décrit, fait entrevoir cette belle *Circulaire*: que de bien on peut alors espérer !   F. A.-P.

Jours gais sous les saules pleureurs de Serbie. — Mes pérégrinations continuelles depuis le 19 mars m'ont permis de constater que les deux premières guerres balkaniques ont tout détruit dans cette contrée. Mais on remarque avec plaisir que partout la petite église, si pauvre fût-elle, a été respectée. L'intérieur, orné d'icones, est resté très propre ; rien de profané ni de souillé : la kulture boche ne s'était pas encore étendue jusqu'ici.

Nous sommes revenus à nos montagnes et de nouveau je jouis des grands horizons noyés dans un océan de lumière. Ces monts sont couverts de fleurs aux tons les plus variés et aux parfums les plus pénétrants. Mais ils donnent asile à de nombreux petits serpents unicornes qui n'ont rien d'engageant pour le soldat couchant sur le sol.

En ce moment, le bataillon est au repos, et passe des jours très agréables sur les bords du torrent, à l'ombre des saules pleureurs qui ne cessent de nous rafraîchir en laissant tomber sur nos tentes le trop plein de leur abondante sève. J'ai donc eu le temps de lire et relire le cher *Echo* qui m'apporte dans ma solitude des nouvelles de notre grande famille.

L'aumônier divisionnaire étant venu au régiment, a choisi le deuxième bataillon pour y dresser sa tente. Le commandant m'a mis à sa disposition pour lui répondre la messe. Ainsi, depuis le 1er mai, je cumule les fonctions d'agent de liaison, de choriste et de sacristain. Tous les matins, j'ai l'honneur de préparer l'autel pour le saint sacrifice et le bonheur de recevoir le Pain des forts, je me sens tout ému en touchant les vases sacrés et en pliant les ornements sacerdotaux après la messe.

Aujourd'hui, dimanche 14 mai, nous avons eu deux messes. Notre modeste autel était adossé au tronc d'un abricotier géant. Nous l'avions orné de nombreuses fleurs sauvages cueillies dans la montagne où elles mettent une note si gaie et si variée. Nous nous sommes trouvés de deux cents à deux cent cinquante autour du bon Père. Nous avons chanté le *Credo* et divers cantiques, ce qui nous a donné, pendant un moment trop court, l'illusion de nous croire au milieu de nos églises de campagne, dans la belle France hélas ! si loin...

Ces réunions ont de plus l'avantage de nous faire nous connaître et j'y découvre, venus de toutes nos provinces, des jeunes gens excellents.   F. T.

Les leçons qui restent. — Je me rappellerai toujours ce cher jeune homme, de mes anciens élèves, sortant des tranchées de la Somme. M'apercevant de loin, il quitte ses camarades et vient droit à moi. Il m'aborde à brûle-pourpoint en me disant : « Ah ! c'est vous ! Où est le temps où vous m'appreniez à aimer Dieu et la patrie ? » Et se jetant à mon cou, il me serrait sur son cœur où brillait la Croix, symbole de son courage. J'étais fier de lui et je remerciai le bon Dieu d'avoir mis sur ma route un brave soldat et un bon chrétien. La vie des camps ne lui avait pas fait oublier mes petites leçons.   F. C.

Excellent commentaire. — Dans la lecture rapide que j'ai faite de la première partie du *Lien,* cette phrase m'a frappé : je dois être mort au monde, *insensé* aux yeux du monde. *Insensé,* comme je sens que ce terme est juste ! Oui, il ne faut pas que mes camarades, en parlant de moi, puissent se dire : « il est comme moi, ou presque. » Il faut que je me distingue d'eux, de telle sorte qu'ils ne comprennent rien à ma manière de vivre ; il ne faut pas que jamais ils m'entendent me plaindre au sujet d'une punition méritée ou imméritée, critiquer l'autorité, ou prononcer une parole quelconque de colère ; il faut qu'en tout et toujours ils trouvent en moi l'exemple de la vertu sous toutes ses formes, charité, bonne camaraderie, douceur, obéissance, etc. Il faut qu'ils sentent que j'ai un idéal bien différent du leur, le plus souvent vil et grosssier. En un mot, il faut qu'à leurs yeux je sois insensé.   F. L.

L'honneur renvoyé à la Congrégation. — Ce

matin 5 juillet, M. le Médecin divisionnaire m'a remis la croix. J'avais eu l'honneur de faire sa connaissance en Champagne et, depuis, chaque fois qu'il me rencontrait, il m'adressait quelques paroles aimables. En cette circonstance, il a tenu à féliciter « son Haïtien » devant tout le monde. Il en a été de même de notre médecin-chef. J'étais heureux en pensant que c'était la Congrégation qui était honorée.

M. l'Aumônier, ancien élève des Frères de Ploërmel, a tenu à me payer quelque chose et nous avons trinqué à l'Institut que tous nos prêtres aiment beaucoup. M. l'abbé Grizard, du Midi, m'a photographié ; je vous envoie une épreuve.   F. L.-E.

Juste idée de la vie, juste idée de la guerre. — De fidèles revues — et je vous en remercie de tout cœur — viennent me rappeler les rigoureuses obligations de ma vocation. Beaucoup de mes camarades ont déjà gaspillé sur le chemin de la vie les trésors de leur cœur et les richesses de leur intelligence ; la vie militaire est la grande halle où toutes les idées s'exposent et s'entrechoquent. Toutes ont des défenseurs. De ce contact forcé, l'idéal chrétien et religieux ne peut sortir que grandi ; il est même étonnant de voir tant de gens vivre sur des idées sans fondement et sans consistance.

Et puis, quelle belle école d'obéissance que la vie militaire ! C'est ici qu'il faut parler d'obéissance aveugle. Un officier nous disait dernièrement :

— « Nous n'appartenons plus à nous-mêmes, nous appartenons à la patrie. Nous sommes des surmenés ; il le faut, et plus nous le serons, plus le salut du pays sera proche. »   F. E.

Toujours le contraste. — Hélas ! autour de moi, quelle mentalité ! Il n'y a pour eux que les grossiers plaisirs des sens, et ils se refusent à croire au bonheur, cependant incomparablement plus doux, d'une bonne conscience.

Devant ce triste spectacle, j'aime à penser à Bitterne, à me voir parmi les chers petits postulants si purs, si franchement joyeux. Cela me console des tristesses qui me saisissent parfois à la vue de cette corruption générale.

J'ai rencontré aussi de très bons camarades, des amis véritables, spécialement un élève ingénieur de Lille, très intelligent, excellent catholique, il a 20 ans. Il m'a raconté son voyage à travers les lignes allemandes, lorsqu'il a quitté Lille. La Providence l'a singulièrement protégé !   F. A.

Exténués et cependant..... — Samedi, grande excursion ; nous sommes rentrés fourbus, exténués. Ceux qui le lendemain se sont approchés de la sainte Table étaient tous boiteux ; certains mêmes ont dû venir sur leurs chaussons. Je les admire. Faire le sacrifice de sa paille, alors que jambes et épaules réclament impérieusement du repos, c'est une générosité qui a dû aller au Cœur du bon Maître.

F. R.

Autre idéal. — J'ai hâte de quitter le monde des officiers, qui n'a rien de séduisant pour moi, afin de continuer l'œuvre si belle de l'apostolat. Le champ sera vaste et les ouvriers bien clairsemés après la ruée sanglante. Je prie Dieu de susciter des vocations nombreuses pour combler les vides laissés par ceux qui seront tombés pour une cause juste et sainte.

F. H.-Y.

Les deux croix. — Quand la main du colonel m'épinglait la décoration, je sentais qu'elle pressait mon Christ de profession, que je porte toujours. En ce moment, je disais à Notre-Seigneur : Mon Jésus, cette croix, je la dépose au pied de ta Croix : n'est-ce pas Toi qui mérites cette décoration ? N'est-ce pas Toi qui me fortifiais et m'encourageais à courir au-devant de la mitraille ? Et puis, mon Jésus, tout ce que j'ai n'est-il pas à Toi ? Mon corps n'est-il pas ta propriété ?

Il me semblait aussi qu'à ce moment, notre Vénérable Père me souriait de là-haut et me disait : « Mon fils, je suis content de toi ! »   F. F.

Identique. — Médaille militaire et croix de guerre avec palme, décoré à l'heure où j'entre dans ma trente-deuxième année. Lorsque, en présence des troupes assemblées, le général de division prononçait les paroles d'usage : « Soldat Allory, au nom du Président de la République, nous vous décorons de la médaille militaire, je m'adressai à Jésus, au Christ de ma profession que je porte toujours sur ma poitrine, Lui retournant l'honneur qui m'était fait, les éloges qui m'étaient décernés. N'est-ce pas Lui qui m'a donné le courage de faire mon devoir de manière à mériter les décorations que je porte ? »

F. R.-M.

Rude école, mais quel enseignement salutaire ! — Autrefois, lors de mon service militaire, je n'avais pas senti de même façon le vide du monde et le néant de ce qui l'absorbe ; mais, comme d'autres l'ont si bien dit : « La guerre est une rude école, car elle nous met continuellement sous les yeux le pourquoi de notre vie. » Aussi, sous le costume d'officier, je fais sans cesse des comparaisons, et je m'attache tous les jours un peu plus à Dieu et à son œuvre. Et c'est dans cette intention que je redis d'une façon toute spéciale et plusieurs fois le jour, la prière « Jésus qui avez dit... » Je me surprends même à faire des projets d'avenir ; je tâche de mettre à profit les enseignements de l'heure présente afin d'instruire les autres après la guerre. Pourtant !... Verrai-je cette fin victorieuse que nous souhaitons tant ? Il est probable que bientôt je retournerai au front ; ce sera alors le moment de me tenir prêt à tout. Cela ne m'effraye pas d'ailleurs. Je n'ai jamais prié avec d'autre intention que de remplir joyeusement la volonté de Dieu.   F.R.-J.

En route vers les Dardanelles. — Nous approchons du cap Matapan et des côtes de la Grèce. Je profite de mon séjour à bord pour faire ma petite retraite. J'ai été gâté par la Providence. Le Père Assomptioniste qui nous accompagne a obtenu du Commandant du bord la permission de dire la messe. Et à six heures et demie, ce bon Père et moi nous nous réunissons dans la chambre de l'officier ; et j'ai le bonheur et l'honneur inappréciables de servir la messe tous les matins et d'y communier. La chambre étant très exiguë, personne ne peut assister au sacrifice, à part un séminariste ou deux qui communient avec moi. Quelle délicatesse de la part du bon Dieu de me choisir, au milieu de huit cents hommes, pour servir la messe de son prêtre ! Aussi, je tâche, en priant avec le plus de ferveur possible, de me rendre moins indigne de l'abondance de grâces que Jésus se plaît à me prodiguer.

Hier, dimanche, 18 juillet, les officiers du bord, de concert avec les nôtres, ont permis de célébrer la messe en plein air. On a dressé un autel sur l'avant du bateau, et là, au milieu du recueillement presque général, le bon Dieu est descendu parmi nous, pour nous bénir et bénir notre voyage. Le commandant du détachement, le capitaine de Clermont-Tonnerre, au premier rang de l'assistance, nous a lui-même demandé, à la fin de l'office, de chanter le *Magnificat*. Est-ce que cette jolie scène ne fait pas songer aux

Croisés de saint Louis se rendant en Palestine, au chant des cantiques et des psaumes, pour combattre les infidèles, comme nous allons le faire nous-mêmes ?

Le matin, aussitôt réveillé, vers quatre heures, je monte sur le pont, faire mes ablutions, puis j'assiste à ce magique tableau qu'est le lever du soleil en mer. A ce moment, les camarades sont encore rares : j'en profite pour dire mes prières et faire ma méditation. L'*Imitation de Jésus-Christ* est une mine inépuisable : je n'ai que l'embarras du choix. Je ne dis pas que je n'ai pas de distractions : la beauté et l'immensité de la mer, un oiseau qui vole au-dessus du flots, un bateau qui glisse à l'horizon, laissant derrière lui sa longue traînée de fumée ; mais je me sers de ces incidents pour me rapprocher de Dieu et reconnaître sa Toute-Puissance. D'autres fois, ce sont des camarades qui viennent faire la causette avec moi ; alors, je n'ai plus qu'à en prendre philosophiquement mon parti et attendre patiemment que, par mes réponses évasives ou monosyllabiques, ils s'aperçoivent que je ne tiens pas à lier conversation. A six heures et demie, la sainte messe. Dans la matinée, je lis mon *Imitation*, et, au milieu du va-et-vient de centaines de soldats, de temps en temps, j'égrène mon chapelet. Dans l'après-midi, je reprends mes petites marches solitaires et, malgré le bruit, je tâche de me recueillir autant que possible. F. J.

Besoin d'un noviciat. — Que d'actes de vertu nous avons l'occasion de pratiquer à la caserne, et comme il est besoin d'un noviciat sérieux pour faire de toutes ces circonstances autant de sources de mérites !

En acceptant en silence les nombreuses humiliations qui surviennent, patientant quand tous se plaignent et maugréent autour de vous, priant au milieu des grossières plaisanteries et jurons, essayant de dormir au milieu du bruit, souriant aux moqueries que vous attirent vos pieuses pratiques et votre air modeste, on goûte cependant le vrai bonheur intime, caché aux autres, et dont Jésus, l'hôte de nos cœurs, nous fait jouir en dédommagement de ce qu'on endure pour son amour et en conformité avec son adorable volonté.

Cependant, mes camarades de chambre m'ont causé, il y a quelques jours, une grande surprise. Après la soupe, les voilà qui apportent du vin blanc et des gâteaux. Après un petit discours, ils m'offrent un magnifique crucifix, comme témoignage de reconnaissance des pauvres petits services que je leur avais rendus dans notre grenier. J'en ai été interdit et touché au point de ne pouvoir d'abord répondre. A la fin, je les ai assurés que je prierais pour eux et continuerais à leur rendre service. Mais que je serais heureux si je pouvais les ramener à la pratique de leurs devoirs religieux !   F. J.

Echappé au danger. — Actions de grâces soient rendues à Notre-Seigneur, à la Bienheureuse Vierge Marie, à notre Vénérable Père et à la petite Sœur Thérèse ! J'avais rejoint ma nouvelle compagnie hier soir ; vers six heures et demie, nous soupions tous en plein air. Le repas était à peine terminé, et nous étions encore tous à la même place, quand, tout à coup, un grand obus boche tombe à 5 mètres de moi. Aussitôt que je l'entends, je me couche et me voilà couvert de terre, mais je n'ai pas reçu un seul éclat d'obus. Il y avait des soldats à côté d'un pommier que l'obus a déraciné, ils n'ont eu aucun mal. Un seul d'entre nous a été projeté 20 mètres en l'air, il est tombé sur une haie. Deux minutes après, un autre obus tombe sur le bâtiment et à l'endroit même où je devais coucher. Ma confiance s'augmente quand je vois que j'échappe à de pareils accidents.

F. A

Une minute trop tôt. — Dites bien à vos jeunes gens que si je puis encore leur écrire ces lignes, c'est bien à Marie que je le dois. Au moment de l'assaut, notre lieutenant se trompe d'une minute. « Allons, les enfants, en avant ! » Je sors en tête, sans me soucier de savoir si les hommes me suivent. Arrivé à cinq mètres de la tranchée ennemie, je me prends les pieds dans les fils de fer et je roule dans un trou de marmite. Je profite de ce que je suis en sûreté pour regarder en arrière. Mais quoi ! les hommes rappelés rentrent, et me voilà tout seul sous le feu de nos pièces, dont les obus éclatent à quelques mètres devant. Trois actes de contrition, un *Ave Maria*, et j'attends la minute passer. A l'heure exacte, les 75 allongent le tir, et, tout heureux, je tombe le premier dans le repaire ennemi.

Les Boches me payèrent la frousse qu'ils m'avaient donnée. Je n'osais point dire à la Sainte Vierge que je les tuais pour Elle, mais je lui disais : « Ma bonne Mère, je fais mon devoir pour vous être agréable. » La Sainte Vierge a dû accepter ce « devoir », car, pendant huit jours de combat, elle m'a gardé sans une égratignure. Au plus fort des bombardements, je l'entendais qui me disait : « Mon enfant, ne crains rien, ta Mère est là ! » Aussi, désormais je suis plus que jamais à Marie.

Une partie interrompue. — Les Tommies (marins anglais) nous ont remplacés, au nombre de 7000. Ils ont commencé par faire, à 6 kilomètres de la ligne de feu, une belle partie de foot-ball ; mais le malheur a voulu que la « saucisse » boche (entendez : le ballon captif) les aperçût. Une salve de fusants est arrivée et a balayé le terrain ; pas de mal, heureusement. Cette aventure a coupé le respiration à nos gaillards qui ont aussitôt remis la partie à la prochaine occasion.

F. F.

La Congrégation des Saints Anges à Saint-Louis de Gonzague (Port-au-Prince).

Reconnaissance après le danger. — Bonne matinée : le *Lien* et un mot de vous ! *Deo gratias !* Un autre petit mot de ce cher et vieil ami, le F. William, que me faut-il de plus ?

Hier soir, le canon boche tonna en couvre-feu. Une pluie d'obus asphyxiants : plus de bruit que de mal ; nouveau merci du cœur à Dieu. Le danger engendre spontanément la reconnaissance. Dieu reste inébranlable au-dessus des têtes ; mais sous les pieds, rien de rassurant, quoi qu'on dise.   F. B.

At home. — Il me semble parfois que je ne serai plus de ce monde quand la guerre sera finie. Mais la mort ne me fait pas peur, puisqu'elle me permettra d'aller *at home :* le ciel, c'est *chez nous.*   F. G.

Inspiration. — Hier soir, un obus a défoncé notre gourbi d'agents de liaison, coupant le bras à l'un des nôtres. Une minute auparavant, j'étais à ses côtés, quand une inspiration me vint d'aller à la porte... Que d'actions de grâce je devrai à Dieu et à la bonne sainte Anne !

F. F.-J.

La protection du Vénérable Père. — Que de fois je me sens protégé d'une façon miraculeuse ! Plusieurs obus de gros calibre tombant à cinq à six mètres de moi et épargnant ma petite santé. Je n'ai qu'à adresser au Vénérable Père mes plus vifs remerciements, car je l'ai déjà bien des fois échappé belle.   F. E.-M.

Le baptême du feu. — J'ai réellement reçu le baptême du feu et si en ce moment j'ai la vie sauve, je le dois à la protection de la Très Sainte Vierge et de nos saints protecteurs. Je le dois aussi aux nombreuses prières dites à mon intention et à celles de mes confrères. Pendant trois jours, nous avons subi un bombardement terrible, c'était un déluge de mitraille. Il faut être ici pour se faire une idée de la guerre, ceux de l'arrière ne peuvent concevoir pareille chose. J'ai donc bien débuté, et malgré tout, je n'ai pas éprouvé autant de peur que je ne l'avais supposé ; pendant que les balles sifflaient à mes oreilles, je sentais comme une voix me disant : ne crains rien, il ne t'arrivera aucun mal, chose vraie, car je n'ai même pas eu une égratignure. Pendant le danger qui me menaçait, que d'actes de contrition, d'invocations à Marie et à notre Vénéré Père ! Je porte sur moi son image avec relique, j'ai confian ce qu'il me protégera pendant la tourmente et m'accordera le bonheur de vivre mon ancienne vie, c'est d'ici surtout que je puis l'apprécier.

En Haïti, j'ai bien souffert de la soif, mais jamais autant qu'ici ; on n'est pas difficile au front : de l'eau puisée dans un trou d'obus vous paraît délicieuse, malgré sa couleur douteuse.　　　　　F. A.-M.

La croix de guerre à Sœur Thérèse. — J'ai obtenu je ne sais comment une citation. Mais la croix de guerre revient de droit à Sœur Thérèse qui m'a visiblement protégé au cours de ces tragiques journées. Elle m'avait déjà sauvé la vie lorsque je reçus dans mon sac une balle explosive qui avait réduit mon linge en charpie. Pendant l'attaque, je lui parlais à haute voix ; je lui donnais même des ordres : elle a dû sourire de ma naïveté.

Sauvé deux fois de la mort. — Après avoir reçu dans la tête un projectile qui ressortit par le cou en atteignant une artère, blessure mortelle en elle-même, notre correspondant, dont l'hémorragie a été arrêtée on ne sait comment, a été transporté à l'hôpital et opéré. Il raconte ce qui arriva ensuite :

C'est le mardi 30 juillet, dans la soirée. Tout paraît

aller pour le mieux dans mon état de santé où, après dix jours d'hospitalisation, une grande amélioration semble bien acquise. Assis depuis quelque temps déjà au pied de mon lit qui me sert de pupitre, je rédige un peu de correspondance. Soudain, violente autant que subite, une hémorragie se déclare : en quelques instants, d'après l'évaluation des témoins, je perds plus d'un litre et demi de sang. En toute hâte, l'on me transporte à la salle d'opérations.

Pendant ce temps, l'aumônier de l'hôpital, prévenu de mon état critique, accourt aussitôt et m'administre le sacrement des mourants que je reçois en pleine connaissance. Mais plus d'un, alors, croient bien venue ma dernière heure.

Sans perdre un instant, les médecins, rien moins que rassurés eux-mêmes sur l'issue de cette crise, me radiographient de nouveau et s'apprêtent à tenter l'opération qui me sauvera... peut-être !!! et si d'abord, il me reste assez de forces pour la supporter ! L'on m'endort.

Le lendemain, du solide bandage qui m'encadre la face, je m'aperçois que des pinces émergent qui resteront en place durant une quarantaine d'heures : l'hémorragie est depuis longtemps arrêtée.

On se demande comment cette hémorragie n'amena pas la perte totale du sang aussitôt après le passage du projectile. C'est ici que je vois se manifester clairement la protection divine.

A un certain moment, le jour où je fus blessé, un caillot de sang s'accrocha à l'endroit touché de l'artère et s'y fixa, aveuglant complètement la déchirure, ce qui provoqua l'arrêt de l'hémorragie. C'est ce même caillot qui, le 30 juillet — le 13e jour plus tard — venant à se détacher, détermina la reprise subite de la perte de sang, arrêtée cette fois-ci dans les conditions que je vous ai exposées.

Aidez-moi à remercier Dieu et à tenir la résolution

que j'ai prise de mieux employer le reste d'une vie si providentiellement conservée.   F. A.-J.

Un des chirurgiens a donné lui-même son appréciation sur ce fait extraordinaire :

« Atteint mortellement par une balle traversant le cou » un des vaisseaux les plus importants à la vie fut lésé.

« Une hémorragie abondante (d'ordinaire mortelle dans ce cas) eut lieu. Nous l'avons opéré d'urgence.

« Il est tout à fait providentiel, pour ne pas dire miraculeux, que ce malade soit encore vivant.

Si l'on pouvait en dire autant de tous nos *glorieux mutilés*, la vie du chirurgien dans l'armée serait la plus belle que l'on puisse rêver. »

J. H. Mc. CAFFREY,
Capitaine, Médecin.

RÉCIT D'UN RESCAPÉ
DU « MONTRÉAL » TORPILLÉ.

———

Mis en sursis d'appel le 11 février 1917, pour retourner en Haïti et continuer d'y faire aimer la France, je m'embarquais à Bordeaux le 22 mars sur le paquebot *Montréal*, à destination de Port-au-Prince.

Nous étions 13 passagers dont 5 prêtres. Les autres étaient des soldats permissionnaires et une dame de Port-au-Prince avec sa fillette de 10 à 11 ans. L'équipage comprenait 84 hommes et une femme de chambre.

Le 23 mars, à 4 heures du matin, nous quittions Bordeaux. A 11 heures nous étions au Verdon, à l'embouchure de la Gironde. Une vingtaine de bateaux s'y trouvaient déjà, attendant des ordres pour partir. Nous prîmes rang parmi eux.

Dans l'après-midi, un torpilleur, revenant du large, fit les signaux de départ et prit lui-même la tête du convoi. Tous les bateaux levèrent l'ancre.

Nous ne tardâmes pas à prendre la haute mer et à entrer dans la zone dangereuse. On entonna l'*Ave maris stella* qui fut chanté de tout cœur, puis un prêtre récita les prières de l'itinéraire.

Après avoir passé le phare de Cordouan, nous arrivâmes, triste présage, à proximité du *Québec*, le frère du *Montréal*, échoué là depuis deux mois. Les mâts seuls émergent actuellement, et servent de cible aux canonniers : chaque bateau armé leur envoie une volée de six obus.

La nuit du 23 au 24 se passa sans incident. Cependant je dormis peu, hanté malgré moi par l'idée d'un torpillage possible.

Le lendemain, la mer était houleuse et il fallut lui payer le tribut accoutumé. Le P. Poinsard fut le plus éprouvé. Il n'y eut pas de messe à bord. La terre avait disparu.

Des 20 bateaux de la veille, la plupart avaient pris de l'avance et s'étaient séparés. Les quatre derniers, dont le *Montréal* faisait partie, devaient voyager de conserve jusqu'au 25 au soir, puis le convoi, déjà laissé à ses propres moyens, se serait disloqué.

Le *Montréal* se tint constamment en queue, voyageant à une allure relativement faible, et réglant sa marche sur celle de la *Drôme*, cargo dont la vitesse maximum ne dépasse pas 10 nœuds.

Le soir, le dîner eut lieu à 7 heures. Après le repas, tout le monde étant un peu fatigué, chacun se retira dans sa cabine. Pour moi, je me couchai presque immédiatement et, par précaution, à moitié habillé.

Je sommeillais peut-être depuis un quart-d'heure, lorsqu'une forte explosion se fit entendre, suivie d'un fracas d'objets brisés. — « Qu'est-ce que c'est ? » me crie le P. Ferlandin, mon compagnon de cabine ; et il me prie de tourner le bouton électrique : pas de lumière !... Notre bateau venait d'être torpillé. L'engin avait pénétré dans les machines qui s'arrêtèrent brusquement, et nous étions plongés dans l'obscurité la plus complète.

Je cherche mes effets en tâtonnant ; je n'en trouve qu'une partie. Tout le monde arrive dans le couloir, demandant ce qu'il y a.

Survient le chef-mécanicien, une petite lampe électrique à la main : « Le bateau est perdu, dit-il, il n'y a pas une minute à perdre ; embarquez-vous dans les chaloupes ! » On devine la scène qui suivit ; mais il faut s'être trouvé dans un pareil moment pour comprendre quelle émotion étreint le cœur. Les deux femmes et la fillette poussent des cris déchirants.

Je me précipite comme tout le monde, et, après deux chutes dans l'escalier obscur, j'arrive sur le pont. Je me dirige à tribord et saute dans le canot N° 1 que l'on descendait à la mer.

Soudain une idée me vient : recevoir une dernière absolution avant de mourir ! Je regarde et ne vois aucun prêtre dans la chaloupe. Ressaisir les cordages, grimper, puis enjamber le bastingage, au risque de tomber à l'eau, est l'affaire d'un moment. Je passe à bâbord ; je vois un prêtre dans la chaloupe N° 4, c'était le P. Serbon. Peu après, les PP. Jolivet et Ferlandin viennent nous rejoindre.

J'avais été bien inspiré de quitter la chaloupe N° 1. Nous apprîmes plus tard, par le second, qu'elle avait été écrasée contre les flancs du navire et avait coulé.

Craignant l'explosion des chaudières, et ne voyant plus personne descendre, l'officier qui commandait notre chaloupe donna l'ordre de s'éloigner du *Montréal*. Celui-ci sombra en 40 minutes environ, d'après ce que nous apprîmes plus tard.

Pour nous, c'est 40 heures que nous devions passer dans une sorte d'agonie. A peine étions-nous à quelques mètres de notre paquebot que nous aperçumes notre agresseur. Va-t-il nous mitrailler ? Nous savons que rien ne répugne à ces brutes ; aussi essayons-nous de nous dissimuler. Sur l'ordre de l'officier, tout le monde garde le plus profond silence. Enfin le sous-marin disparaît : nous respirons.

Alors, le *Montréal* siffla pour la dernière fois. Six fusées furent lancées nous ne savons duquel des deux bateaux. Quelques-uns croient que c'était une ruse des Allemands. Peu après, une voix lugubre se fit entendre du navire en détresse : « Ne vous éloignez pas trop, il ne reste plus qu'un canot ; il est petit, et peut-être y a-t-il encore beaucoup de monde à embarquer !... » Nous ne jugeâmes pas à propos de nous rapprocher ; nous étions 21 dans notre chaloupe, les quatre autres devaient être moins chargées.

Maintenant nous sommes seuls au milieu des flots, ignorant le sort de nos compagnons.

Ma première émotion passée, et convaincu que la mort nous attendait sur cette mer houleuse, je demandai l'absolution à un des prêtres. Puis je m'en remis à la volonté du bon Dieu, promettant néanmoins, moyennant l'autorisation de qui de droit, de faire un pèlerinage à Sainte-Anne, et un autre au tombeau du Vénérable Père de la Mennais, si j'avais la vie sauve.

Nous avons été torpillés à environ 230 milles des côtes de France et à 120 milles de celles d'Espagne, exactement par 45° 10' de latitude nord et 8° 20' de longitude ouest par rapport au méridien de Paris.

Un vent assez fort soufflait du nord-est ; aussi l'officier se décida-t-il à mettre le cap sur l'Espagne. On dressa un des deux petits mâts auquel fut hissée l'unique voile dont nous disposions. Nous voguâmes ainsi toute la nuit, chacun s'abritant de son mieux contre le froid, la grêle et la pluie. L'eau s'infiltrait dans la chaloupe et les vagues embarquaient à chaque instant ; un homme, quelquefois deux, étaient occupés à la rejeter.

Le dimanche de la Passion, au petit jour, nous nous dévisageons. Parmi les passagers, je reconnais, à ma grande surprise, Constant Leys, un de mes anciens élèves à Saint-Louis-de-Gonzague. Soldat, et dans les tranchées depuis le commencement de la guerre, il s'en allait à Port-au-Prince en permission de 25 jours. Malgré notre détresse, nous ne pouvons nous empêcher de sourire à la vue de notre accoutre-

ment. A tous il manque quelque chose. Mais le plus
à plaindre est un chauffeur, échappé de la chambre
des machines il ne sait trop comment, et dans le costume le plus rudimentaire.

Nous faisons l'inventaire de nos ressources : huit
rames, deux mâts, une voile, quelques instruments
pour se diriger, deux barils d'eau douce et une caisse
de conserves : juste ce qui est nécessaire pour ne pas
mourir de faim et de soif avant cinq ou six jours.

Nous sommes seuls au milieu de l'immensité. La
mer est toujours houleuse. Nous ne voyons que des
épaves sur les flots. Certains barils nous inspirent
quelque défiance, nous les évitons avec soin. Cependant l'apparition de quelques oiseaux nous donne
de l'espoir : la terre ne doit pas être trop éloignée.

Cette journée du dimanche se passe en alterna-
tives d'espérance et de découragement. A partir de
midi, le vent tombe peu à peu, et, à trois heures, c'est
le calme plat. Il faut alors se mettre aux rames, en
se relayant par équipes de six hommes.

La nuit revient. Nous sommes de nouveau plongés
dans les ténèbres, mais avec le pressentiment que le
jour prochain nous laissera voir la terre désirée. Et
dans le silence, on n'entend plus que le bruit des rames et le clapotis de l'eau au fond de la chaloupe.
Rien d'énervant comme de constater l'inanité de nos
efforts pour vider la barque ; c'est toujours à recommencer.

A partir de 9 heures, la brise du nord-est se fait
sentir de nouveau, et reste assez forte toute la nuit.

Voici enfin l'aurore, mais quelle déception ! aucune terre ne se montre. Un silence morne qui se
prolonge témoigne du désappointement général. Au
lever du soleil, l'officier fait le point et déclare que
nous sommes encore au moins à 30 milles des côtes ;
il ajoute que, si la brise continue, nous avons bien
des chances d'atterrir avant la nuit.

A partir de ce moment, tous les yeux sont tournés vers le sud et scrutent avidement l'horizon. Vers 7 heures, un marin croit apercevoir quelque chose qui ressemble à une montagne. Un peu plus tard, l'officier attire notre attention vers un autre point plus au sud, puis comme par enchantement, toute la la côte d'Espagne se dessine dans le lointain.

Ce 26 mars 1917, à 7h. et demie du matin, nous avons éprouvé quelque chose des émotions que Colomb et ses compagnons ressentirent, le 12 octobre 1492, en face des rivages de San-Salvador. A partir de ce moment, l'espoir renaît dans tous les cœurs. La bâche de la chaloupe qui nous servait d'abri, est hissée en guise de deuxième voile. On fait une distribution de *singe* et d'eau, et nous nous remettons aux rames : nous marchons bon train. Nous distinguons sucessivement les caps, les baies, les terres basses.

Mais nous n'étions pas à bout de nos peines. Au moment où nous respirions enfin, croyant notre salut assuré, de plus grands dangers nous attendaient. Peu s'en est fallu que nous n'ayons péri en touchant cette terre hospitalière.

Depuis le matin, le vent soufflait de plus en plus fort. A partir de 10 heures, c'est une furieuse tempête. La mer est démontée ; les vagues courtes nous soulèvent brusquement et embarquent sans cesse. Plus on approche de la côte, plus la situation est angoissante : comment atterrir sans voir notre chaloupe se briser contre les rochers ? Quant à la perspective d'une troisième nuit en mer dans ces conditions, on n'ose l'envisager avec un tel épuisement.

Dans la crainte de chavirer, nous baissons une des voiles. Peu après, on hisse le pavillon de détresse et on lance deux fusées. Dieu soit béni ! nous sommes enfin signalés. Vers midi nous voyons un vapeur sortir d'une anse ; on vient à notre secours, notre cauchemar va finir.

Hélas ! non, pas encore. La mer est tellement mauvaise que le bateau de sauvetage est contraint de s'arrêter à 800 mètres de la côte. Redoublant d'efforts, nous nous dirigeons vers lui et finissons par l'accoster. Reste à opérer le transbordement qui offre de grandes difficultés, vu l'état de la mer et notre extrême faiblesse. On arrive pourtant peu à peu, et nous voilà enfin tous sur le pont de l'*Antonio* !...

A ce moment, le tremblement qui suit les grandes émotions me saisit ; je remercie en pleurant la bonne sainte Anne et le Vénérable Père de la Mennais. Il faut avoir passé par de semblables épreuves pour bien comprendre la vivacité du sentiment de la reconnaissance.

Cependant les marins espagnols s'empressent autour de nous et font ce qu'ils peuvent pour nous soulager dans l'état de dépression où nous sommes réduits, pendant que le bateau rentre au port de San-Esteban de Pravia, à l'ouest du cap Peñas.

Au débarquement, nous sommes l'objet des sympathies de toute la population. On nous partage entre les deux hôtels de la localité où l'on nous fait reposer immédiatement ; c'est pour tous le besoin le plus impérieux. Pendant ce temps, le Président de la Société de Secours aux naufragés s'occupe de nous procurer du linge et des vêtements.

Le lendemain, nous apprîmes que deux autres chaloupes, contenant 33 de nos compagnons d'infortune, avaient atterri à Gijon, situé à 50 km. plus à l'est. Ce n'est qu'à Bordeaux que nous devions connaître le sort des deux autres missionnaires d'Haïti, les Pères Poinsard et Texier. Ils étaient dans la chaloupe du commandant où deux hommes moururent de froid ; les autres avaient été recueillis par un patrouilleur et transbordés sur la *Touraine* qui revenait de New-York. Dans la chaloupe du second, deux hommes étaient également morts de froid et un troisième s'était noyé, ce qui porte à cinq le nombre des victimes, sans compter les mécaniciens restés dans les chaufferies du *Montréal*. Quant à la cinquième chaloupe, contenant 20 personnes, je ne sais ce qu'elle est devenue.

Le mardi 27, nous prîmes le train pour rentrer en France. Notre rapatriement se fit en plusieurs étapes : d'abord Oviédo, où l'on nous ménagea une chaleureuse ovation, puis Gijon où nos compagnons nous attendaient. Nous en partîmes le 28 pour arriver le soir à Santander, et le lendemain à Bilbao. Là, le consul de France nous remit un papier constatant que nous avions tout perdu, y compris nos pièces d'identité. Nous passions la frontière franco-espagnole le 29 au soir, et on était à Bordeaux le 30.

Puis, ce fut le retour en Bretagne et l'accomplissement de ma double promesse : le 2 avril à Sainte-Anne, et le 3 à Ploërmel. J'ai à remercier aussi les âmes pieuses qui ont prié pour moi à l'occasion de mon voyage et qui m'ont obtenu la protection du Ciel dans ce péril imminent.

Je m'en retournais plein de joie vers ma chère mission où nos Frères qui y restent sont surchargés de travail. Dieu ne m'a pas permis d'y arriver : que sa volonté soit faite.

Ne pouvant pas servir la France là-bas, en profitant du sursis qui m'était accordé, j'ai repris ma place dans l'armée chargée de la défendre.   F. C.

MORTS AU CHAMP D'HONNEUR.

Le Frère Sixte, professeur au noviciat d'Espagne, a été signalé comme disparu le 21 septembre à Craonnelle (Aisne). Un temps trop considérable s'est écoulé depuis cette époque pour laisser supposer qu'il est prisonnier. Nous avons sans doute à pleurer sa perte ; il laisse de bien sincères regrets.

Depuis, le Frère Louis-Clément revenu d'Haïti l'année dernière a dû être tué aussi, et sera pleuré surtout par ceux à qui il a rendu tant de services.

On a encore annoncé la mort de M. Urvoy (anc. F. Luc).

Au sujet de M. Denis (anc. F. Alcide-Louis), la *Semaine religieuse de Rennes* a publié les lignes suivantes :

Sans bruit, nos modestes instituteurs chrétiens sont en train d'inscrire une belle page tout à l'honneur de notre chère France et de nos écoles libres.

Dans notre seul département, déjà 6 d'entre eux ont donné généreusement leur vie pour le salut du pays. Leurs noms méritent d'être inscrits au Livre d'Or.

Ce sont : Félix Hubert, adjoint à Bain-de-Bretagne. — Eugène Cosnier, adjoint à Vitré. — Joseph Gautier, directeur de Guignen. — Julien Raimbault, adjoint à Combourg. — Joseph Rivaolen, directeur de Trans. Enfin M. Jean-Marie Denis, instituteur à l'école libre de Bais.

Je veux dire un mot de ce dernier que j'ai particulièrement connu et qui mérite d'être cité en exemple.

Trois mots résument sa vie : ce fut un instituteur, un chrétien, un apôtre.

Aimant sa belle vocation, il se donnait tout entier à sa grande mission d'éveilleur d'intelligences. Comme il savait les ouvrir, comme il les captivait, comme il savait, sans vain bruit, les entraîner ! C'était merveille de voir les enfants, même les tout petits, les yeux sur ses yeux, complètement suspendus à ses lèvres. Sévère sans être rude, un geste de lui suffisait pour obtenir le silence. Il leur avait inculqué la plus exquise politesse et s'était concilié leur affection constante.

Chrétien, il l'était, et dans toute la force du mot. Il se rappelait qu'il avait désiré la vie religieuse comme Frère de Ploërmel. Empêché par les lois iniques de suivre son idéal, il a voulu le réaliser quand même.

On le voyait chaque jour à l'église de grand matin. Il faisait sa prière, sa méditation, entendait la sainte Messe, communiait et s'en allait vers ses enfants, l'âme tout embaumée de Dieu ; et toute la journée, il tâchait, par des oraisons jaculatoires, de répandre dans le cœur de ses écoliers, la bonne odeur de Jésus-Christ.

Sa joie, il le disait souvent, était d'enseigner la science religeuse, et de préparer ses élèves les plus jeunes à la communion privée. Il avait coutume de dire : « Rien ne débrouille l'intelligence de mes enfants comme l'étude de la religion et la communion fréquente. »

Et chaque soir, à l'ombre d'un pilier, sous les voûtes sombres de l'église silencieuse et recueillie, il venait s'entretenir avec le Maître par excellence.

Un tel chrétien devait être un apôtre ; M. Denis le fut. Il voulait le bien, il voulait le triomphe de

Dieu, il avait une sainte horreur du mal, et tout de suite se rangeait près de ceux qui le combattaient.

Apôtre pour lui-même d'abord, il travaillait énergiquement à sa propre perfection. Apôtre pour ses élèves, il les poussait à la prière, à la communion fréquente, et s'efforçait de leur faire prendre goût aux sciences relieuses, surtout au catéchisme.

Apôtre pour la paroisse, il prêta toujours son plus généreux coucours aux prêtres de Bais pour l'organisation des œuvres. Il était membre du cercle d'études, chef d'équipe du football, secrétaire de la société de tir, professeur de l'école du soir ; il aidait à la préparation du chant, et devenait organiste dès qu'on lui en manifestait le désir ; il accepta même d'être second secrétaire de la mairie pour pouvoir, là encore, faire du bien...

Le devoir l'appela à la frontière comme tant d'autres. Il partit fier et joyeux d'aller défendre son pays. Il combat en Belgique, il combat en retraite, il va reprendre l'offensive... mais son âme ardente loge en un corps frêle, il est fatigué, et le 2 septembre, nous arrive sa vaillante et dernière lettre. « Ne m'oubliez pas dans vos prières, écrit-il, et croyez que je ferai généreusement le sacrifice de ma vie si quelque circonstance, peut-être prochaine, l'exige. » La circonstance vint... elle était toute proche... Blessé une première fois le 7 septembre, il tombe au Champ d'honneur, pour ne plus se relever, à Rambercourt-les-Pots, le 22 septembre !...

Et le dimanche, 6 décembre, la triste nouvelle arrive à Bais! M. le Curé l'annonce aux paroissiens à la grand'messe, et à voir les larmes couler, on devine la place que tient dans les cœurs ce jeune et modeste instituteur.

On le vit encore mieux le jeudi 10 décembre, jour de son service solennel. Ce jour-là, toute la paroisse se trouva réunie pour lui faire de splendides funérailles. Au chœur, il y avait une belle couronne de prêtres ; la foule des enfants, garçons et filles, entourait le catafalque ; un groupe imposant d'instituteurs libres, ses amis, était au premier-rang, puis la multitude des mamans des anciens élèves, avec en tête MM. le Maire, l'Adjoint et plusieurs conseillers municipaux.

A l'Offertoire, M. le chanoine Chevrolier, directeur de l'enseignement libre, fit la recommandation de l'âme du vaillant défunt en quelques mots émus qui tirèrent bien des larmes, tout en consolant les cœurs. A la fin de la messe dite par M. le Curé de Bais, l'absoute fut donnée par le vénérable chanoine Meignan, recteur de Domalain.

C'est ainsi qu'on a voulu spontanément honorer ce modeste, qui fut huit ans professeur d'une petite classe, mais avait mérité une grande affection et une grande reconnaissance, parce qu'il avait été instituteur, chrétien, apôtre.

Un ami.

(Extrait de la *Semaine Religieuse* du 26 décembre 1914).

L'Echo de Notre-Dame des Fontaines, bulletin parroissial de Pontrieux, Côtes-du-Nord, consacre l'article suivant à la mémoire de *M. Daniel*, ancien *F.* Basilisse, directeur de l'école :

Le 8 novembre, nous recevions une lettre ainsi conçue :

31 octobre — Langemark, Belgique.

« Voilà huit jours que mon régiment est en première ligne de combat, et depuis nous n'avons pas quitté nos positions. Nous nous reposons sur la terre nue quand il y a un moment d'accalmie, ce qui est rare, car la bataille continue, nuit et jour, sans interruption...

« Pendant cette semaine, mon régiment a été bien

Le F. Césaire et les Missionnaires
rescapés du "Montréal" torpillé.

éprouvé. Nous avons eu un grand nombre de blessés et beaucoup de morts.

« Jeudi dernier, 29 octobre, quatre camarades de ma section ont été foudroyés à mes côtés, parmi lesquels... et l'un de mes meilleurs amis, Daniel, directeur de l'école libre de Pontrieux... J'ai bien prié pour le repos de leurs âmes. Ils ont été enterrés au milieu de la nuit, dans la même fosse... »

Oh ! la triste nouvelle ! La lettre était explicite, il n'y avait pas à douter, et cependant, nous rendant difficilement à la réalité, nous espérions contre tout espoir.

Le 29 novembre, nous recevions encore ces mots :

« J'ai eu le chagrin de voir votre excellent directeur tomber dans la tranchée près de moi, à Langemark, Belgique, le 29 octobre, mortellement frappé d'un éclat d'obus. Je l'ai fait enterrer sur place, car nous n'avons pu quitter les tranchées que le 8 novembre...

« Cet excellent ami a été pour moi un modèle du devoir et il a laissé en nos cœurs les plus vifs regrets. C'est lui qui a été le premier frappé à la compagnie...

« Le bon Dieu aura reçu en son saint Paradis l'âme de son pieux et dévoué serviteur, pour lequel j'ai récité les prières des morts avant de l'inhumer tout près de l'ennemi... »

LE GOAZIOU F.,
Capitaine, 73e Territ., 8e Cie.

Peut-on espérer encore après cette lettre ? Oui, espérons que ce bon chrétien, ce soldat est au ciel.

Dieu l'a choisi, dans notre paroisse et dans sa compagnie, comme première victime de cette cruelle guerre ; espérons que son sang versé contribuera à apaiser la justice divine et à nous donner au plus tôt une paix honorable !

Dans l'une de ses dernières lettres, la dernière

peut-être, celui qui vient de mourir pour sa patrie écrivait : « Depuis une dizaine de jours, la 173e Brigade a sa part aux opérations militaires, et la mission qui lui a été confiée a été menée à bonne fin, sans qu'elle ait éprouvé une perte d'homme...

L'autre soir, à 6 heures et demie, je disais *au revoir* à ma chère France, et la brave Belgique nous a reçus à bras ouverts... Nous venions de faire une marche de 26 à 28 kilomètres, chargés de plus de 25 kilogrammes, et pas un seul homme n'a calé. Depuis dix jours, nous entendons le canon, nous voyons les aéroplanes, nous avons même assisté à un duel aérien où le Français a culbuté son adversaire ; ce fut une lutte très intéressante, et c'est aux cris et aux applaudissements du 73e que l'aéroplane français poursuivait son confrère ennemi...

Les Alliés font d'excellente besogne, les Prussiens rentrent dans leurs terriers, et je vous assure que je ne tremblerai pas s'il m'arrive de me mesurer avec eux. »

Il n'a pas tremblé, le brave ; il a fait son devoir jusqu'au bout ; il a fait face à l'ennemi et n'a cédé que lorsque le fer ennemi l'a frappé au front, décapitant notre chère école libre de garçons, déjà si éprouvée, enlevant à notre affection un ami dévoué et à notre paroisse un bienfaiteur.

Qu'il repose en paix !

PAROLE SUBLIME D'UN MOURANT

Nous lisons dans le *Bulletin Paroissial* de Ploubezre :

Nous avons rencontré cette semaine un soldat revenant du front en convalescence, et, par lui, nous avons reçu les détails qui suivent sur la mort de M. Daniel, ancien directeur de l'école chrétienne de Pontrieux, qu'il a vu tomber à ses côtés.

C'est au moment où M. Daniel prodiguait ses soins et ses consolations à l'un de ses compagnons grièvement blessé, qu'il fut lui-même frappé mortellement d'un éclat d'obus. Il n'eut que le temps de dire : « Merci, mon Dieu », et tomba foudroyé.

Quel est le soldat, quel est le chrétien qui n'enviât pour lui-même une fin aussi admirable ! Frappé dans l'exercice de la charité, ayant fait lui-même depuis longtemps le sacrifice de sa vie, Dieu lui répond clairement qu'il a eu pour agréable ce sacrifice sanglant. Notre héroïque mourant remet joyeusement son âme au bon Maître : « Merci, mon Dieu ! » Nous ne saurions imaginer plus glorieuse ni plus noble mort. M. Daniel s'est sacrifié à la France, notre mère à tous, mais assurément il avait offert sa vie à Dieu, pour la bien-aimée congrégation de Ploërmel qui l'avait accueilli dans la ferveur de sa jeunesse. O cher Institut, qui as formé de tels héros, puissions-nous te voir renaître sur le sol de la Patrie, que tes enfants, aujourd'hui exilés et dispersés, ont défendu si vaillamment !

Frère LUCINIUS

Le C. F. Lucinius (Joseph-Guillaume Guillas), est tombé au Champ d'honneur le 6 juin, à l'âge de 39 ans, dont 22 de vie religieuse et 12 de profession perpétuelle.

Il était missionnaire en Haïti depuis janvier 1903. Au commencement de la guerre, il fut incorporé au 316e d'Infanterie, en qualité d'adjudant, et bientôt après il était nommé sous-lieutenant.

Ce qu'il fut comme religieux et comme professeur, il l'a été comme militaire : homme de *devoir* et d'*énergie*, peut-être jusqu'à l'exagération, ne se rendant pas assez compte que tous n'avaient pas l'âme assez forte pour poursuivre leur but avec tant de volonté et de persévérance.

Pendant qu'il faisait ses trois ans de service, il assista à une retraite à Toutes-Aides, en costume de sergent : la grande édification qu'il produisit sur les retraitants ne s'est pas effacée de ma mémoire et je pense que beaucoup d'autres témoins de sa tenue n'ont pas oublié la bonne impression qu'ils en ressentirent.

En classe, vous l'eussiez souvent vu debout, à côté du tableau noir, expliquant d'un ton animé ce qu'il voulait faire comprendre à ses élèves ; le geste vif se joignait à la parole, et, pour que la vérité pénétrât par les yeux, en même temps que par les oreilles, il recouvrait très vite le tableau de phrases ou de dessins qui fixaient les idées principales. Désireux d'atteindre promptement le but, s'il posait des questions, il n'avait guère le temps d'attendre la réponse, il la faisait lui-même : pour lui, comme pour le voyageur pressé d'arriver au terme de sa course, tout arrêt eût été une perte de temps.

Assurément il obtenait des succès ; mais une poitrine moins solide que la sienne n'eût pas résisté à pareille fatigue. Il est certainement préférable de ne pas faire tant par soi-même, de laisser aux élèves plus de travail personnel, et surtout de les obliger à la réflexion par des interrogations habilement posées.

Il s'adonnait avec le même soin scrupuleux à la correction des devoirs de ses élèves.

Un de ses anciens confrères, le F. Placide, écrit :

« Comme maître et comme religieux, j'ai pu l'apprécier à Saint-Louis de Gonzague. Toutes les matinées, nous nous trouvions ensemble à la salle d'études pour la correction des devoirs et la préparation de la classe. Il fallait voir le soin méticuleux avec lequel il passait en revue les x et les y et surtout les solutions des problèmes de géométrie, et bien souvent la solution de ses élèves disparaissait sous les flots d'encre rouge. Il ne fallait pas d'à peu près, il fallait que ce fût rigoureusement mathématique ; je me rappelle les discussions que nous avions à ce sujet, discussions où il avait d'ailleurs toujours le dernier mot. C'était une volonté forte dans toute l'acception du mot. »

Devenu chef militaire, c'est avec l'ardeur de la première jeunesse qu'il prépare à la guerre les hommes qui lui sont confiés : là maintenant est son devoir, il y sera scrupuleusement fidèle. On comprend facilement que des réservistes peu habitués à la discipline, trop portés, hélas ! à se diriger du côté du débit de boissons, l'aient trouvé un peu raide ; mais il ne punissait pas, ou du moins très peu, et tous ont reconnu qu'il était juste.

D'ailleurs, ce qu'il exigeait des autres, il le faisait lui-même, et depuis qu'il était au front comme sous-lieutenant, il lui est arrivé de porter un sac plutôt lourd, uniquement dans le but d'encourager ses hommes et de leur servir d'exemple.

Toutes les lettres qu'il a écrites depuis son départ sont empreintes de cette énergique fidélité au devoir qui fut la caractéristique de sa vertu, d'une parfaite résignation à la volonté de Dieu, de confiance en sainte Anne, patronne de la Bretagne, mais aussi d'un vif désir de voir la fin de la guerre pour retourner tout de suite à sa chère mission : le temps d'embrasser les siens, de faire une retraite avec ses frères-soldats et reprendre le bateau au plus vite, tel était son désir.

Le bon Dieu en a jugé autrement ; mais notre cher Frère était bien préparé à mourir ; on pourra s'en rendre compte par sa dernière lettre, adressée au T. C. F. Pascal, deux jours avant sa mort :

—

De la tranchée, 1re ligne, ce 5 juin 1915

TRÈS CHER FRÈRE,

Hier soir, je recevais, avec *Le Prêtre aux Armées*, le n° 6 du *Lien Fraternel*. Merci bien. Il est 11 heures. Un avion boche survole nos lignes ; nos canons tonnent ; nos bombes, nos torpilles hurlent en faisant trembler la terre... Nos braves gens cassent la croûte : pas de soupe chaude ce midi... C'est que d'ici à quelques heures peut-être, du nouveau se passera sur notre front : nos tranchées et boyaux sont remplis de matériel et d'engins de mort... Que Dieu seconde nos armes et que sainte Anne protège ses fidèles Bretons ! Le Cœur du Christ Jésus aussi. Sommes à notre quatrième jour de tranchée, à notre deuxième de première ligne : jusqu'ici un seul blessé, hier soir. Quand en descendrons-nous ? Quand vous recevrez ces lignes, vraisemblablement un choc formidable aura eu lieu ou se sera déclanché. Avec la grâce de Dieu et si tels sont ses desseins, « j'accepte, par avance, volontiers et de plein cœur, le genre de mort qu'il lui plaira de m'envoyer, avec toutes ses douleurs, toutes ses peines, toutes ses angoisses » pour le salut de mon âme, la France, ma *double* famille.

Union de prières et de sacrifices n'est-ce pas ?

Bien respectueusement tout vôtre en N.-S.

F. LUCINIUS.

Le témoignage de ses chefs militaires complétera l'éloge du C. F. Lucinius, homme de cœur et de courage :

1er juillet 1915.

MONSIEUR LE SUPÉRIEUR,

Le sous-lieutenant Guillas est, en effet, tombé au Champ d'honneur dans les derniers combats livrés par le régiment. Je vous ferai adresser par un officier de sa compagnie quelques détails sur sa fin glorieuse. Mais je tiens à vous dire en quelle estime je tenais cet excellent officier, homme de devoir et de cœur, aussi bon et brave que modeste, et dont votre Congrégation peut être légitimement fière.

Veuillez agréer, Monsieur le Supérieur, l'expression de ma considération la plus distinguée.

Signé : *Lieutenant-Colonel* PLUYETTE,
commandant le 316ᵉ Régiment.

Le 5 juillet 1915.

Le lieutenant Galerne, commandant la 24ᵉ Cⁱᵉ du 316ᵉ d'Infanterie, à Monsieur le Supérieur Jean-Joseph.

MONSIEUR LE SUPÉRIEUR,

J'ai l'honneur de vous faire connaître que le Colonel commandant le 316ᵉ Régiment d'Infanterie m'a communiqué votre lettre du 26 juin, en me priant de vous donner des renseignements sur la mort de mon regretté camarade, le sous-lieutenant Guillas Joseph. Je me fais un devoir de retracer les derniers moments de ce brave qui fut pour tous un modèle de courage et d'abnégation.

Le 6 juin, notre compagnie occupait les tranchées françaises de première ligne devant une position ennemie que nos troupes devaient prendre d'assaut à 10 h. 15. Notre compagnie ne prit pas part à cet assaut, mais cela n'empêcha pas notre courageux camarade de circuler sous la mitraille de 5 heures à 10 h. 15 du matin, pour encourager nos camarades et soldats qui allaient avoir l'honneur de prendre part à l'attaque. D'autre part, depuis le 2 juin, M. Guillas n'avait pris que quelques heures de repos, se consacrant tout entier aux travaux de préparation à l'attaque qui devait nous rendre maîtres de la position ennemie.

A 10 h. 15, nos braves troupiers s'élancent, franchissent la première ligne ennemie et ne s'arrêtent qu'à la troisième ligne, où commença la lutte corps à corps et à coups de grenades. Les munitions de nos combattants diminuant, mon brave camarade se charge d'organiser le ravitaillement, et quelques instants après, vers 11 h. 30, il m'accompagnait à travers le plateau, jusqu'aux lignes conquises, où nous devions organiser la défense de ces lignes. Vers midi, je l'envoyai remplir une mission spéciale auprès de notre chef de bataillon, et c'est au cours de cette mission qu'il fut atteint en pleine tête par une balle d'un obus qui éclata au-dessus du boyau qu'il avait emprunté. Il fut transporté au poste de secours où je pus le revoir, l'ayant déjà vu au point où il fut frappé. Il respirait encore, mais avait perdu connaissance. Il mourut quelques instants après pendant qu'on le transportait vers l'arrière.

Dès le début, le caporal prêtre Le Bodo de la compagnie se porta vers lui. Le dévoué caporal prêtre Gravrand le fit entraîner près de lui où il expira ; et le lendemain, aidé du major Vilaine, il fit transporter son corps dans un cimetière où reposent de nombreux braves, et qui est situé en bordure de la route Moulin-sous-Touvent à Tracy-le-Mont.

La disparition de ce héros laisse un grand vide dans notre compagnie où il sut gagner, par sa droiture et ses sentiments, le cœur des hommes et des gradés. Notre patrie perd en lui un vaillant défenseur, car il était soldat, il savait obéir ; il était chef, il savait commander.

Notre camarade de Vaugrente et moi, éloignés actuellement du lieu où se déroula l'affaire du 6 juin, n'attendons que le moment d'aller saluer bien bas la tombe de celui qui fut, trop peu de temps, hélas ! notre compagnon d'armes.

En attendant, j'adresse à tous ses parents et à tous ses amis l'expression de ma plus respectueuse sympathie.

Veuillez agréer, Monsieur le Supérieur, mes salutations respectueuses.

Signé : JEAN GALERNE.

FRÈRE ÉMILE-CÉLESTIN.

L'Institut compte parmi ses membres une nouvelle victime de la guerre : le Fr. Émile-Célestin (Allaigre). Un prêtre de sa compagnie nous a annoncé sa mort dans les termes suivants :

« C'est pour m'acquitter d'une triste mission que je vous écris : Le C. Fr. Émile-Célestin (Allaigre), religieux des Frères de Ploërmel, est tombé mortellement frappé, en montant à l'assaut des positions ennemies, lundi dernier, 3 juillet, Je le connaissais depuis quelques mois et l'estimais beaucoup ; il était mon servant de messe, lorsque j'avais le bonheur de la dire ; je puis vous assurer qu'il est mort en bon soldat et en vrai religieux, emportant l'estime et les regrets de tous ses compagnons d'armes. Ce matin, j'ai été heureux de dire la messe pour le repos de son âme.

« Veuillez agréer, etc.

« L. GARAUD. »

D'autre part, un de ses confrères écrit :

« Hélas ! j'ai le regret de vous annoncer la mort du F. Émile-Célestin qui vient d'être tué. Dans nos petits entretiens, j'avais pu apprécier l'esprit de foi de cette âme d'élite prête au sacrifice suprême qui ne l'effrayait pas du tout. C'était aussi une belle intelligence, un causeur intéressant qui savait imposer ses idées aux camarades par le bon sens de son raisonnement. Il a bien peiné durant cette guerre, mais il acceptait tout avec soumission.

« Dans notre dernière rencontre, au sortir d'une église, nous nous étions chargés réciproquement de prévenir qui de droit s'il nous arrivait quelque chose de fâcheux. Le brave ami, c'est lui qui a été frappé et je m'empresse d'exécuter son désir. »

Malgré sa jeunesse, le cher défunt avait donné des preuves d'une grande valeur et comme religieux et comme maître, et l'on fondait sur lui de belles espérances. Dieu en a disposé autrement et l'a jugé mûr pour le ciel d'où notre confrère aimé agira encore plus efficacement pour le bien des œuvres qui lui étaient si chères. Plusieurs passages de ses lettres ont déjà édifié les lecteurs de l'*Echo*. Ceux que nous réunissons ici achèveront de montrer les sentiments de cette âme d'élite.

Après la guérison d'une blessure occasionnée par un éclat d'obus de gros calibre, il écrit :

« Me voilà donc réincorporé et prêt à repartir dès qu'on m'en donnera l'ordre. Il en sera ce que le bon

Dieu voudra : je ne lui demande ni de partir ni de rester, ni de mourir, ni de revenir, mais d'accomplir en tout, partout et toujours sa sainte volonté. »

Quelques semaines après, le 29 janvier 1915, il présente à ses confrères de Reinosa des réflexions sur la guerre. Nous en avons reproduit quelques-unes. Il termine ainsi :

« Combien qui seraient morts sans même penser à leur âme, vivent là prêts, résignés, et tombent comme des héros et des martyrs ! L'enfer les attendait et s'ouvrait déjà sous leurs pieds, et ils vont au ciel tout droit peut-être. Pendant ce temps, la femme, la mère qui les pleure, se retourne vers Dieu qu'elle avait peut-être oublié depuis bien longtemps, et, pour consoler sa douleur, laisse le chemin du théâtre pour reprendre celui de l'église. Ainsi, d'un fléau terrible Dieu fait une grâce de choix. Ceux qui restent apprennent aussi à voir la vie sous son vrai jour, tout étonnés de l'avoir si peu comprise jusqu'ici. »

En repartant au front, en mai 1915, il fait ses adieux au Supérieur Général : « Au revoir donc, mon Révérend Frère, si le bon Dieu me protège et me ramène, ou bien au ciel s'il juge à propos d'unir le sacrifice de ma pauvre vie à celui de tant d'autres pour le salut de notre chère France. »

Il n'oublie pas l'apostolat : « Je me permets de recommander à vos bonnes prières un jeune homme de ma section à l'âme si délicate qu'elle ne semble pas appelée à vivre dans le monde. Si notre Vénérable Père se met de la partie, il en fera aisément un de ses enfants, je crois, à moins que le bon Dieu ne l'appelle au bonheur du ciel. »

Nous voilà en octobre. « En ce mois du Rosaire, écrit le F. Emile-Célestin, je me suis imposé la récitation quotidienne de cette couronne d'*Ave* à la gloire de notre bonne Mère. Puissent-ils, unis à tant d'autres si fervents, attirer les bénédictions de la

Sainte Vierge sur notre chère Congrégation, sur l'Eglise et sur la France, et hâter la fin de cette horrible guerre qui me retient éloigné de ce après quoi mon cœur soupire. »

Il éprouve un attrait croissant pour le Rosaire. Il continuera de le réciter, autant que possible, chaque jour. C'est ce qu'il annonce en novembre, après avoir parlé de la Toussaint où l'église fut trop petite pour contenir les files interminables de soldats allant communier.

Ce qui revient sans cesse dans sa correspondance, c'est la soumission parfaite à la volonté divine : « Plus que jamais j'aspire après l'heureux moment où je pourrai reprendre mes chères occupations d'autrefois, s'il plaît au bon Dieu de me conserver, *ce que je ne lui demande pas*, me contentant de me résigner entièrement à son bon plaisir. » Enfin espérons que bientôt il m'ouvrira son paradis ou bien que j'aurai le bonheur de retourner au milieu de mes confrères pour travailler avec un nouveau zèle à la gloire de Dieu et au salut des âmes. Mais qu'est-ce qui m'est réservé ici-bas ? Dieu seul le sait. Je m'en remets à la divine Providence, sachant que rien ne m'arrivera qui ne soit ce qu'il y a de plus utile pour moi et notre chère Congrégation. »

Cette résignation n'empêche pas de prévoir l'avenir et de tirer parti de tout, notamment des diverses publications envoyées à nos Frères soldats. Il en fait une collection, mine précieuse d'où il extraira plus tard des trésors pour lui-même et pour ses élèves :

« Je viens de recevoir à l'instant le n° 19 du *Lien Fraternel* qui, régulièrement, vient me donner des nouvelles des confrères mobilisés, ce qui me fait plaisir, bien que j'en connaisse fort peu. La belle petite feuille que vous avez la bonté d'y joindre est un véritable extrait de vie chrétienne que je savoure avec délices. Au fur et à mesure je les collectionne en un petit recueil qui constitue pour le moment un choix de méditations et plus tard, s'il plaît au bon Dieu de me garder au milieu des dangers qui plus que jamais peut-être vont me menacer, ces feuilles me seront encore précieuses comme maximes, sujets d'examen, et d'exhortations. Celle d'aujourd'hui, la joie spirituelle,... même et surtout dans la souffrance, dans la croix, vient peut-être bien à propos pour un avenir plus ou moins éloigné... car pour le moment je ne suis pas à plaindre, surtout quand on pense à ceux qui, là-bas, à Verdun, héroïquement résistent sous le déluge d'acier dont ils sont inondés.

Le Prêtre aux Armées, avec ses articles intéressants, ses méditations appropriées, sa doctrine saine et ferme, contribue aussi puissamment à me rappeler que partout et toujours je suis religieux et dois me comporter comme tel. Je crois, du reste, pouvoir vous dire en toute simplicité, Très Révérend Frère, que, grâce aux ferventes prières de mes confrères, la longueur de cette terrible guerre ne me fait pas oublier mon idéal, au contraire. Chaque enfant que je vois me rappelle que je ne suis ici qu'incidemment, et je pense à ceux qui m'attendent, priant Dieu de les garder et de maintenir en moi, toujours plus intense, l'amour de ma sainte vocation. »

Enfin, voici le dernier adieu ; c'est du 24 juin :

« Chaque jour, croyez-le bien, très Révérend Frère, j'offre à Dieu mes prières, mes peines, mes fatigues, pour notre chère Congrégation. J'offre à la même intention les appréhensions et les angoisses qui vont assaillir la pauvre nature au milieu de la mêlée dans laquelle je vais entrer des premiers. Daigne le bon Dieu les bénir et les transformer en grâces de prospérité et de sainteté pour cette chère Congrégation à laquelle je me suis donné à la vie, à la mort. »

Nous ne saurions mieux terminer cet article que par la juste appréciation du C. F. Ulysse, Provincial d'Espagne : « Quant à la Province, dit-il, elle perd ici-bas un véritable cœur d'apôtre. Notre cher défunt fut, dès le postulat, un apôtre parmi ses confrères, et Reinosa, où il laissa tant de sympathies et de regrets, gardera longtemps le souvenir ému de son zèle et de ses rares qualités d'éducateur chrétien. »

Le sous-lieutenant CARNET,

Chevalier de la Légion d'honneur, décoré de la
Croix de guerre avec palme.

Ambroise Carnet naquit à Saint-Christophe-des-Bois, le 2 juillet 1882, de parents très chrétiens, pour qui la foi des aïeux constitue le plus précieux héritage. Bon sang ne peut mentir. A l'exemple du Maître qu'il devait si bien servir, le jeune Ambroise croissait en âge et en sagesse. Non pas qu'il fût parfait, mais il lutta contre ses défauts naissants, notamment contre ce caractère un peu absolu qui nécessitera toujours de courageux efforts. Sa piété profonde, qui sera la caractéristique de sa vie tout entière, lui fut d'un puissant secours et lui fit remporter les triomphes néssaires. A treize ans, suivant l'exemple de ses trois oncles paternels, dont deux encore mènent le bon combat depuis un demi-siècle, il songea à embrasser la carrière de l'enseignement chrétien et, le 26 septembre 1895, il entrait dans un juvénat des Frères du Vénérable abbé J.-M. de la Mennais. Là, ses bonnes dispositions s'affermirent, et le 2 février 1898, il fut admis à la vêture et prit le nom de Frère Cyprius-Marie, nom sous lequel il espérait bien se dépenser auprès des enfants jusqu'à son dernier soupir. Son noviciat achevé, il fut placé au Val-d'Izé, où il a laissé, comme partout où il a passé : Notre-Dame de Rennes, Cesson, Janzé, le meilleur souvenir.

Au sortir de la caserne, il ne put, à son très grand regret, reprendre l'habit religieux. L'odieuse persécution faisait rage. Les maîtres du jour étaient pleins de vaillance dans la guerre à Dieu et à son Eglise, aussi facile que peu glorieuse. Ils eussent plus patriotiquement agi en préparant l'autre.... Il fallut s'incliner, mais la flamme apostolique au cœur du soldat ne fut que plus ardente et, sous l'habit laïque, l'âme toujours vaillante, l'ancien Frère Cyprius continua l'œuvre à laquelle il avait voué sa vie. Il était à Janzé depuis plusieurs années déjà lorsque sonna le tocsin de la mobilisation. Aussitôt le sergent Carnet vole au secours de la patrie en danger et rejoint son régiment à Vitré.

Le dimanche, 6 septembre, à Sézanne, il reçoit une double blessure, dont l'une assez sérieuse à la jambe droite. Evacué à Angoulême, il entre bientôt en convalescence et ne tarde pas à regagner Vitré, où il est nommé adjudant. Peu de temps après, on l'envoie à Fougères pour y instruire de nouvelles recrues. On se rappelle avec édification dans cette ville l'adjudant à la mine opulente, priant avec ferveur dans les différentes églises, à la visite desquelles était consacrée une grande partie de son temps libre.

Le 17 mars 1915, M. Carnet était nommé sous-lieutenant et affecté au 136ᵉ Régiment d'Infanterie, à Saint-Lô, d'où il est affecté au Camp de Coëtquidan pour y apprendre la manœuvre des mitrailleuses, après quoi il revient à Saint-Lô ; il y reste peu de temps d'ailleurs, car il part bientôt et se trouve, aux environs d'Arras, en pleine fournaise. N'importe, sa gaieté est toujours très grande et son courage à la hauteur du péril. Souvent il écrit à ses oncles, à ses amis, réclamant, dans chaque lettre : « L'union de prières ». Si Dieu le veut, il est prêt au sacrifice suprême. Dans une lettre adressée à sa mère, le 10 janvier 1916, lettre qui ne devait être ouverte qu'après sa mort, il s'exprime ainsi :

« Je n'ai aucun pressentiment que je doive mourir, mais que la volonté de Dieu s'accomplisse, et je verrai, il me semble, venir la mort sans chagrin, même avec un certain bonheur. Mes dernières pensées, je l'espère, seront pour Dieu, pour vous, maman, pour ma vocation, mes élèves et la France. » Cette lettre, qu'il faudrait citer tout entière, est des plus édifiantes.

Le 15 avril dernier, il écrit : « Je suis au repos. Ces jours-ci nous faisons notre retraite pascale ; la communion générale aura lieu jeudi. Nous retournerons le soir aux tranchées. »

A l'époque des vacances, il ne manque pas de se recommander aux prières de ses collègues en retraite : « En ce moment, les Instituteurs libres sont en retraite ; je ne veux pas les oublier. Je tiens à offrir mes prières et mes travaux pour le succès de ces exercices. De leur côté, je sais qu'ils n'oublieront pas les combattants. Si nous revenons de la guerre, l'ouvrage ne nous manquera pas.... « Toujours l'apôtre au zèle ardent ! Hélas ! il ne devait pas revenir. Le souverain Maître se contenta de la bonne volonté de son vaillant serviteur, qu'il voulait appeler à la récompense. L'heure du sacrifice généreusement accepté allait sonner.

Le lundi, 4 septembre, à Chilly, dans la Somme, comme il entraînait ses hommes à l'attaque, il fut mortellement atteint par une balle qui le traversa de part en part, brisant dans son trajet la colonne vertébrale. Il resta vingt-deux heures couché sur le le champ de bataille. C'est le lendemain midi seulement que, avec d'infinies précautions, il fut transporté à l'ambulance voisine. Il avait été bien visé : à son horrible blessure, pas de guérison possible : il y avait solution de continuité dans la moelle épinière.

Le vendredi, 8 septembre, un général lui épingla, sur son lit de douleur, la croix de la Légion d'honneur et la Croix de Guerre avec palme. Le brave sous-lieutenant avait cette citation : « Officier courageux et plein d'entrain, blessé très grièvement, le 4 septembre 1916, au cours d'un vif combat. A donné un bel exemple de sang-froid et d'abnégation. »

D'hôpital en hôpital, il arriva à Chartres, où les soins les plus dévoués lui furent prodigués. Il se faisait illusion sur la gravité de son état, escomptant, une guérison lente, mais certaine. Ses parents, ses amis vinrent le visiter. Le vénérable curé de Janzé lui-même, qui avait son instituteur en haute estime, tint à faire le long voyage de Chartres pour lui donner une marque de sa vive sympathie. Notre cher blessé se montrait profondément reconnaissant de tous ces témoignages d'affection. M. l'Aumônier de l'hôpital mixte entourait le malade de la plus bienveillante sollicitude, essayant de le distraire au mieux par quelques lectures intéressantes. Trois ou quatre fois la semaine, il lui apportait la Sainte Eucharistie, suivant les pieux désirs du soldat, dont il avait fallu rassurer les scrupules : il ne se croyait pas assez malade pour communier sans être à jeun.

Les semaines s'écoulaient ainsi, longues, monotones ; le sommeil était mauvais, l'appétit nul. Cela ne pouvait se prolonger bien longtemps. Le dénouement fatal se précipita même, et le 27 décembre, muni de tous les secours de notre sainte religion, le bon serviteur allait à la récompense. De Là-Haut, il continue son affection à ceux qu'il a laissés en larmes, à sa vénérable mère, surtout, dont deux autres fils sont au front. Noble victime qui, jointe à tant d'autres, vaudra à notre chère France des jours meilleurs.

Les obsèques eurent lieu dans la chapelle de l'Hôpital ; une sœur du défunt conduisait le deuil. Un piquet rendait les honneurs. Dans l'assistance, on remarquait des officiers et des délégations des sociétés patriotiques de la ville.

La famille a voulu que la dépouille mortelle reposât près des siens, dans l'humble cimetière de Saint-Christophe-des-Bois. Et c'est au milieu d'une foule de parents et d'amis pieusement recueillis que le samedi, 30 décembre, se déroula la funèbre et touchante cérémonie. Les restes du père et de l'enfant mort pour la patrie sont réunis en attendant la glorieuse résurrection. L'exemple du héros demeure ; avec celui des vingt-et-un autres maîtres chrétiens du diocèse morts au Champ d'honneur, il dira aux enfants de nos écoles le chemin du devoir noblement accompli.

Jeudi, 18 janvier, par les soins de M. le Curé, un service solennel a été célébré pour le cher défunt dans l'église de Janzé, brillamment illuminée et ornée des tentures de grand deuil ; au pied du catafalque, sur un coussinet, la croix de la Légion d'honneur et la croix de Guerre. Le clergé des environs tint à rehausser de sa présence la cérémonie funèbre. Plusieurs membres de la famille de M. Carnet, de nombreux collègues, les enfants des deux écoles chrétiennes et une assistance recueillie priaient avec ferveur pour la France. Après le chant d'un nocturne, la Messe, avec diacre et sous-diacre, fut très solennelle. La maîtrise, habilement dirigée, se distingua, comme toujours ; la voix si pure des enfants montait suppliante vers le ciel, demandant le repos éternel pour le maître aimé, ravi sitôt à sa tâche. A l'élévation, une voix vraiment artistique chanta avec une rare perfection le *Pie Jesu*.

A l'offertoire, M. le chanoine Chervrolier monta en chaire et, d'une voix émue, retraça la carrière si bien remplie de celui qui fut le pieux et zélé Frère Cyprius-Marie. Délicatement il évoqua le souvenir de l'excellent directeur, le Frère Brice, disparu naguère après plus de vingt années de dévouement à l'enfance dans la belle paroisse de Janzé. Sans nul doute, dit-il, du haut du Ciel, ceux que nous pleurons assistent à cette cérémonie et conjurent les enfants d'être fidèles aux enseignements de leurs maîtres.

Merci très sincère au bon Curé de Janzé, pour sa généreuse et touchante sympathie ; merci à tous ceux qui ont voulu rendre hommage à l'enseignement chrétien dans la personne du regretté sous-lieutenant Carnet. Puisse ce dernier, avec nos autres instituteurs libres victimes de la guerre, obtenir de nombreuses et solides vocations pour l'apostolat de l'enfance ! Tous nos soldats témoins de l'indifférence manifestée par nombre de leurs camarades, comprennent, mieux que jamais, l'importance de leur mission. Qu'il me soit permis, à ce sujet, de formuler un vœu :

Parmi les glorieux mutilés de la guerre, ne s'en trouverait-il pas un certain nombre, désireux de s'enrôler dans nos rangs, soit comme surveillants, soit comme professeurs ? Nul mieux qu'eux ne serait qualifié pour apprendre à nos élèves la voie du devoir et de l'honneur. Nos chrétiennes et patriotiques populations confieraient volontiers leurs enfants à ces nobles victimes, exemples vivants de l'héroïsme auquel nous devrons l'intégrité de notre sol et la victoire sur la barbarie des huguenots d'Outre-Rhin.

A. CAMUN.
Semaine religieuse de Rennes.

Frère ANTHOLIEN-HENRI.

Le C. F. Laurentin rappelle en quelques lignes ce que fut la vie de ce regretté confrère :

L'adjudant Henri Sonnic, dans l'Institut, F. Antholien-Henri, est mort au Champ d'honneur, en

France, le 6 mai dernier. Il fut, pendant sa vie, un religieux simple et droit ; sa mort a été celle d'un héros, victime du devoir militaire.

Dans tous les postes qu'il occupa dans la Congrégation, il ne se fit que des amis, tant parmi les professeurs dont il était le moins exigeant et le plus serviable, qu'au milieu de ses élèves qu'il traita toujours avec indulgence et bonté. Missionnaire en Orient depuis quelques années, il possédait la confiance et l'estime des Pères de l'Assomption, dont il fut le collaborateur apprécié. En Turquie comme en Bulgarie, maître dévoué et patient, il obtint des résultats étonnants avec les petits Orientaux de toutes les nationalités dont se composait sa classe. Son enseignement intelligemment gradué, comme l'attestent ses cahiers de préparation journalière, ses procédés ingénieux, ses moyens d'émulation judicieusement choisis, sa discipline bien comprise, son entrain, sa bonne humeur, assuraient à ses élèves des progrès faciles et rapides. Le profond esprit de foi qui l'animait, son amour des âmes, son dévouement absolu à la sainte Eglise catholique, firent de lui un apôtre zélé autant que prudent, courageux et vaillant, en même temps que sage et circonspect, qualités précieuses dans un milieu où les croyances les plus diverses se heurtent journellement.

Il était à Varna, tranquillement appliqué à ses humbles et pénibles fonctions, quand l'ordre de mobilisation l'atteignit. L'Allemagne, orgueilleuse et menaçante, se levait formidable contre la France. La Patrie en détresse jetait son cri d'épouvante à travers le monde, appelant tous ses enfants à son aide. Le Caporal Sonnic aussitôt comprend son devoir. Il part. Arrivé en France, il est incorporé au 62ᵉ régiment d'infanterie, avec le grade de sergent. Quelques semaines après, il était au front.

Le F. Laurentin résume ensuite la vie militaire

du F. Antholien ; mais le F. Bernardin-Louis l'ayant connu davantage au régiment, fournit plus de détails sur ce point ; nous les lui empruntons :

Depuis 1895, dit-il, nous nous connaissions. Après avoir travaillé dans les mêmes missions, nous avons subi au 262ᵉ les mêmes privations, au milieu des mêmes dangers quotidiens, nous soutenant mutuellement dans nos ennuis et nos tristesses.

Le F. Antholien, avec sa barbe légendaire, a tracé au régiment un véritable sillage, et laissé la réputation d'un audacieux, toujours modeste et dévoué. Ceux qui le connurent — leur nombre diminue, hélas ! — ont gardé de sa bravoure un souvenir ineffaçable.

« Nous n'avions jamais peur d'aller en patrouille avec le sergent Sonnic, » me disait dernièrement l'un de ses anciens poilus. Un autre camarade placé sous ses ordres, au début de la campagne, à qui j'annonçais sa mort, me répondit consterné : « Ce n'est pas possible, il n'est pas tué, il était trop brave, il était trop bon ; plusieurs fois, j'ai mangé dans sa gamelle, avec lui, ah ! il n'était pas fier ! » Ce simple détail caractérise bien le F. Antholien ; il était dévoué et paternel pour ses hommes. Au premier abord, il paraissait très froid, toujours réservé, causant peu. Quand on le connaissait, sa parole chaude et patriotique ranimait les courages. Je crois bien qu'il ne se plaignait jamais. Il avait comme soldat, un coup d'œil très sûr, beaucoup de tact et de décision dans les situations délicates et dangereuses. C'était un chef de file, un vrai meneur, et il savait où conduire ses hommes. Le 13 septembre 1914, ma compagnie et la sienne furent tout à coup presque complètement cernées. Nous nous trouvâmes seuls sans aucun officier, dans un champ de betteraves. Ce fut un peu la panique. L'adjudant, à deux ou trois mètres de moi, reçut une balle en plein front ; à ma gauche, un sergent, l'abbé Ernest Le Gall, eut le bras fracassé par un obus. Dès lors, nous nous retirâmes en désordre, ce qui fit qu'il y eut beaucoup de blessés. Le sergent Sonnic resta seul avec sa section, et la dissimula habilement jusqu'au soir. A la tombée de la nuit, il effectua, à la barbe de l'ennemi, son repli stratégique, et nous arriva sain et sauf, avec toute sa bande, alors qu'on les croyait prisonniers.

Il était admirable de sang-froid, audacieux, avec une pointe de témérité. La peur du danger lui était inconnue. Plusieurs qui le connurent m'ont affirmé qu'il n'hésitait pas à grimper sur les arbres pour faire ses reconnaissances, après avoir toutefois soigneusement dissimulé tous ses hommes.

Son mérite perça très vite, et il devint, dès le mois d'octobre 1914, adjudant de bataillon.

A ce titre, il rendit par son incessante activité et sa discrétion absolue de très grands services. Au courant de bien des secrets et de choses intéressantes, il ne dévoila jamais rien malgré mes pressantes instances. Très dur pour lui-même, il procurait à son entourage de plantons, d'ordonnances et de cyclistes tous les adoucissements compatibles avec la situation. Contrairement à beaucoup d'autres gradés, qui au repos s'accordaient le luxe d'une petite chambre ou d'une popote, lui dormait avec ses hommes, dans la même grange, sur la paille humide, et se contentait du menu de l'ordinaire. Pendant tout le premier hiver, il souffrit d'une otite très douloureuse et ne se fit soigner que sur l'injonction du médecin-chef qui exigea son entrée à l'infirmerie. Au bout de quelques jours, un mieux relatif se fit sentir. Il quitta aussitôt pour la tranchée de première ligne. Toutefois il dut être évacué définitivement avant la fin de la première semaine. Plusieurs fois, j'allai le voir au poste de commandement, où en dehors des exigences du service, il restait étendu sur sa couchette, souffrant sans rien dire.

A peine entré à l'hôpital de Compiègne, une opération fut jugée nécessaire. Dans mes fréquentes visites je le trouvais toujours calme et d'une admirable patience. Il avait une volonté de fer et ne se plaignait jamais. Refusant le secours des infirmiers, il marchait seul jusqu'au « billard » et s'y installait de lui-même. Le martyre durait quelquefois un quart d'heure, pendant lequel on grattait avec des instruments de précision l'os mastoïde. Au retour toutefois, c'était moins brillant. Abattu par la douleur, pâle et exsangue comme un mort, il revenait sur le brancard. J'aidais alors à le coucher tout doucement. Il retrouvait encore assez de force pour me congédier en souriant.

Un jour, une hémorragie abondante se produisit à l'issue de l'opération ; on eut beaucoup de peine à la contenir. Il arriva dans sa chambre presque sans vie, et il me déclara, sans la moindre amertume, que le nouveau médecin était un fameux boucher qui savait saigner à blanc...

Nous aimions, au repos, à nous retrouver ensemble dans les églises de nos cantonnements.

Le F. Antholien était très fidèle aux exercices religieux, et presque tous les soirs nous assistions ensemble au salut et aux prières. Mais s'est surtout à la messe et à la communion que notre si regretté confrère puisait sa force et son énergique courage, son dévouement absolu et son admirable abnégation. Souvent, le soir, lorsque retenu par ses occupations de bureau, il ne pouvait venir à l'église, nous récitions les prières du soir et le chapelet en union avec tous nos Frères. Je n'ai pu suivre que de très loin le F. Antholien au 49e, mais il y demeura ce qu'il fut chez nous. A l'approche de l'attaque du printemps qu'il sentait venir, il me parlait de la bravoure de ses hommes et de tous les officiers du régiment. Ces derniers avaient adopté pour le combat le fusil ordinaire des poilus. Lui-même ne portait plus le sabre qu'il ne pouvait guère utiliser dans les luttes modernes. Il m'écrivit donc que dans son régiment du moins « la légende des traîneurs de sabres avait vécu. »

Sa lettre, très courte comme toujours, me redisait tous ses espoirs dans la trouée prochaine et — sans prétendre aller à Berlin — il comptait cette année sur une paix glorieuse. En fait de détails, il ne laissait rien transpirer, s'intéressant surtout à mes besoins auxquels il a toujours largement pourvu sur son propre pécule. Comme le dit le Révérend Frère, Dieu en le reprenant, nous prive d'un des meilleurs ouvriers de notre cher Institut. Je pense que son sacrifice, si courageusement, si vaillamment accepté, sera pour nous un préservatif et une source de bénédictions. Son souvenir demeure toujours vivant dans mon cœur ; j'ai l'impression que nous sommes encore ensemble et qu'il veille sur moi. Sans nul doute il sera là-haut l'un de nos protecteurs, en attendant que nous soyons tous réunis autour de notre Vénérable Père.

Frère AUGUSTIN-JEAN.

Jean-Francois Quéméner, né dans la paroisse du Cloître (Finistère) le 30 juillet 1897, était entré au postulat de Bitterne le 14 octobre 1913 et avait pris le nom de F. Augustin-Jean, lorsqu'il fut admis à revêtir l'habit religieux. On l'aurait volontiers surnommé le petit frère gai, car le sourire semblait s'être acclimaté sur ses lèvres, et, sauf pendant les exercices de piété, il ne les quittait presque jamais.

On était plus frappé de cette joie habituelle que de ses progrès dans les études qui furent plutôt lents.

La guerre éclata ; il vit partir successivement des groupes de scolastiques et de novices qui s'en allaient défendre la patrie, avec toute l'ardeur de leur jeunesse. Ils se retournaient pourtant au détour de l'allée, et jetaient en soupirant un dernier regard sur la chère maison qu'on ne reverrait peut-être plus. Les maîtres les conduisaient jusqu'au portail ; les confrères, agenouillés à la chapelle, priaient pour eux, et les petits postulants tout émus, pleuraient.

Il fallut bien s'accoutumer à ces séparations fréquemment renouvelées. A mesure que les classes étaient appelées, chacun voyait son tour approcher. Durant les promenades sur les routes ombragées des environs de Southampton, on parlait des absents et aussi hélas ! des morts, car il y en eut dès les premières semaines. Et le F. Augustin disait à un confrère, qui s'en est souvenu : « Pour moi, je voudrais recevoir une blessure qui me fît beaucoup souffrir, et puis mourir après ! .... »

Il quitta Sainte Mary's House le 26 janvier 1916. Il avoue que le cœur était gros, mais il ajoute : « La pensée que j'accomplissais la volonté de Dieu me rendit plus douce la séparation. »

On se figure assez le contraste entre un noviciat et une caserne, et le passage de l'un à l'autre sans transition. Malgré sa gaieté, le F. Augustin-Jean était timide. Le premier soir, il sortit de la chambrée pour aller dire son chapelet sur la cour et demander la force de réciter sa prière au pied de son lit. Cela n'alla pas sans provoquer des réflexions et des propos qui lui donnèrent quelques scrupules, contrairement à ce qui se passe dans d'autres groupes où l'on s'étonnerait de voir un prêtre ou un religieux omettre cette pratique. Mais le lendemain matin, le lieutenant se fit présenter le nouveau et lui de-

F. Antholien-Henri.   F. Bernardin-Louis.
Deux Frères soldats de la Mission d'Orient.

manda avec bienveillance comment il se trouvait. Les réponses polies et respectueuses lui montrèrent immédiatement à qui il avait affaire. L'officier ajouta de manière à être entendu de tous : « Demain, tu pourras aller à la messe, si tu le veux ; on en célèbre une pour les soldats, vers midi, à la cathédrale. Tu pourras aller au cercle catholique ou au cercle du *Grand poilu*. On ne t'inquiétera pas pour tes opinions ; chacun est libre ici. »

Ces paroles réconfortèrent le petit soldat et calmèrent un peu les quelques meneurs qu'on trouve partout et qui se donnent le rôle d'intimider la masse. Plus tard, le F. Augustin saura faire taire même son sergent et lui dire carrément qu'il doit respecter les croyances de ses hommes.

Et puis, ce sont les exercices dans les divers cantonnements. Les lettres adressées au Supérieur général ou au noviciat tiennent au courant de ce qui lui arrive. Tantôt il parle de petites retraites ou revues qu'il fait, comme ses confrères, pour retrouver la ferveur passée ; tantôt il exprime le regret de ne pouvoir renouveler ses saints engagements. C'est, du reste, une des épreuves les plus pénibles de nos chers soldats. Presque tous font part de la peine qu'ils en ressentent au fond du cœur. « Mais, dit le F. Augustin, cette interruption n'influera en rien sur ma volonté d'être toujours au divin Maître. »

Mais voilà le départ pour le front. A partir de ce moment, la note est uniforme dans toutes les lettres. Au lieu d'exprimer comme beaucoup, l'espoir d'un heureux retour, c'est toujours : « Je me remets entièrement entre les mains de mon Maître : que ses desseins s'accomplissent. » Il se hâte d'ajouter : « Inutile de vous dire que nous ne sommes pas si bien ici ; mais la jeune classe continue de sourire ; quant à moi, je profite de ces petites incommodités pour en faire un bouquet que j'offre au divin Cœur pour ma propre sanctification et pour la conversion de mes camarades. » Il remarque d'ailleurs, après le « baptême de feu », que ceux-ci sont dix fois mieux qu'à l'arrière. Lorsque le mal n'est pas invétéré et qu'il paraît dans des âmes plus légères que méchantes, il fait place au sérieux en face de la mort.

Pendant l'assaut, le F. Augustin répétait : « Doux Cœur de mon Jésus, faites que je vous aime de plus en plus ! » Mais il constate ensuite que, dans la chaleur de l'action, et avec les préoccupations d'un pareil moment, ces paroles passaient quelquefois par les lèvres sans qu'il y pensât beaucoup, ce qui ne surprendra personne. Pour lui, il trouvait que cela ressemblait un peu aux moulins à prières des lamas et des Hindous. Notre-Seigneur devait en juger autrement.

L'heure du sacrifice suprême approchait. En face des dangers du monde, dont il redoutait malgré tout l'influence, n'avait-il pas préféré mourir dans la fleur de ses vingt ans ? Il écrivait humblement : « Je vais entrer dans la fournaise. La perspective de ce départ ne me trouble point, car si la mort vient, elle ne fera que mettre un terme à mes ingratitudes envers Notre-Seigneur. Je lui consacre toute ma personne, avec la confiance qu'il ne m'arrivera que ce qu'il plaira à sa très sainte volonté. »

Le 29 juin, M. l'abbé Varnier, séminariste du diocèse de Verdun, écrivait au Révérend Frère :

MONSIEUR LE SUPÉRIEUR,

Votre Frère Quéméner m'ayant donné votre adresse pour vous écrire au cas où il serait blessé, je dois aujourd'hui vous apprendre qu'il y a environ une heure, il a été grièvement touché par un éclat de fusant. Le ventre est traversé de part en part. Je me trouvais près de lui au moment où cela s'est produit, et c'est moi-même qui lui ai fait le premier pansement, et immédiatement nous l'avons transporté au poste de secours où il a été pansé par le médecin. Notre aumônier de bataillon, prêtre d'un zèle extraordinaire, l'a vu longuement et lui a administré les derniers sacrements. Plusieurs fois, ce cher ami a répété : « Mon Dieu, je vous offre ma vie, je vous offre mes souffrances pour l'expiation de mes péchés. » Je viens de le quitter et de remonter en ligne ; lui, est dirigé sur l'ambulance chirurgicale où on espère le sauver.

Il est bien regretté de ses chefs et de ses camarades qui l'estimaient et l'aimaient. Les séminaristes apprendront avec peine son évacuation.

L'espoir de sauver le blessé ne se réalisa pas. M. Jaffrès, recteur de sa paroisse, écrivait le 12 juillet :

TRÈS CHER FRÈRE,

J'ai la douleur de vous annoncer, si vous ne l'avez déjà appris, que Jean François Quéméner est mort la nuit même qui suivit sa blessure, au poste de secours. Une lettre du séminariste de Verdun, datée du 30 juin, apprenait aux parents que leur fils était grièvement blessé. Une autre lettre du même et une lettre de l'aumônier du bataillon annonçaient sa mort. Il ne reste donc hélas ! ni doute ni espoir. Arrivé au poste de secours, il demanda à recevoir l'Extrême-Onction ; il avait fait la sainte Communion la nuit précédente. Il fit (ce sont les termes de la lettre de l'aumônier) à haute voix le sacrifice de sa vie et reçut les sacrements dans des sentiments admirables.

Ces lettres ont été une consolation pour les parents très douloureusement frappés par cette mort.

Je ne saurais vous dire, mon très cher Frère, combien je regrette cet excellent jeune homme que j'aimais pour sa gaîté et son grand esprit de foi. Je l'ai eu fréquemment chez moi durant la permission qui a précédé de très peu sa mort, et je me plaisais à penser au bien qu'il serait appelé à faire. Dieu en a décidé autrement. Que sa volonté soit bénie. Je suis sûr que cette perte vous sera très douloureuse et je me suis fait un devoir de vous en exprimer mes vives condoléances.

M. l'abbé Varnier ajoutait quelques jours plus tard : Avec quelle peine les chefs de Quéméner et ses camarades ont appris sa mort, mort de martyr et de saint ! Puissent tous nos blessés offrir comme lui leurs souffrances au bon Dieu ! Sa mort, il la pressentait. Peu auparavant, il m'avait fait ses recommandations et m'avait donné votre adresse, avec celle de ses parents. *Deux jours* avant, il donnait à son ami Wéméaux, qui a été blessé en même temps que lui, quelques livres, en disant : « Tu conserveras ces brochures comme souvenir : je n'ai plus que *deux jours* à vivre »...

Il avait dix-neuf ans et onze mois.

Le Lieutenant Joseph LE GALL

(Ancien F. Hyacinthe-Yves).

On lit dans la *Croix des Côtes-du-Nord*, du 23 juin 1918 :

Lundi dernier, Monsieur le Directeur de l'Ecole Saint-Joseph (de Loudéac) apprenait par une lettre d'un aumônier, la mort du lieutenant Le Gall, tombé au front.

M. Le Gall avait été mobilisé dès le début comme sergent au 71e ; blessé une première fois le 30 août 1914 à Guincourt-Tourteron, il reçut la croix de Guerre ; après un stage comme mitrailleur, il revint au front, et fut nommé successivement adjudant, sous-lieutenant et lieutenant. Depuis plusieurs mois, il faisait fonction de capitaine. Aimé de ses hommes et estimé de ses supérieurs, il sut toujours maintenir très haut le niveau moral de sa compagnie. Il avait été cité deux fois à l'ordre du jour.

Le 8 juin, il reçut à la tête une blessure qui, grâce à son casque, ne fut pas profonde, et il refusa de se laisser évacuer, ne voulant pas abandonner ses hommes dans les circonstances graves qu'ils traversaient. Le 12, au moment où, sortant de son abri, il causait avec ses officiers, un obus éclata à deux cents mètres de lui. Un éclat l'atteignit au côté droit, lui faisant une grave blessure. Le sang s'écoula à flots, et en peu de minutes, le lieutenant Le Gall était mort.

M. Le Gall était originaire de Plumieux où ses parents habitent encore.

Depuis 1907, il était professeur à l'Ecole Saint-Joseph où il a formé sept générations d'écoliers. Sa mort laissera un grand vide dans cet établissement, et ses anciens élèves ont été les premiers à manifester leur douloureuse émotion. Tous nous estimions son caractère simple et profondément chrétien, tous nous rendions hommage à ses qualités d'homme et d'éducateur. Il n'avait trouvé à Loudéac que des sympathies que l'annonce de sa mort a encore rendues plus manifestes.

Il est mort, faisant tout son devoir, jusqu'au bout, donnant le plus bel exemple de courage, voyant devant lui la victoire prochaine et certaine. Pourtant la mort qui l'a surpris ne l'a pas pris au dépourvu. M. Le Gall toujours prêt, comme tout chrétien doit savoir l'être, a pu l'affronter sans crainte.

Que la certitude d'une fin chrétienne apporte à ses parents la meilleure et la seule réelle consolation à la profonde douleur qui les atteint.

LE DERNIER COUP DE CANON.

La nouvelle de la signature de l'armistice, nous fut communiquée lundi, 11 novembre, vers 10 h., nous nous portions du côté de Verdun, et à cette heure, où nous n'étions qu'à 4 km. de la ville, le roulement du canon était encore continu.

Interloqués par la nouvelle, nous continuions notre chemin, machinalement, la tête vide de pensées, tant la nouvelle nous paraissait incroyable.

Dix heures et demie passent, onze heures moins un quart arrivent et le canon est toujours le roi des échos ! Enfin à 11 heures moins 5, la canonnade diminue d'intensité. Encore quelques minutes et nous verrons si réellement la guerre est terminée. En effet, à 11 heures moins quelques secondes, j'entends les deux derniers coups de canon de la terrible guerre, puis c'est le silence, le silence absolu que trouble seulement le roulement des voitures. A ce moment nous entrons dans le camp et d'un bout à l'autre de la colonne s'élèvent d'immenses cris de joie : nous n'avions pas été trompés... c'était bien vrai, le canon ne grondait plus. Je récitai le *Te Deum* et prononçai un *Deo gratias* du fond du cœur. Mais ce n'est que quelques heures après que je suis revenu de mon ahurissement. C'était donc fini cette vie si peu intéressante, j'allais donc pouvoir enfin, après un peu de temps, retourner à ma classe et me consacrer à la cause pour laquelle j'ai vraiment été créé. Il me tarde de le revivre ce temps où (il y aura bientôt deux ans), j'apprenais à mes jeunes et dociles élèves ce que le Divin et Bon Maître demande d'eux. En attendant cet heureux moment, je prends patience et je prie.

F. R.

APRÈS L'ARMISTICE.

Deo gratias ! C'est par ce cri de reconnaissance que je vous salue aujourd'hui. Depuis la date à jamais mémorable du 11 novembre 1918, fête du glorieux saint Martin, que de fois nos cœurs et nos lèvres ont fait monter vers le Ciel les actions de grâces les plus enthousiastes ! Comme nous avons été heureux de mêler nos voix à celles des pieux fidèles qui sont venus chanter dans nos églises le *Te Deum* de la victoire !

Autant que n'importe qui, nous admirons le génie de nos généraux et la vaillance de nos armées ; mais nous reconnaissons que c'est Dieu qui a suscité ces chefs incomparables, qui a soutenu le courage de nos soldats et qui a confondu l'orgueil de nos ennemis. A Lui donc nos plus ferventes actions de grâces : *Deo gratias* !

Oui, bénissons la Miséricorde divine qui s'est laissé toucher par nos supplications mêlées de larmes, par les sacrifices généreusement acceptés de nos combattants et de nos prisonniers ; surtout par le sang de nos héros tombés au champ d'honneur. Combien ont noblement offert leur vie à Dieu pour le salut de la patrie ! Combien de parents chrétiens ont courageusement sanctionné ces magnanimes sacrifices, en y ajoutant celui de leur cœur brisé par la douleur et ennobli par la résignation !

Nous ne saurions oublier ces victimes de la guerre ; à elles aussi notre reconnaissance qui se manifestera par de nombreux suffrages offerts au Seigneur à leur intention. Nous avons perdu 30 de nos Frères. Puissent-ils se trouver tous au paradis pour louer et bénir Dieu avec nous de la victoire à laquelle ils ont si largement contribué !

Merci également à vous, chers amis, qui avez supporté tant de fatigues, affronté tant de périls, montré tant de courage pour Dieu, pour la France et aussi pour votre Congrégation. Vous lui avez fait honneur, comme l'attestent les 70 citations méritées par vos courageux exploits.

Pendant la messe d'actions de grâces célébrée ici dimanche dernier, en louant le Seigneur du succès de nos armées, je l'ai aussi remercié de vous avoir fait échapper aux nombreux dangers qui vous ont menacés et j'ai eu pour vous un souvenir tout spécial en récitant la *secrète* de cette messe : « Recevez, Seigneur, le parfum de ce sacrifice, avec nos actions de grâces, et faites que ceux que vous avez daigné exaucer et conserver en santé, soient à l'avenir préservés par vous de toute adversité et sentent croître leur ferveur dans votre service et votre amour. » Puisse cette dernière demande se réaliser pleinement pour tous ! Unissons nos prières dans ce but, et que chacun prenne toutes les précautions nécessaires pour ne pas déchoir et ne pas se laisser aller aux dangers d'une vie plus facile, parce que moins menacée. Que l'amour de Jésus s'accroisse de plus en plus dans vos cœurs et vous tienne éloignés des attraits et des séductions du monde ! « Veillez et priez » ; soyez toujours en garde contre les ennemis de votre âme ; restez fidèles à votre Dieu. Protégés par Marie, vous remplirez jusqu'au bout votre devoir militaire, et à mesure que se fera la démobilisation, vous viendrez reprendre votre place dans votre famille religieuse, avec les mêmes dispositions que l'auteur de la lettre suivante :

« Tous mes loisirs sont à peu près employés à préparer l'après-guerre qui approche à grands pas. Il est grand temps de dresser ses plans de bataille, ses méthodes de combat, car après avoir été un bon soldat de la France, il va falloir être un vaillant soldat du Christ. J'espère pouvoir mettre à profit les réflexions faites au cours de cette guerre, les leçons recueillies çà et là, pour la plus grande gloire de Dieu et le salut des âmes. En réfléchissant, pendant les heures de tranquillité, sur mon apostolat d'avant-guerre, j'ai dû reconnaître que je m'étais dépensé beaucoup, mais souvent en pure perte, faute d'esprit surnaturel. Si donc après la guerre je veux rendre mon apostolat fécond et méritoire, il faut que je m'imprègne de vie intérieure. On ne peut communiquer aux âmes que le trop-plein de son cœur, mais quand celui-ci est vide d'amour de Dieu, comment pourrait-il en embraser le cœur des enfants ? »

F. JEAN-J., Supérieur Général.

JEUNES HÉROS, JEUNES SAINTS [1].

Frère XAVIER-MARIE.

Dans une lettre datée du 28 septembre 1917, où il parle de ses *neuf* frères mobilisés qui ont, comme lui, échappé au danger jusqu'à cette époque, le F. A. donne au Supérieur Général les détails suivants :

« Je me suis rendu ce matin au 128e pour me renseigner au sujet de mon cher ami, le F. Xavier. Sans nouvelle de lui depuis plus d'un mois, j'ai voulu savoir ce qu'il était devenu. La question posée, j'appréhendais la réponse. Mes craintes étaient trop fondées : on m'apprenait qu'il est tombé le 24 août, atteint par une balle de mitrailleuse, au moment des attaques de la Côte 304. Tous ses camarades le regrettent sincèrement et ne cessent de faire son éloge. L'un deux me disait : nous avons perdu en lui, non seulement un ami, mais un véritable frère. Un autre ajoutait : jamais nous n'aurons un sergent aussi aimable et aussi complaisant que lui.

« Comme tant d'autres, le bon Maître l'avait jugé mûr pour le ciel : sa couronne était prête. »

Cette couronne, il avait commencé de bonne heure

[1] Ce terme est employé ici pour rappeler l'estime et même la vénération que ces jeunes gens inspirèrent ; mais on se garde bien de prévenir en quoi que ce soit le jugement de l'Eglise.

à la tresser. Tout enfant et simple élève, il se distinguait déjà par la piété, la générosité et l'énergie qui furent les caractérisques de sa courte et féconde existence. Le directeur du pensionnat où il fit ses études dut veiller sur ses pratiques de mortification pour prévenir les excès et les imprudences où sa ferveur aurait pu l'entraîner, et il fit des découvertes analogues à celle dont parle un confrère du noviciat.

Dès son jeune âge, le F. Xavier-Marie avait rêvé d'être missionnaire et, en se préparant à l'enseignement, il ne perdit pas de vue cet idéal. La vie du *Chevalier-Apôtre* qu'il lut au pensionnat, accentua encore cet attrait et exerça sur son âme une impression ineffaçable. Il y avait trop d'analogies entre sa nature, toute chevaleresque aussi, et celle de l'héroïque missionnaire, pour ne pas vibrer du même enthousiasme. Ses camarades s'en rendaient bien compte. Lorsqu'il fut parti pour l'Angleterre, l'un deux faisait cette réflexion : « Nous ne le reverrons pas sans doute ; ici quand il avait un moment, on le trouvait toujours en train de dessiner des *têtes de Chicard* : il suivra la même voie que son héros. »

Personne ne fut donc étonné en apprenant son entrée au noviciat.

Dès le début, on fut frappé de sa piété sérieuse et ardente. Il se mit sans retard au travail de sa formation, et il le poursuivit avec une ténacité qui ne se démentit pas. Ses efforts furent aussi constants que généreux.

Son admiration pour le *Chevalier-Apôtre* avait peut-être contribué à développer en lui une tendance à la brusquerie dans les manières, jointe à une certaine austérité dans les formes de sa dévotion. Mais ces dehors cachaient un cœur très chaud et très généreux, et il montra une si grande bonne volonté dans la correction des petits défauts qu'on lui signalait que peu de novices furent si aimables et si aimés. Sa nature s'assouplit à tel point qu'il sut allier une douceur charmante à son énergie native. « Durant toute une année, dit un de ses confrères, je ne me souviens pas de l'avoir entendu prononcer une parole pénible à l'égard de quelqu'un. Et cependant plus d'une occasion aurait pu s'en présenter, surtout pendant les récréations, car il se livrait au jeu avec entrain, et même excitait ceux qui semblaient y mettre moins d'ardeur ; mais on s'expliquait cette maîtrise en remarquant l'art avec lequel il savait rester recueilli au milieu de la plus grande animation. Entre deux élans, on le voyait se rapprocher de la chapelle, chercher le contact du mur sacré, jeter un coup d'œil touchant au tabernacle, à travers les vitraux, et repartir heureux et reposé. Surprenait-il un mouvement d'impatience chez un confrère, il lui glissait un mot à l'oreille et tout rentrait dans l'ordre : le « rappel » avait été si délicat ! »

Il en était de même pour les manquements au règlement dont il pouvait être témoin. Personne n'a souvenance que quelqu'un se soit formalisé de ses petits avertissements présentés avec autant de tact que de zèle. Quant à lui, il ne semble pas que l'observation du silence et des autres points de la règle lui ait coûté beaucoup. Il s'y habitua dès en arrivant et sa vigilance à cet égard ne se démentit jamais.

Avait-on besoin d'un conseil, d'un petit service ? Immédiatement on s'adressait au F. Xavier. Il accueillait tout le monde avec un sourire et, quelle que fût son occupation, il se mettait en demeure de faire plaisir sur-le-champ.

A la récréation du dimanche que les novices passent en se promenant dans les allées du jardin, par groupes de cinq ou six, celui du F. Xavier menaçait souvent d'être beaucoup plus considérable, car on se pressait pour l'écouter. Ses conversations avaient un charme indéfinissable. Elles portaient presque toujours sur des sujets édifiants et pratiques : exercices de communauté, vie prochaine d'apostolat, exemples de nos anciens. Lorsqu'il parlait de Jésus et de Marie, ses yeux, habituellement baissés, s'animaient ; il jetait des regards vers le ciel, et une sorte de sourire angélique illuminait son visage. Sa belle âme éprouvait aussi les plus douces émotions en face des merveilles de la nature, et il les faisait partager à ses confrères en suivant les allées bordées de rhododendrons gigantesques et d'arbres majestueux, ou bien on le voyait arrêté ravi devant une pensée, une rose, une violette.

D'autres fois, il trouvait l'occasion de tirer de sa poche, au moment opportun, quelque bon petit livre, comme *Les Pensées de Sœur Thérèse de l'Enfant Jésus*, ou du *Curé d'Ars*. Il proposait d'en lire quelques-unes et les commentait d'une manière fort intéressante.

À chaque promenade, un novice désigné d'avance raconte une histoire de son choix. Après avoir devisé librement le long des belles routes ombragées des environs de Southampton, le groupe joyeux s'arrête à l'orée d'un grand bois ; on s'installe commodément, l'orateur se place au milieu, et on écoute son récit. Le tour du F. Xavier était toujours attendu avec impatience. Il excellait dans le choix des sujets, et les présentait avec des expressions si heureuses et et des remarques si frappantes que c'était un charme de l'entendre.

Il en était de même de ses méditations et de ses conférences au noviciat. Ce sont des exercices fort utiles qui obligent les aspirants à la vie religieuse à se rendre un compte exact de la méthode d'oraison, par la nécessité de l'appliquer à un sujet devant les confrères, et les prépare au ministère de la parole pour leurs futures instructions religieuses aux élèves, et même pour la clarté de tous leurs enseignements. Le F. Xavier-Marie s'y révélait avec un genre très personnel et très pratique, une grande facilité de composition, et surtout une âme tout apostolique, éprise d'amour pour Jésus et Marie. Au lieu de satisfaire simplement leur curiosité, en recherchant les points prêtant à la critique, les auditeurs étaient édifiés et parfois remués profondément.

Il possédait un ensemble de qualités qui lui donnaient un ascendant considérable sur ses confrères. Il ne s'en rendait pas entièrement compte et ne songeait qu'à profiter des occasions qu'ils lui offraient de faire ses premières armes dans la carrière de l'apostolat. Ses exemples agissaient encore plus que ses paroles. On sait que le novice le plus humble ne sera jamais assez habile pour échapper à l'œil perspicace et quelque peu curieux de ses jeunes compagnons. Tous étaient frappés de la tenue du F. Xavier-Marie durant les exercices de piété, surtout à la chapelle. « Ayant été son voisin, dit l'un d'eux, j'ai pu remarquer à loisir la ferveur de ses prières. Ordinairement il avait la tête baissée, mais de temps en temps il la relevait pour fixer le tabernacle ou la belle statue de Marie, au-dessus de l'autel. C'était vraiment un ange de piété. Sa ferveur ranimait la nôtre. Il revenait fréquemment dans la journée faire une visite à Notre-Seigneur. On ne le voyait jamais se contenter d'une génuflexion machinale, c'était un acte d'adoration profonde. Il restait ensuite de longs moments dans une position demi extatique. »

Il fut quelque temps maître de cérémonies. Quel bonheur pour lui, les jours de grandes fêtes, d'assister le prêtre à l'autel et de pouvoir arrêter ses yeux sur la sainte Hostie ! Son visage, sans attrait naturel, rayonnait alors d'une beauté céleste.

Son application continuelle à bien faire toute chose provoquait quelquefois de petits compliments de la part de l'entourage. Des espiègles risquaient une louange discrète, ne fût-ce que pour jouir de son embarras. C'était un vilain tour pour le groupe heureux de posséder le F. Xavier, car il s'éloignait alors des « tentateurs », de « ceux qui voulaient sa perte éternelle », comme il les appelait.

Il était pourtant difficile de retenir son admiration lorsqu'on remarquait les moyens ingénieux qu'il employait pour se mortifier.

Pendant une grande partie de son noviciat, il fut chargé du service des repas au salon du R. P. aumônier, et il s'acquitta de cet emploi à la complète satisfaction du R. Père et du C. F. économe. Il semblait aimer ces fonctions, assujettissantes cependant, et il éprouva un regret sensible lorsqu'on les lui enleva, à dessein du reste ; mais il se mit aussitôt, avec un soin égal au nouveau travail qui lui fut confié. Au réfectoire, il avait à déposer les pains sur les tables. Il en profitait pour enlever au préalable les parties carbonisées de la croûte et il les ramassait dans son tiroir pour les prendre à la fin du repas, en guise de dessert. Un jour il se trouva tout désappointé, la friandise avait disparu ; les auteurs du larcin ne s'en cachèrent pas d'ailleurs, ils lui montraient malicieusement de leur place les précieuses croûtes qu'ils s'étaient partagées. F. Xavier sourit et se dédommagea dès qu'il le put. Du reste, pendant les repas, il s'arrangeait de manière à se servir habituellement le dernier. Il ne buvait non plus que de l'eau.

Un de ses confrères raconte une autre découverte. « Un jour, dit-il, que l'atmosphère se trouvait réchauffée par un beau soleil, l'ordre fut donné de descendre les matelas et de les mettre à l'air sur la pelouse. Comme le F. Xavier était occupé au nettoyage de la vaisselle, on me pria de défaire son lit. Je trouvai entre le matelas et le drap de dessous cinq pierres aux arêtes assez tranchantes, sinon pour couper le drap, du moins pour gêner terriblement le corps étendu sur ce lit moelleux... Il faisait évidemment cette pénitence pour honorer les cinq Plaies de Notre-Seigneur. Comme je descendais, je le rencontrai qui venait précipitamment au dortoir, se doutant de ce qui était arrivé. Je lui montrai les pierres. Il pâlit et me demanda avec instance de les lui rendre. Je refusai et je fus cruel pour son humilité, car je lui déclarai tout bonnement que je voulais les garder comme reliques !... Le pauvre frère était dans tous ses états. Il ne se consola un peu que lorsque je lui promis le secret. »

Il va sans dire que nous n'offrons pas cet exemple à l'imitation des novices. Quelques-uns pourraient faire des imprudences et compromettre leur santé. Des pratiques de ce genre doivent être soigneusement contrôlées et réglées par l'obéissance. Aussi bien avons-nous vu déjà que le F. Xavier-Marie en connaissait d'autres et s'y adonnait assidûment. Son pauvre corps n'était jamais longtemps à l'aise. A la chapelle notamment, sa piété si ardente se nourrissait de sacrifices. Les voisins remarquaient qu'il restait habituellement sans s'appuyer, et les plus adroits se rendaient compte, malgré ses précautions, de petites mortifications qu'il renouvelait à chaque instant sous les manches discrètes de sa soutane, en se piquant ou se pinçant les bras. Ceci est plus facile à imiter et moins sujet à caution.

Les lecteurs, étrangers à la vie religieuse, penseront peut-être qu'avec tous les travaux manuels auxquels on a fait allusion, on ne développe guère l'instruction dans les maisons de formation. Qu'ils se détrompent : nulle part probablement on n'étudie mieux, ni avec autant de goût et d'assiduité. Même pendant l'année de novicat, consacrée presque exclusivement aux questions religieuses et aux diverses épreuves nécessaires pour tremper l'aspirant, les conférences et les autres exercices dont nous avons parlé développent beaucoup les facultés et les préparent aux travaux futurs. Ne se rappelle-t-on pas que saint Stanislas Kostka, en prenant pour thèmes de ses compositions les gloires de Marie, acquit rapidement des talents littéraires merveilleux et éclipsait tous ses condisciples, de même qu'il apprenait ses leçons sous les yeux de sa Mère céleste presque à simple lecture et avait toujours beaucoup de temps de reste ?

Le postulat, qui précède le noviciat, et le scolasticat qui le suit, sont en majeure partie consacrés aux études. Le F. Xavier-Marie reprit donc les siennes après l'émission de ses premiers vœux, et sa belle intelligence produisit alors des travaux remarquables. Ses analyses littéraires, corrigées à Paris, revinrent parfois avec des annotations fort élogieuses et presque le maximum des points, chose rare, comme le savent hélas ! les professeurs de l'enseignement à tous les degrés. Connaissant le caractère ardent du jeune homme, on est surpris de la mesure, de la sobriété, du goût qui caractérisent ses appréciations, aussi bien que de la justesse de ses expressions et de la belle tenue de son style.

A un certain moment, on jugea utile d'établir une nouvelle division pour l'instruction religieuse. Les professeurs étant surchargés, on pensa à la confier à à un scolastique et le choix tomba sur le F. Xavier-Marie. Cet emploi lui agréait fort, il l'accepta avec joie et, dès ce début dans l'enseignement, son savoir-faire et son zèle s'affirmèrent d'une façon remarquable, en même temps que sa piété édifiait de plus en plus ses confrères devenus pour un moment ses disciples.

Lorsqu'il dut les quitter, ainsi que le doux nid de St. Mary's House, il laissa les meilleurs souvenirs et des regrets unanimes.

Son cœur affectueux sentit bien aussi les amertumes de la séparation. Mais Dieu avait parlé et n'allait-il pas avoir à exercer l'apostolat sur un champ plus vaste ? Il partit plein de courage.

Suivant l'usage ordinaire, il fut chargé d'une classe de commençants. Il se vit entouré de près de soixante-dix bambins. Les moins impressionnables ne laissent pas que de se trouver un peu déconcertés au milieu de cette foule grouillante qu'il faut tenir, diviser en sections et occuper tout le jour. Le F. Xavier, si exigeant pour lui-même, était plus exposé que d'autres à s'alarmer des lacunes inévitables et à s'en attribuer la plus grande part. Ceux qui savent user de patience et continuer leurs efforts avec sérénité, ne tardent pas à trouver fort intéressantes ces petites classes où les progrès sont plus sensibles que dans les divisions supérieures, et qui offrent un si gracieux aspect lorsqu'on a su y faire régner l'ordre et y exciter l'émulation par les procédés souvent les plus naïfs.

Une autre épreuve de beaucoup de jeunes religieux à leur arrivée dans le premier établissement, c'est une sensation d'isolement quelquefois très pénible. Dans la maison la plus régulière et avec les confrères les plus aimables et les plus édifiants, il y a pour eux comme un vide et une solitude, surtout s'ils se trouvent avec des hommes d'un âge très différent et peu nombreux. Le F. Xavier passa par cette phase. Dans ce nouveau milieu, les préoccupations, et les entretiens qui les reflètent, ne pouvaient plus être les mêmes que dans les groupes joyeux de novices, vivant d'idéal et ignorant presque les soucis de l'existence. Les intelligences moyennes prennent quelquefois trop de goût aux banalités dont se compose la vie extérieure, et s'en laissent absorber au détriment de leurs progrès dans la vraie vertu. Il y a lieu de leur montrer la vanité de ces choses dont il faut bien s'occuper en passant, mais sans y attacher d'importance. Les âmes habituées à vivre dans les régions plus élevées, comme l'était celle du F. Xavier, souffrent, au contraire, d'être obligées de descendre au terre à terre journalier. Il fallut lui faire comprendre qu'il n'en peut être autrement dans la pratique, mais que tout est surnaturalisé par l'union à Dieu.

Les premiers placements ont une importance capitale. Quelquefois l'orientation de la vie tout entière en dépend. Aussi ceux qui ont à les fixer, ou à fournir des renseignements sur les sujets, font-ils appel à la psychologie la plus clairvoyante pour mettre chacun, autant que possible, là où la transition sera mieux ménagée, vu les dispositions, les aptitudes, et surtout les facultés et les aspirations. Mais heureux le jeune homme qui s'habitue vite à se suffire à lui-même, dans la piété, l'accomplissement joyeux de ses devoirs professionnels, ses belles études..., et dont la félicité est indépendante des circonstances de personnes et de milieu.

Ceux qui devinent les peines et les angoisses de certains débutants leur rendent un immense service par leurs encouragements discrets. Les réconforter, les égayer, leur rappeler les vues surnaturelles, est un acte charitable qui peut sauver des vocations en péril.

Ces épreuves n'étaient pour le F. Xavier que le prélude d'une crise douloureuse qui renferme trop d'enseignements pour qu'on n'en dise pas un mot. Elle est de nature à surprendre ses jeunes amis et admirateurs. Nous disons les jeunes, car ceux qui ont un peu vécu, surtout dans le monde des âmes, n'en seront nullement étonnés. Le saint jeune homme devait mourir à vingt-deux ans, la Providence se hâta de parfaire son œuvre en taillant dans le vif.

Dieu permit donc que son intelligence, si éclairée et si droite, se trouvât comme obscurcie pour juger ses véritables dispositions. Ce n'étaient pas précisément des scrupules ordinaires, car, dans sa plus grande détresse, il était bien obligé de reconnaître qu'il ne voyait pas de fautes réelles et distinctes. Mais il était comme écrasé sous le poids de misères imaginaires, de sa prétendue incapacité et nullité, soit pour l'avancement dans la vertu, soit pour son instruction et celle de ses élèves.

Après avoir connu ses sentiments d'autrefois, que l'on juge de son indignation contre lui-même lorsqu'il lui passa dans l'esprit des bouffées d'indépendance, des rêves chimériques ! Quelle jeune tête les ignore ? Mais c'était le F. Xavier, le jeune homme généreux, noble, tout d'une pièce, n'ayant éprouvé jusque-là que des aspirations élevées, raisonnables. Personne n'était moins préparé à comprendre ces changements dûs aux jeux de l'imagination et aux artifices de l'ennemi des âmes. Ce fut un état anormal, violent qui lui arrachait des larmes.

Dans son trouble, il n'avait plus d'attrait naturellement pour les exercices de piété, ce qui ne l'empêchait pas de s'y adonner d'une manière toujours édifiante, comme en témoigne un de ses collègues. Mais lorsque ses sentiments si tendres à l'égard de la sainte Vierge s'émoussèrent à leur tour, il n'était pas loin de voir en cela un « signe de prédestination à l'enfer », évitant toutefois de céder à la moindre pensée de désespoir, de peur de commettre un péché. Cette délicatesse persistante aurait dû le rassurer, mais lorsque Dieu fait passer une âme par ce creuset, il permet qu'elle ne voie plus l'évidence même.

Et que dire des premières attirances du monde qu'il avait honni? Du coup, il se déclarait vaniteux et plus mondain que les jeunes gens dévergondés de son pays.

Nous abrégeons l'énumération des griefs qu'il accumulait contre lui-même. La lumière se fit peu à peu. Il se laissa persuader que tout cela n'avait aucun fondement réel; que sentiment n'est pas consentement, qu'il fallait s'humilier de ces tendances sans s'anathématiser, que le véritable orgueil consisterait à s'étonner d'être comme tous les fils d'Adam, qu'il devait s'efforcer de réagir en comptant plus sur la grâce que sur sa propre volonté dont il constatait l'insuffisance.

Il regrettait d'avoir peut-être trop cultivé au noviciat la partie affective de son être et multiplié les actes généreux, sans se préoccuper suffisamment de la formation de l'esprit. Il aurait voulu s'être fait des idées bien nettes sur le monde au milieu duquel il allait vivre, savoir mieux à quoi s'en tenir sur ses vanités, afin de les regarder avec plus de dédain, tout en prévoyant que son cœur et son imagination n'y seraient pas complètement insensibles.

Cette rude leçon le prépara du moins à affronter sans trop d'émoi une autre épreuve bien plus dangereuse, le séjour à la caserne. Effectivement, s'il y fut ennuyé comme toutes les âmes délicates par ce qu'il y voyait et entendait, il ne sembla pas s'en troubler outre mesure, comme le passé aurait pu le faire craindre. Il fut écœuré néanmoins de la corruption trop générale ; mais ce qui le choqua le plus, ce fut l'alliance chez quelques-uns de la débauche habituelle avec des pratiques religieuses même de surérogation. Il voyait des hommes assister au salut du Saint Sacrement et se livrer ensuite sans remords aux conversations et aux actes les plus abominables. Par suite d'une ignorance grossière, ces gens qui étaient loin d'avoir des principes impies, témoignaient un étonnement stupide lorsqu'on leur assurait que cette conduite étaient gravement coupable. Le F. Xavier-Marie se promettait bien, s'il revenait de la guerre, de ne pas laisser ses élèves exposés à de si lamentables préjugés.

Au front, son énergie, son courage, son mépris du danger, le placèrent vite parmi les plus braves. Il surprit une fois une conversation de ses camarades qui admiraient son élan : « C'est forcé qu'il soit ainsi, dit l'un d'eux, il ne voit que le ciel où il est sûr d'aller s'il est tué. »

Les promotions, les citations, la croix de guerre qu'il obtint, le touchaient peu, affirmait-il, « mais elles montrent que tous ces calotins ne sont pas inférieurs aux autres, loin de là, que les principes qui les dirigent sont capables de leur faire accomplir tout leur devoir et plus que leur devoir. »

Entre temps, il méditait avec soin les *Circulaires* du Supérieur Général, les instructions du *Lien Fraternel* et les articles de l'*Echo des Missions*, et il en donnait, dans ses lettres, de judicieuses analyses. « Jésus est si oublié, si méprisé, si outragé (c'est surtout quand on prend contact avec le monde par la vie militaire que l'on s'en aperçoit, auparavant on ne soupçonnait rien approchant de la réalité), et je ne m'efforcerais pas de le dédommager par ma fidélité, mon amour, ma ferveur ! »

« L'article de l'*Echo* : *La grande lacune*, m'a surtout intéressé, et je me suis promis d'en tirer du fruit pour mon âme. Je vais faire tous mes efforts pour l'imprégner de vie surnaturelle, agir en tout pour Dieu et en Dieu. »

Et puis, ce sont les souffrances tant de fois décrites qu'on s'y habitue... à l'arrière. Elles gardent toute leur acuité pour nos chers soldats : « En rentrant de permission, il a fallu monter directement aux tranchées. C'est dur. Des kilomètres de boyaux, avec de l'eau et de la boue jusqu'au ventre. Une fois, je suis même resté enlisé plus d'une heure ; on a été obligé de venir me tirer de là. En ligne, il faut rester des jours et des nuits transis, gelés, et sous des bombardements terribles. On sort de là transformés en boue vivante. C'est épouvantable, c'est surhumain ce que nous faisons et souffrons. Quelle occasion d'acquérir des mérites immenses! Priez pour que Dieu me donne force et courage. »

Le F. Xavier-Marie est bien consolé par les pieuses cérémonies dont il est témoin :

« Chaque soir, au Salut, la petite église du village est pleine de *marsouins* et de Sénégalais. Il faut voir ces derniers roulant dans leurs grosses mains noires leur petit chapelet blanc ! »

Mais la plus grande joie qui lui fut ménagée durant les derniers mois de sa vie fut la rencontre d'excellents camarades. Le zélé aumônier divisionnaire, un brave, très aimé des hommes, décoré de la Légion d'honneur et de la croix de guerre, avec quatre ou cinq citations, l'abbé Enoch, les avait groupés pour le rosaire vivant et un cercle d'études. « Dans ce cercle, dit le F. Xavier, nous tâcherons de nous perfectionner afin de répandre partout autour de nous la lumière dans les esprits, et de prêcher la vertu par le bon exemple. La méthode que notre aumônier nous enseigne, c'est la bonté, la douceur, et le mot pour rire lancé finement contre les inepties, et qui clôt le bec au prétendu esprit fort.

« J'ai donc trouvé plusieurs excellents jeunes gens que je côtoyais sans les connaître. Nous avons formé une sorte de petit comité, je dirais même communauté. Nous avons les mêmes désirs, nous reprenant mutuellement de nos défauts, parlant de Dieu, nous excitant à la vertu, nous animant au zèle. Pour moi, ce sont les beaux jours du noviciat qui revivent. »

On devine quelle fut l'action du F. Xavier dans ce groupe. Cependant avec son humilité ordinaire, il ajoute :

« Je rougis de moi et de ma lâcheté en me comparant à mes camarades. Et pourtant n'est-ce pas moi qui ai le plus d'obligations envers Dieu et qui devrais être le plus parfait, étant le seul religieux? Parmi nous, en effet, il n'y a qu'un futur séminariste, un converti de la guerre, mais une de ces natures énergiques et ardentes, qui ne souffrent pas de milieu, et volent du premier coup jusqu'aux cimes, allant aussi loin dans la vertu qu'ils auraient été dans le mal, s'ils n'avaient été retenus à temps. Les autres sont de simples chrétiens, que dis-je? des chrétiens parfaits, dans lesquels il y a, je crois, plussieurs vocations pour l'avenir. »

Ce furent des vocations pour le ciel. En effet, nous lisons dans la lettre suivante :

« Hélas ! un mois d'offensive a bien éclairci nos rangs. Les desseins de Dieu sont impénétrables ; il a rappelé à lui des jeunes gens qui étaient de véritables apôtres, des saints. Je me suis donc vu frappé dans mes amitiés, et ce sacrifice m'a été très pénible. C'est alors que le cœur, dégagé de tout se reporte vers le Souverain Bien, vers l'Ami unique et véritable. »

Lui-même n'oubliait point que d'un moment à l'autre un sort semblable pouvait lui être réservé : « C'est plus que jamais le moment de redoubler de ferveur et de préparer son éternité, car bientôt peut-être le Souverain Juge nous demandera compte de notre vie. Puisse-t-il alors trouver que nous n'avons pas perdu notre temps, durant ces vingt et quelques années qu'Il nous a octroyées sur cette terre. »

Il avait déjà envoyé un de ces testaments comme en reçoivent fréquemment les Supérieurs et qui leur arrachent des larmes :

« Quand vous recevrez cette lettre, mon T. R. Frère, je ne serai plus loin de la fournaise. J'y vais l'âme libre et le cœur confiant en Dieu. Je sais que je suis un pécheur, mais je sais aussi que mon Jésus est mort pour moi et m'a ainsi ouvert le ciel. Si je dois rester, je fais à Dieu le sacrifice de ma vie, et j'accepte par avance tout ce qu'il lui plaira de m'envoyer. Je vous remercie de votre bonté à mon égard, de vos enseignements, de vos conseils, et en votre personne, je remercie tous ceux qui m'ont fait du bien à qui je n'ai pas le temps d'écrire. »

Voilà dans quelles dispositions ce cher enfant est tombé, disant adieu à la vie au moment où il commençait, suivant son expression, à la connaître et à la comprendre, gardant toutefois jusqu'à la fin, l'espérance qui est l'apanage inaliénable de la jeunesse.

« Quelques fils blancs se voient déjà dans ma chevelure de vingt-deux ans, amenés sans doute par les misères et les soucis ; mon esprit est un peu mûri, ma raison plus éclairée et ma volonté fortifiée. J'aspire après le jour où il me sera donné de reprendre mes anciennes occupations, de me consacrer uniquement au salut de mon âme et de celles des enfants. »

Ces désirs apostoliques, formulés par une âme généreuse comme celle du F. Xavier, gardent tout le mérite des actes qu'ils auraient inspirés. Dieu s'en est contenté comme il le fait souvent ; mais si le jeune apôtre disparaît trop tôt à notre gré, ses exemples nous restent, et sa mort prématurée permet, en les faisant connaître, d'apprendre à d'autres qu'à ses jeunes confrères quelle admiration il leur inspira, et d'exciter ainsi la plus louable émulation.

« J'aimais ce jeune Frère si doux, si accueillant pour tous, qui accomplissait avec simplicité des actes d'une rare vertu. Depuis longtemps, il était préparé à cette mort, inutile aux yeux du monde, mais précieuse devant Dieu. »

Ainsi s'exprime un Frère soldat.

Un autre devine la véritable raison de ces immolations mystérieuses des plus belles jeunesses. Parlant des misères dont il est témoin : « C'est sans doute, dit-il, pour le rachat de ces pauvres âmes que Dieu se choisit des victimes ; Frère Xavier, après tant d'autres, n'en serait-il pas une ? Il semblait que, durant ces dernières années, c'était surtout à des femmes qu'étaient dévolues les missions réparatrices, et pourtant une âme de jeune homme n'est-elle pas aussi apte à devenir une victime agréable au Cœur de Jésus ? »

On s'en convaincra aisément après avoir lu les pages précédentes qui ne constituent point une biographie complète, mais un simple aperçu d'une courte et belle vie, et on répétera la parole connue : « Dieu a bon goût et choisit bien les fleurs pour son parterre. »

TROIS NOBLES VICTIMES.

L'avancé rapide de nos armées triomphantes qui a forcé l'ennemi à capituler, s'explique par la bravoure des combattants répondant au génie des chefs qui les commandent. Mais il reste quelque chose de mystérieux dans le revirement soudain de la fortune et les succès étourdissants que nous avons enregistrés depuis quelques mois. L'action providentielle est manifeste, et l'on voit enfin ce que nous vaut le sang de tant de pures victimes qui se sont offertes à Dieu par les motifs les plus généreux, les plus héroïques.

Lorsque l'Institut fera le relevé de ses pertes, on sera frappé de la qualité plus encore que du nombre des appelés à la vocation sanglante. C'est déjà l'impression générale chez ceux qui les connurent. Vraiment oui, Dieu choisit bien les fleurs pour son parterre.

Nous pleurons ces admirables jeunes gens sur lesquels nous pouvions fonder les plus belles espérances ; mais l'avenir nous montrera sans doute que leur sacrifice fut plus utile à la patrie et à leur famille religieuse que les services qu'ils auraient rendus. La mort en a frappé coup sur coup trois des mieux doués. En parlant de l'un d'eux, un ami exprimait le désir de voir des vocations naître et se développer dans la maison où il avait été un excellent élève. Ce sera là comme ailleurs une des formes de

la bénédiction divine attirée par la vertu et l'immolation des chers enfants dont la place reste vide
parmi nous. Quelques notes biographiques fixeront
du moins leurs douces physionomies, et leurs
exemples édifiants prêcheront mieux encore que la
parole sympathique et persuasive qu'ils ne peuvent
plus faire entendre.

Frère Louis DE GONZAGUE.

A l'issue d'un service célébré pour le jeune sous-
officier tombé au champ d'honneur, et auquel
avaient assisté plusieurs de ses jeunes confrères revenus récemment de l'étranger, une vaillante Bretonne, maîtrisant sa douleur, se retourne vers eux,
et, sans plainte ni murmure, mais avec une noble
simplicité et l'autorité sainte de la mère : « Au revoir,
dit-elle, et restez toujours dans la voie droite comme
le Frère Louis ! »

Ce simple trait montre bien qu'elle avait été l'éducation première de l'enfant et quelle forte empreinte
son âme avait reçue au sein de sa famille. Il explique aussi la dignité naturelle et la douce gravité
qui caractérisèrent le F. Louis de Gonzague, qualités
précieuses pour un futur maître et qui frappèrent
sans doute ceux qui devaient discerner sa vocation.

« A l'école où je le connus, écrit un de ses confrères
qui devait le retrouver au noviciat, je ne tardai pas
à remarquer combien la Providence l'avait favorisé
du côté de l'intelligence. Quoique plus jeune que
bon nombre d'autres élèves, il rivalisait avec eux
et non sans avantage. Ces qualités précoces ne firent
que se développer avec l'âge. Doué d'une excellente
mémoire, il lui suffisait d'une lecture attentive pour
répéter à peu près textuellement un morceau choisi.
Et, chose assez rare, il retenait fidèlement ce qu'il

avait appris avec rapidité. A cela, il joignait un jugement d'une rectitude frappante qui lui faisait saisir
immédiatement le vrai sens des choses et les exprimer avec clarté, précision et justesse.

Malgré une supériorité qui s'affirmait de plus
en plus, il restait dès lors, comme plus tard dans la vie
religieuse, modeste et réservé. Jamais on ne remar-
qua en lui une tendance à vouloir dominer. Au contraire, lorsqu'il lui arrivait d'être quelque peu com-
plimenté pour un succès obtenu, pour un devoir qui
donnait complète satisfaction, il baissait la tête et répondait simplement par un sourire. Voilà surtout
ce qui le rendait sympathique à ses confrères. Jamais
il ne fit parade ni de talent, ni de vertu. Tout se fu-
sionnait si bien avec une admirable simplicité que
plus d'un, au premier regard, aurait pu s'illusion-
ner sur son compte. Il chercha continuellement à
vivre effacé. Il s'ingéniait à faire passer les autres
avant lui ; c'est là un secret que connaissent seules
les âmes d'élite. »

Au postulat, où il était entré le 19 octobre 1912,
cette réserve extrême fut pour lui une source
d'épreuves. Son exquise sensibilité qui se révélera
plus tard dans sa correspondance, aura souffert de
l'espèce de défiance qu'il ne pouvait manquer de
constater dans l'attitude de plusieurs maîtres. Ceux-
ci ne savaient pas trop à quoi s'en tenir au sujet de
ce jeune homme intelligent et peu expansif. Peu à
peu, il se mit plus à l'aise, et ce fut dès lors une liberté confiante et de bon aloi.

Le 19 mars 1913, il revêtit l'habit religieux. Il ne
tarda pas à manifester qu'il prenait sa formation à
cœur, par le sérieux qu'il apporta à bien remplir tous
ses devoirs. Dans sa tenue posée, rien n'attirait particulièrement l'attention, il était facile de reconnaître
néammoins que la vie régulière du noviciat produi-
sait sur lui les plus heureux effets ; sa piété s'épa-

nouissait, et l'on sentait qu'il était captivé par la double fin de notre Institut. Son intelligence vive et pénétrante lui révélait les beautés d'une vie toute de dévouement consacré à la formation de l'enfance et et de la jeunesse. Il saisissait les points essentiels des instructions religieuses, les idées maîtresses des conférences, et en rendait compte avec une netteté et une précision admirables.

En même temps, sa formation se poursuivait. Chez lui, l'ascension vers le mieux fut normale et régulière, aussi bien pendant le scolasticat que pendant le noviciat. Il se remit aux études profanes avec l'application qu'il apportait en toute chose ; dans l'ensemble, s'il eut des émules, aucun ne le dépassa.

Ses facultés étaient si bien équilibrées qu'il réussissait également dans les différentes branches du programme. Aussi personne ne fut surpris de le voir enlever le brevet supérieur dès l'année suivante.

Pendant les derniers mois de son scolasticat, il enseigna l'anglais aux débutants qui ont gardé un excellent souvenir de ces premières leçons.

A son départ, il avait un ensemble de qualités et de connaissances qui faisaient augurer le professorat le plus brillant et l'apostolat le plus fécond.

Celui-ci devait être de courte durée et vite interrompu par l'appel sous les drapeaux. Un de ses élèves, devenu plus tard religieux à son tour avec plusieurs de ses camarades, nous communique ses impressions sur le F. Louis de Gonzague.

Sa physionomie douce et attrayante, quoique empreinte d'une gravité au-dessus de son âge, nous captiva dès l'abord, et lorsqu'une plus ample connaissance nous permit de deviner tout ce que cet extérieur affable et sérieux cachait de vertus, notre sympathie à son égard ne fit qu'augmenter.

Sa classe, bien préparée, était fort intéressante, et il paraissait aussi content de notre bonne volonté que nous étions reconnaissants de ses soins.

Mais quelle médaille n'a pas son revers ! Pendant une promenade, quelques élèves, sans s'apercevoir que le Frère Louis de Gonzague les suivait à peu de distance, s'entretenaient d'une leçon de géométrie qu'ils n'avaient pu comprendre et, naturellement, le tort en était au professeur. Un autre élève qui les entendait les avertit discrètement de changer le sujet de conversation. Cette marque de mauvais esprit dut certainement affliger le jeune professeur qui eut la délicatesse de n'en jamais parler. Peu lui importait d'ailleurs le jugement des hommes, il ne briguait pas leurs applaudissements ; il n'avait d'autre but que le bon plaisir divin. En classe, il était une chose à laquelle le cher Frère, toujours si soigneux dans les emplois de sa charge, semblait donner encore plus d'attention, c'était l'explication de la maxime inscrite chaque jour au tableau et en tête des devoirs. Cette petite instruction offrait au zélé professeur l'occasion de communiquer à nos cœurs le feu qui consumait le sien. La sentence était toujours bien choisie et commentée avec autant de conviction que de simplicité.

Un jour, entre autres, il nous parla du bonheur d'être tout à Dieu. Le souvenir des jours si heureux et si beaux de son noviciat lui inspira des accents pleins de feu qui nous émurent profondément.

Son plus grand plaisir en promenade était de nous entretenir sur ce même sujet, et je sais telle excursion où sa parole persuasive fit prendre à plusieurs la détermination de rompre sans délai avec le monde et d'entrer immédiatement dans la vie religieuse, ce qui fut exécuté : telle fut l'œuvre de la grâce divine obtenue par les prières ferventes de notre jeune professeur, si zélé pour faire connaître et aimer sa chère Congrégation.

Grâce à la correspondance qu'il entretint avec nous jusqu'à sa mort, ses conseils nous excitèrent encore au bien. Hélas ! son « grand rêve » ne s'est pas réalisé. Il ne verra pas après la victoire tous les Frères soldats réunis. Mais s'il ne fait pas partie du groupe des vaillants que la mort aura épargnés, il le contemplera du ciel en compagnie des âmes d'élite choisies pour victimes dont les sentiments héroïques connus de tous autorisent pleinement l'appellation de « Martyrs de l'Institut. »

Quelques extraits des lettres du F. Louis de Gonzague montreront la justesse de cette remarque :

Veut-on savoir si ce jeune homme du plus bel avenir est attaché à la terre ?

Malgré moi, j'envie ceux qui n'ont quitté St.-Mary's que pour prendre leur vol vers le ciel. Les noms des FF. Constantin, Chrysanthe, me reviennent à la mémoire. D'autres n'ont tardé qu'un peu plus : FF. Irénée, Alexis, Alain. Daignent ces amis que nous avons tendrement aimés, veiller sur la pureté de nos âmes. Et (pourquoi ne l'ajouterais-je pas ?) *puissent-ils venir bientôt accueillir la mienne à l'entrée de la demeure céleste !* Voyez-vous, c'est un rêve que je forme parfois... mourir jeune, si le bon Dieu le veut. Prendre mon vol avant que mes ailes aient eu le temps de se salir à la boue de cette terre. Je vous dis cela à vous simplement parce que je n'ai rien à vous cacher, mais n'en parlez pas à d'autres.

Et encore :

En ce mois de novembre, je n'oublierai pas de prier pour nos chers morts. Peut-être que je ne tarderai pas à compter parmi eux. J'envisage cette éventualité sans effroi, me confiant en la toute bonne Providence. — Mourir à 20 ans, n'est-ce pas, du reste, un sort bien beau ?

Et pourtant que de doux souvenirs !

19 octobre. Il y a quatre ans, j'arrivais à St.-Mary's. Que de fois depuis, j'ai pensé à ce jour ! Certes il ne sortira jamais de ma mémoire. La vie alors m'apparaissait sous un aspect enchanteur. Je ne rêvais qu'apostolat auprès des tout petits. J'étais loin de penser que la guerre, l'horrible guerre, viendrait m'enlever à la tâche que le bon Dieu allait me confier. Mais combien je le remercie de m'avoir choisi moi si indigne ! Que serais-je devenu s'il ne m'avait retiré du monde pervers qui n'aurait pas manqué de me corrompre ? Je frémis quand je pense que, sans la grâce de la vocation, j'aurais pu être comme tel et tel dont la vie militaire m'a rapproché.

O doux nid de St.-Mary's, les larmes me viennent aux yeux quand je pense à toi, à tous les confrères que j'ai eus pour amis pendant deux ans ! Nous sommes bien dispersés maintenant. Plusieurs sont déjà entrés dans leur éternité. Heureux ceux-là : ils sont morts en saints. *Leur sort me fait plus d'envie que de pitié.* Mais avant de les rejoindre, j'aimerais à revoir le lieu béni où notre âme fut inondée de bonheur. Je voudrais vous revoir aussi, cher Frère Directeur, et vous dire toute ma reconnaissance et toute mon affection.

Et puis, c'est la vie des camps avec les vicissitudes qu'elle comporte, les rencontres heureuses, surtout de quelques confrères, le plus souvent la solitude, une des épreuves les plus pénibles pour l'âme aimante du F. Louis, oui la solitude au milieu des compagnies nombreuses et bruyantes.

Il est des heures, dit-il, où l'on voudrait s'ouvrir à quelqu'un, lui faire ses confidences. Le prêtre n'est pas toujours là. Il faudrait donc un ami qui fût toujours à vos côtés, une âme sœur enfin, et si peu hélas ! sont à même de comprendre les aspirations d'une âme religieuse ! Le monde me laisse une impression profonde de dégoût. Du moins, cela contribue à rendre plus belle à mes yeux la vocation que le bon Dieu m'a donnée ; plutôt mourir que d'y être infidèle !

Mais qu'on ne s'imagine pas que cette âme d'élite soit exempte de luttes et se soutient sans peine. Nous lisons dans sa correspondance :

Il faut un effort de toutes les heures pour demeurer fidèle à son idéal. Parfois c'est bien dur : tant de mauvais exemples sont quotidiennement sous les yeux !

Aussi il réclame humblement des prières et souffre beaucoup d'être privé par moments de la communion:

C'est comme un jeûne imposé à l'âme, alors qu'elle a tant besoin du divin Ami pour être soutenue, réconfortée ; la semaine va me paraître bien longue !

Mais rien ne l'arrête dans l'accomplissement du devoir. En lisant dans l'*Echo des Missions* les lettres d'un de ses anciens professeurs, soldat comme lui, il s'écrie : « Je suis fier d'avoir été l'élève d'un tel héros, et je me propose bien de marcher sur ses traces ».

C'est ce qu'il a fait « avec une bravoure superbe, » suivant les termes de la citation qui lui conférait la médaille militaire, distinction dont il ne jouit pas, car blessé mortellement, il allait recevoir au ciel la récompense plus enviable d'une vie courte, mais très belle, solidement vertueuse, sans défaillance apparente que les plus claivoyants puissent signaler. Si nous ne nous méprenons pas, cela ressemble beaucoup à la sainteté qui peut auréoler un front de vingt-et-un ans, et reste un idéal digne de tous les âges.

Frère ANASTASE.

Ce nom restera dans l'Institut avec un parfum de piété et de vertu qui le rendra toujours cher. Ceux d'un certain âge se rappellent le vénérable Directeur Principal de la Guadeloupe, universellement considéré comme un saint ; et les nouvelles générations ont connu un angélique enfant dont le caractère n'est pas sans analogie avec celui de son vertueux parrain. On retrouve dans les deux la modestie, la simplicité, la ferveur sans ostentation, la charité, l'horreur des moindres fautes. Mais le premier condamné tout jeune par les médecins, devait faire mentir la science et atteindre un âge avancé, tandis que le second, qui avait tout lieu de se promettre un long avenir, n'a pas même pu exercer un jour le zèle qui l'animait pour le salut des enfants. Il a passé sans transition de la maison de noviciat où il était entré le 19 août 1913, au service militaire, 15 janvier 1916.

Un éclat de bombe, l'atteignant au cœur, dans la nuit du 15 au 16 juillet 1918, a ajouté une fleur de plus à ce qu'on a poétiquement appelé le parterre des « lis rouges. »

Soit que l'on suive le jeune Jean-Marie Pirion depuis ses premières années au sein d'une très chrétienne famille de Surzur (Morbihan) jusqu'au pensionnat La Mennais à Ploërmel, où il prépara son brevet ; soit qu'on l'ait connu au noviciat d'Angleterre avec la candeur d'un enfant incapable de déguiser sa pensée, ou qu'on ait eu à soutenir son courage au milieu des dangers moraux de la vie militaire, partout on retrouve une innocence admirable qu'aucun souffle n'a ternie. Dès lors, on ne sera pas étonné de voir les autres vertus s'épanouir comme naturellement dans cette âme si pure, et produire les plus beaux fruits..

Dès son entrée au postulat, il se trouva dans son élément. Son application à l'étude était très soutenue et lui valut des succès qui ne portèrent aucun préjudice à sa modestie caractéristique. Il passait sans bruit et ne se faisait point remarquer. Il n'était pas obligé pour cela de s'effacer volontairement comme le F. Louis de Gonzague, les circonstances extérieures favorisant elles-mêmes son humilité. L'attention n'était pas attirée sur ce jeune homme sans grande apparence, intelligent, ponctuel en tout, plein de bonne volonté, mais en somme disparaissant au milieu de confrères animés plus ou moins des mêmes sentiments.

Au noviciat, il ne se distingua non plus d'abord que par une régularité parfaite, mais on ne tarda pas à être frappé de cette fidélité aux petites choses qui ne se démentait point. Qu'il ramassât des feuilles d'arbres, balayât les dortoirs ou essuyât la vaisselle, il y mettait le plus grand soin. Rien n'était bâclé ou fait avec précipitation. On le voyait se déranger pour enlever une feuille oubliée, un flocon de laine dissimulé dans un coin. Et pourtant, le croirait-on ? ces travaux exécutés avec une attention que d'autres auraient jugée minutieuse, furent pour le F. Anastase la source de plus d'une humiliation. Affligé d'une myopie assez prononcée, il lui arrivait quelques maladresses. Malgré sa bonne volonté, il ne voyait pas tout, et, les surveillants avaient quelquefois l'occasion de lui reprocher ses oublis. Les jeunes gens qui lisent ces détails savent combien il est difficile de supporter un blâme lorsqu'on a fait tout son possible. Le F. Anastase allait au delà de ce qui est raisonnablement exigé ; or ses confrères affirment qu'on n'entendit jamais la moindre plainte s'exhaler de ses lèvres. Il était cependant très sensible par nature. Lui arrivait-il de heurter quelqu'un dans le corridor un peu sombre, une vive rougeur colorait son visage, il était honteux de cette maladresse involontaire, mais dès qu'il s'apercevait qu'il n'y avait de mal pour personne, il riait de bon cœur, sans manquer au silence, bien entendu, car il était très attentif à ce point de règle. Si un confrère s'oubliait à lui parler sans nécessité, un sourire et un simple signe rappelaient le délinquant au devoir.

Jusqu'au scolasticat, il devait rencontrer ainsi des occasions de s'humilier. S'il faisait d'excellents devoirs de mathématiques ou de littérature, il manquait de goût dans la disposition extérieure de son travail, et, comme l'ordre, la propreté, l'écriture, ont une grande importance pour de futurs maîtres qui devront exiger du soin de leurs élèves, on ne se faisait pas faute de le lui rappeler.

Ainsi affermi dans l'humilité par sa modestie habituelle, par ses efforts pour dominer la sensibilité, par un concours de circonstances providentielles et même par de petits défauts naturels, le cher enfant ne devait pas opposer d'obstacle à l'action de la grâce. Elle éleva cette âme pure à un degré de piété et d'union à Dieu dont tout le monde fut frappé. On admirait son air recueilli dans les allées et venues, et on se rendait compte de l'entretien poursuivi partout avec des êtres invisibles : Notre-Seigneur, la sainte Vierge, l'Ange Gardien. Chez lui, dit un de ses confrères, tout priait.

Il avait une grande dévotion à la sainte Eucharistie, et on le verra, durant le service militaire, profiter des moments libres pour passer deux heures de suite devant le tabernacle. Il goûta beaucoup aussi les ouvrages du Bienheureux de Montfort et s'adonna, suivant ses indications, à la Vraie Dévotion à Marie, qu'il pratiqua avec une rare perfection. C'était un bonheur de l'entendre parler de la sainte Vierge. Ses méditations écrites avaient pour sujet habituel une vertu ou un privilège de Marie. Il y revenait à chaque instant au cours de ses conversations ; et il se dégageait alors de toute sa personne comme un rayonnement de joie suave et délicieuse. La même impression se remarquait en lui lorsqu'il récitait l'office ou le chapelet. Il avait pris l'habitude d'aller à Jésus par Marie. On pouvait s'en convaincre par la manière dont il expliquait cette pieuse industrie. Son rêve était de mourir un jour de fête de la sainte Vierge. La bonne Mère a appelé son enfant pour voir au ciel la solennité de Notre-Dame du Mont-Carmel, et entendre les actions de grâces des âmes sauvées par le scapulaire ou sanctifiées dans l'ordre austère spécialement consacré à la Mère de Dieu.

La vertu du F. Anastase n'était ni contrainte ni sauvage. Il était très gai et même ardent au jeu. Règle vivante, il ne pouvait manquer de suivre sur ce point comme sur tous les autres les recommandations faites. Mais à la fin de la partie, et même à chaque arrêt, surtout s'il avait lieu de craindre une petite difficulté ou un désaccord, il fermait les yeux un instant et murmurait une courte prière. Quant à lui, il avait une telle horreur des chicanes qu'on l'a vu céder maintes fois, bien qu'il eût manifestement raison.

Aussi bien que dans l'ardeur du jeu, il restait attentif à la présence de l'hôte invisible au milieu des distractions des joyeuses promenades. Ses confrères, toujours très perspicaces pour se deviner mutuellement, admiraient cette alliance étonnante d'une vie intérieure soutenue et de l'entrain, de la joie expansive qu'ils remarquaient en lui. Le F. Anastase riait très facilement et de tout cœur, comme ceux qui n'ont jamais eu de reproche grave à s'adresser dans le secret de la conscience. Au scolasticat, dans la classe préparatoire au brevet supérieur, il se trouvait mêlé à un groupe plein d'ardeur et d'émulation, mais aussi très gai et très spirituel ; aussi en promenade, les joyeux propos s'entre-croisaient, alternant avec les réflexions sur les belles études et sur le prochain apostolat. F. Anastase y prenait part modestement ; sans attirer personnellement l'attention, plus heureux d'applaudir aux saillies des esprits vifs et primesautiers que de se distinguer lui-même. Cependant, aux yeux de tous, c'était le petit saint dont on disait couramment : il ne perd pas la présence de Dieu ; saint aimable et charmant, du reste, très bon pour tous, empressé à rendre service et dont personne n'eut jamais à se plaindre.

Sans l'éclat doux et voilé de cette piété et de cette vertu bien au-dessus de l'ordinaire et qui ne se démentit jamais, F. Anastase aurait exercé peu d'influence, et aurait passé tout à fait inaperçu. Sa timidité naturelle l'empêchait de se produire, et il éprouvait une certaine gêne pour paraître et parler en public. Cependant il semble que très peu de ses confrères aient produit au noviciat un bien aussi réel.

Son action fut décisive sur plusieurs qui se trouvaient aux prises avec le démon de l'orgueil ou de l'inconstance. L'angélique jeune homme ne se douta jamais de l'impression produite par ses entretiens sur certaines âmes agitées qui, à son contact, retrouvèrent le calme et la paix.

Aurait-il eu en classe l'autorité suffisante ? Quelques surveillances dont il fut chargé pendant son scolasticat et dont il s'acquitta, comme toujours, avec la plus grande bonne volonté, donnèrent lieu parfois à d'inoffensives espiègleries de jeunes débutants. Ce fut une première épreuve le préparant de loin, de très loin, aux grossières plaisanteries de la caserne.

Il y fut bien dépaysé, comme on le pense. Il se présenta avec sa modestie habituelle qui ne se trouva pas, dans ce milieu, si bien de mise qu'au noviciat. Aussi le lieutenant, l'apostrophant avec bienveillance : « Ici, mon petit, il ne faut jamais regarder la terre, mais toujours le ciel ! » — « Voilà au moins une bonne parole pour commencer », se dit le F. Anastase.

Versé dans l'auxiliaire à cause de sa vue faible, il se trouva toujours humilié de sa vie de bureaucrate, comparée à celle de tant de confrères dont il voyait la correspondance dans le *Lien Fraternel* et dans *l'Echo*, admirant leur héroïsme dans les tranchées de première ligne. Il ne tint pas à lui d'être assez longtemps loin du danger, et l'on fut obligé de lui prêcher la résignation, puisque les circonstances providentielles l'avaient amené dans cette situation qui n'était pas de son choix. D'ailleurs, les occasions de souffrir ne lui manquèrent pas. Les bureaux furent témoins du long martyre de sa délicatesse froissée et de ses luttes poignantes pour conserver intact le trésor sans prix de son innocence.

Ce timide déclara tout net ce qu'il était, ne craignit

Intérieur de la Chapelle du Noviciat de Laprairie (Canada).

pas de discuter même avec des chefs et de demander carrément aux plus hostiles à la religion les permissions nécessaires pour accomplir ses exercices de piété. Comme beaucoup d'autres l'ont constaté, cette crânerie eut presque toujours du succès. Il tâchait de soutenir ceux qui allaient fléchir par respect humain : « Le dimanche, disait-il, est le jour où l'on peut prévenir beaucoup de fautes mortelles. »

Les autres secrétaires, tout en ne partageant pas ses idées, lui témoignaient beaucoup d'affection. Chaque soir, avant d'aller à la soupe, il demandait : « Faudra-t-il revenir ensuite au bureau ? » — « Il y a bien du travail, disait-on, mais va dire tes prières et dis-en pour nous ! » Cependant, à la vue de ce petit jeune homme impressionnable et rougissant comme une fillette, il était difficile de résister au malin plaisir de le mettre sur des épines en abordant les sujets de conversation trop habituels. On le savait si bon que cela venait plutôt de la légèreté que de la malice : la plupart sans doute n'auraient pas continué s'ils avaient deviné toute la peine qu'ils lui causaient. Sa conduite aussi était un reproche trop fort pour quelques-uns, et ils sentaient le besoin de s'étourdir par des sophismes auxquels il était moins préparé que d'autres à répondre d'une manière convaincante. A vrai dire cependant, il ne rencontra qu'un chef absolument pervers, impie et acharné à le perdre. Il eut beaucoup à en souffrir.

Son bonheur était de demeurer isolé, continuant l'union avec Notre-Seigneur, soit devant le tabernacle, soit dans un camion-magasin où il logea quelque temps, y prenant même ses repas. C'est là qu'il s'unit à la retraite des supérieurs, faisant la sienne aussi et s'avançant de plus en plus dans la vie intérieure : « Mon programme, dit-il, est de vivre continuellement sous les regards de Jésus et de Marie, afin d'atteindre l'idéal de ma vie religieuse. »

Il faisait alors partie d'une escadrille et tenait la comptabilité. Un jour, le lieutenant aviateur, croyant lui faire plaisir, l'aborde et lui dit sans préambule : « Pirion, préparez-vous, dans un quart d'heure je vous emmène. » Le F. Anastase savait que le religieux ne s'appartient pas, et que s'il doit risquer sa vie sans hésiter, lorsque le devoir le demande, il ne faut pas l'exposer par plaisir ou amusement. Mais, d'autre part, craignant de passer pour lâche s'il refusait, et, vu la sécurité presque complète que l'aviation offre aujourd'hui, il s'envola... Ce fut la répétition préparatoire de cette autre ascension que son âme virginale devait faire plus tard, près des lignes ennemies, lorsque la bombe fatale la détacha brusquement de son corps meurtri.

Depuis un an surtout, il avait ajouté sans cesse de nouveaux fleurons à sa couronne. Dieu permit qu'il fût exercé par des épreuves inattendues. Le démon, désespérant de le corrompre, l'attaqua sur d'autres points :

J'ai passé par des moments terribles : doutes, sécheresse, froideur pour le bon Dieu. Un jour, le 1er octobre, je suis allé trouver mon confesseur ; je lui ai révélé mes troubles, exposé mes inquiétudes, et la paix est revenue dans mon âme lorsqu'il m'a dit ces simples paroles : mon enfant, vous voulez bien faire !

Précédemment, il s'encourageait ainsi :

Dans mes heures de souffrances, souffrances morales surtout, je me dis : pourquoi t'attrister ? Jésus n'est-il pas là, tout près de toi, te regardant avec amour ? Quant à notre bonne Mère du ciel, elle est toujours mère pour toi, et c'est tout dire.

Trois jours avant sa mort, quand le ciel entr'ouvert l'attendait déjà, une autre douce vision se présenta à ses regards, celle de ce paradis de la terre le noviciat, où il avait coulé ses plus beaux jours :

Revoir l'humble petite chapelle où je me suis tant de fois agenouillé, où tant de fois j'ai prié et reçu Notre-Seigneur ! Il y a sans doute là-bas des visages nouveaux ; comme j'aimerais à faire connaissance avec ces petits frères !

On retrouve ce sentiment dans les lettres de tous les jeunes frères-soldats, et il semble s'éveiller encore plus intense et plus suave lorsqu'ils vont mourir.

Il me tarde surtout, ajoute le F. Anastase, de quitter cette atmosphère malsaine des camps. Dieu seul peut savoir quelles ont été mes souffrances morales ; grâce à Jésus et à Marie, je les ai supportées, sinon avec joie, du moins avec résignation.

Elles ne devaient plus être longues. Le Rémunérateur suprême avait tout compté, tout inscrit. Il avait préparé la récompense de choix destinée à ceux qui ont beaucoup souffert en ayant peu à expier. Il envoya ses anges cueillir l'âme sœur qu'ils connaissaient bien, et qui devait répéter, encore un peu tremblante : *Plutôt la mort que la souillure !*

Frère THÉOPHANE-JOSEPH

Des vocations peuvent surgir dans tous les milieux, mais, en général, une des garanties les plus sérieuses de succès et de persévérance, c'est d'appartenir à une famille foncièrement chrétienne. Celle du F. Théophane-Joseph nous apparaît à cet égard comme vraiment idéale. Le père est universellement connu pour la fermeté de ses principes. C'est un de ces caractères qui ne transigent pas avec le devoir, ne laissent pas entamer leur autorité et la gardent intacte, quel que soit l'âge des enfants. Cette énergie pourrait sembler un peu rude parfois si elle n'était tempérée par l'âme si tendre et si pieuse de la mère qui façonna de bonne heure à son image celle du Benjamin de la famille dont nous esquissons à grands traits la courte existence.

Devenu soldat, le jeune Donatien écrira alternativement au papa, à la maman, aux frères aînés, aux sœurs, aux bonnes tantes. Et cette correspondance suggestive révèle tant d'union, de délicatesse, de pieuse sollicitude, que l'on voit sans peine l'origine des qualités et des vertus qui seront admirées dans le jeune religieux.

Aussi, que de fois il revient dans ses lettres sur la reconnaissance qu'il doit à Dieu pour avoir entouré son enfance de si beaux exemples !

De plus en plus, dit-il à sa mère, je sens combien je dois remercier le bon Dieu de m'avoir confié à tes soins et de t'avoir conservée à mon affection. Qu'ils sont à plaindre ceux qui n'ont pas connu la voix d'une mère ! Il leur manque à tous quelque chose. Mais je dois te le dire aussi, qu'ils sont à plaindre ceux qui n'ont pas appris de leurs parents à aimer la religion et qui n'en ont pas reçu de bons exemples ! Ils aiment peut-être leurs parents ceux-là, mais on ne le voit guère, surtout d'après leurs conversations.

Ah ! qu'ils se trompent profondément les parents qui laissent pleine liberté à leurs enfants et qui n'ont pas la force de brider leurs caprices !

Merci, bien chère maman, de toutes tes peines, particulièrement de celles que tu éprouvais quand il fallait me corriger. Il me semble que ce sont les plus méritoires et celles qui sont payées plus tard par une véritable affection. Aussi, ce que je demande pour ma sœur Rose, c'est d'être une mère affectueuse, mais sachant corriger. De cela dépend le salut de ses enfants.

Hélas ! quelques mois après, cette chère sœur devait mourir, et le petit soldat absent exhale des plaintes touchantes qui montrent une fois de plus que la vie religieuse, loin d'éteindre les sentiments naturels, les affine en les élevant. Plus le cœur se dégage des restes d'égoïsme, plus ses affections deviennent délicates et profondes.

Pauvre Rose, toi dont le visage ne portait point encore, il y a quelques jours, l'empreinte d'une mort si proche, la vie est déjà terminée pour toi ! Ah ! qu'il est dur de demeurer loin du foyer paternel lorsque tous sont dans la peine ! Chez nous, on peut rester seul et pleurer à son aise ; ici, pas de trêves aux chansons, pas de silence propice à la réflexion, pas de cœurs pour consoler ; il faut s'en aller à travers la plaine ou dans quelque bois de sapins, là seulement on est en paix.

Après avoir recommandé la chère défunte à M. l'Aumônier qui dira la messe pour elle, Donatien multiplie les lettres pour avoir les détails sur ses derniers moments. Il écrit à sa tante Pauline :

Je viens de relire pour la cinquième fois au moins ton récit de la mort de notre Rose. Il est tel que je le désirais. Je sens que tu y as mis tout ton cœur et je suis profondément touché de l'affection dont tu as entouré la chère mourante en ses derniers jours. Tu savais qu'à ces heures pénibles où la mort guette sa proie, le malade a besoin de se sentir aimé et entouré d'une sollicitude exceptionnelle. Aussi, dès le moment où ton affection, toujours vigilante et perspicace, pressentit douloureusement une séparation prochaine, tu sus te conduire comme il le fallait vis-à-vis de notre pauvre Rose. Tu t'appliquas à calmer cette inquiétude si naturelle à l'âme aux approches de l'inconnu ; avec un tact dont peu connaissent le secret, tu lui fis comprendre que le moment était venu de prendre ses précautions pour le grand voyage, et, au lieu de larmes, un sourire de résignation sereine répondit à cette révélation.

Et maintenant, comme il est beau le souvenir de ses derniers instants ! Rose, me dis-tu, qui depuis son agonie tenait dans ses mains celles de Marie, retira sa main droite un quart d'heure avant sa mort et passa son bras autour du cou de sa sœur ; sa tête alors s'inclina et c'est dans cette attitude émouvante que ses yeux se fermèrent et que peu après elle rendit le dernier soupir.

Rien ne me console tant que cette atmosphère de piété fervente et de tendre affection dans laquelle rendit son âme la bien-aimée disparue. Pour moi, rien n'est plus beau sur la terre. Et je ne saurais jamais assez remercier le bon Dieu de m'avoir fait naître dans une famille où l'on m'a appris à l'aimer et où l'on s'aime d'une affection si désintéressée, si profonde et si vraie.

On voit dans quel milieu l'enfant avait grandi. Le moment vint de le quitter pour aller en pension et préparer l'avenir. C'était à un âge critique, surtout pour une nature sensible et affectueuse comme la sienne. Nonobstant l'influence salutaire des meilleures familles, il y a souvent une période difficile à franchir; l'orientation de l'existence tout entière en dépend. La prière assidue de la pieuse mère et de tous les siens accompagnait sans doute l'élève penché là-bas sur les livres et les cahiers, et quelquefois un peu rêveur. Dieu lui fit la grâce de rencontrer un éducateur et un apôtre qui le devina, le soutint et le lança vers les sommets. La vocation religieuse ne tarda pas ensuite à se manifester d'une manière évidente. La perspective du bien à accomplir dans l'âme des enfants remplit la sienne d'une telle allégresse qu'il en résulta une gaieté un peu exubérante dans ce grand garçon épanoui, heureux, si bien qu'on lui fit peur une fois, ainsi qu'à un ami qui partageait ses aspirations, en leur disant qu'ils ne resteraient pas longtemps au noviciat s'ils se dissipaient ainsi... Mais à peine y furent-ils entrés qu'il se rendirent compte du sens de cette menace : ce n'était qu'une leçon, car autour d'eux tout prêchait l'aisance des rapports, et une joie sereine se lisait sur tous les fronts.

Donatien se fit aisément aux usages de la maison,

aussi était-il bien préparé pour initier deux de ses compagnons d'études qui le rejoignirent deux mois, plus tard. Doué d'un cœur aimant et généreux, il gagna les sympathies de tous. « Ce qui me frappa d'abord dans ce jeune homme à la taille svelte et élancée, écrit un de ses confrères, ce fut sa physionomie franche et ouverte, son beau regard où se reflétait une âme aimante, son sourire toujours accueillant. »

Pendant les cinq mois qui précédèrent son noviciat, il continua ses études avec ardeur. Avec une mémoire ordinaire, il arrivait à de beaux résultats, grâce à son application. Les sciences et les mathématiques avaient beaucoup d'attrait pour lui, mais ses goûts et ses aptitudes le portaient de préférence vers la belle littérature. Aussi ses lettres, même écrites d'un crayon rapide, au fond des tranchées, joignent comme naturellement une forme soignée aux réflexions philosophiques qui frappent chez un jeune homme de cet âge. L'analyse de plusieurs poèmes de Lamartine fut pour lui un régal. Les effusions lyriques de l'auteur de Milly auraient même pu avoir trop de charmes pour une âme vibrant aux mêmes impressions s'il en avait fait une étude exclusive, mais il s'enthousiasmait également des beautés littéraires plus solides que celles du romantisme, et Polyeucte lui inspirait un véritable désir du martyre

Déjà, il se faisait remarquer par un grand esprit de foi. Entre les solutions de deux problèmes, au milieu d'une étude, on le voyait jeter un regard rapide sur le grand crucifix appendu au mur.

Mais il était visible qu'il lui tardait d'entrer au noviciat pour être à peu près dégagé des études profanes, et donner libre cours à sa piété, en se formant d'une manière plus directe à la vie religieuse. Au retour de la dernière promenade au postulat, avant la retraite préparatoire à la prise d'habit, il s'approcha d'un ami, et saisi de la plus vive émotion, il ne put lui dire que ces mots : « Mon Frère... dans dix jours !... »

Comme novice, le Frère Théophane-Joseph pratiqua les plus belles vertus : humilité, douceur, charité, gaîté alliée à l'esprit de mortification et à l'amour de la croix, la bonté restant le fond de sa nature et rayonnant dans tous ses actes. Son amour envers Jésus et Marie était frappant et débordait dans les exercices publics d'oraison. Bien que ce soit, en effet, un simple exercice pour apprendre la marche à suivre, on se sentait ému aux accents si vrais de ce cœur embrasé.

Très fréquemment à la chapelle, en qualité de sacristain, qui n'a remarqué son allure calme, recueillie, chose rare en cet office, la courte prière qu'il ne manquait jamais de faire avant d'y entreprendre quoi que ce soit, sa fidélité à garder le silence, ne manquant jamais de faire comprendre par signe tout ce qu'il pouvait ? Quand arrivaient les fêtes de la Sainte Vierge, il fallait voir avec quel bonheur et quelle délicatesse il ornait son autel, combien il aimait à renouveler les fleurs ! N'écoutant que sa ferveur, il eût facilement prodigué les ornements et les illuminations. Il lui advint même de le faire un premier vendredi du mois dans son zèle pour honorer le Sacré-Cœur de Jésus.

Il avait une grande foi dans la prière, et, non content d'y goûter les plus suaves consolations qu'il ne pouvait dissimuler, il s'en servit, ainsi que des autres moyens surnaturels, pour gagner entièrement à Dieu des cœurs hésitants.

Il respirait la candeur, la sainteté, et tout le monde éprouvait cette impression. Le sourire ne quittait pas ses lèvres, si ce n'est lorsqu'on faisait allusion à ses vertus. Alors il ne répondait rien et s'humiliait encore davantage.

F. Hippolyte-Louis décoré (A droite de l'aumônier).

L'esprit de mortification, plus méritoire pour lui à cause des oppositions de sa nature sensible, apparaissait partout.

A la collation il ne prenait point de confiture, et, comme le F. Xavier-Marie, il s'ingéniait à conserver pour ce moment des croûtes durcies. Un confrère lui offrit, un jour, du pain frais, et il se trouva tout confus de voir qu'on avait remarqué sa petite pénitence, petite pour une fois il est vrai, mais assez pénible et méritoire quand elle est répétée chaque jour.

Par tempérament, le F. Théophane préférait les petits travaux d'intérieur et surtout l'ornementation des autels, aux besognes plus rudes que les novices eurent à exécuter pour améliorer la belle propriété de Bitterne-Park. Mais on ne l'aurait pas cru à voir l'entrain avec lequel il portait des charges de briques parfois couvertes de glaçons, ne s'arrêtant jamais pour se réchauffer les mains. Dans les travaux de terrassement, son ardeur habituelle le faisait souvent devancer les voisins. Il avait alors une manière adroite de les aider un peu, puis il revenait à sa besogne. Son esprit de pauvreté se manifestait dans le soin qu'il prenait de nettoyer de son mieux les outils avant de les remettre en place ; petit détail insignifiant, pensera-t-on, mais qui, se reproduisant constamment, indique bien des choses.

Si l'on veut un autre exemple typique de cet amour de la pauvreté qui, dans tous les ordres, est souvent la caractéristique des religieux sortis des familles les plus opulentes, nous rappellerons les sabots légendaires du Frère Théophane. Laissons parler un de ses confrères :

C'étaient de vieux sabots. Où les avait-il trouvés ? Probablement parmi les chaussures mises au rebut. Toujours est-il qu'il se les appropria et qu'il les affectionna beaucoup. Trop larges et trop longs pour ses pieds, il lui arrivait fréquemment de les perdre, surtout aux jeux. Ce fut pour lui l'occasion de plus d'une taquinerie de la part de ses confrères. Loin de s'en offenser, il accueillait tout avec son bon sourire habituel. Un jour vint cependant où les sabots vraiment « fatigués » se refusèrent à continuer leurs services, les cuirs étant usés ou déchirés. F. Théophane, sans aucune cérémonie, se procure des ficelles et au commencement de chaque récréation nous le voyions se fixer aux pieds ces lambeaux de chaussures qu'il continua de faire gémir ainsi pendant plusieurs mois.

Les études qu'il reprit au scolasticat ne ralentirent point son ardeur pour l'avancement dans la vertu. Sa piété goûtait la lecture des vies des saints, particulièrement du Bienheureux Gabriel del Addorolata, ou des mystiques comme Gemma Galgani et Sœur Gertrude-Marie. Il fut toujours le confrère aimable, gai, empressé à faire plaisir. En quittant St.-Mary's, il était animé du zèle le plus louable pour sa sanctification et pour le salut des enfants qui allaient lui être confiés, heureux de rendre à d'autres ce qu'il avait reçu, à l'heure où sa jeunesses superbe apparaissait aux yeux de tous comme une des œuvres les plus belles de l'éducation chrétienne et religieuse.

Il n'oublia point la maison de noviciat :

Quelle joie j'ai éprouvée, écrivait-il à un ami, lorsqu'on m'a remis les deux petites lettres qui allaient me faire revivre quelques minutes au « là-bas » chéri, et me faire ressouvenir de l'amabilité et de la sainteté de ceux qui y vivent ! Vous me dites que vos petits enfants prient comme des anges. Ah ! que je voudrais voir les miens prier ainsi. Mais c'est encore trop exiger d'eux. Pourtant s'ils comprenaient combien Jésus les aime, ils l'aimeraient davantage !

Hélas ! à peine avait-il commencé à leur insuffler cet amour dont il brûlait lui-même qu'il fallut les quitter pour courir défendre la patrie.

A l'armée comme partout, le F. Théophane inspira une grande sympathie, même aux camarades qui ne partageaient pas ses idées. De son côté, il les aima beaucoup et sentit toujours l'amertume de la séparation, mais il voit d'abord les âmes. En se recommandant aux prières, il insiste pour qu'on ne pense pas à lui seul, mais encore à ses camarades, car il serait désolé d'en voir un seul disparaître avant d'avoir mis ordre aux affaires de sa conscience. Il ajoute : « Advienne de notre corps ce que Dieu voudra, pourvu que notre âme reste à Lui ! »

Quelques jours avant sa mort, il rencontra par hasard un confrère soldat plus âgé qu'il ne connaissait pas. Celui-ci, éducateur expérimenté, le jugea du premier coup d'œil.

Je me trouvais, dit-il, en présence d'une belle âme, toute remplie de sève surnaturelle et désireuse de travailler avec ardeur à l'instruction de la jeunesse. Nous eûmes ensemble trois entretiens dont je garderai toujours la mémoire. Au salut du Saint-Sacrement, je remarquai sa piété. De sa conversation, il se dégageait particulièrement l'idée de gagner les âmes de ses camarades.

Il tenait à donner l'exemple du courage comme de tout le reste :

Priez pour que je reste maître de moi au plus fort du danger, et qu'ainsi, sans en faire parade, je puisse montrer qu'un chrétien ne tremble pas devant la mort.

La sombre ménagère lui faisait signe de loin. Il la voyait venir. Il écrivait à son frère Paul, après la mort de leur sœur :

Désormais la famille ne se retrouvera réunie qu'au ciel. Fixons avec plus de confiance nos yeux sur ces éternelles destinées, car d'autres séparations cruelles nous attendent.

Il admirait ses jeunes confrères choisis comme de

pures victimes et que la guerre cruelle avait déjà moissonnés, et il se disait que s'il était plus généreux il serait peut-être l'objet de la même prédilection. Ce n'est pas que sa nature particulièrement sensible n'éprouvât pour le sacrifice une répugnance plus forte que les tempéraments froids et énergiques, mais son cœur à la fin acceptait tout pour réparer les fautes dont il était le témoin navré. Et l'on voit bien par les citations dont il fut l'objet qu'il ne reculait devant aucun péril lorsque le devoir lui disait de marcher. Les chefs lui donnent des qualificatifs de mitrailleur parfait et de gradé exemplaire.

L'aumônier du régiment lui décerne des éloges qui seront encore plus appréciés :

J'ai rarement rencontré, écrivait-il le 13 septembre 1918, une âme aussi limpide et aussi désireuse du bien des âmes, que la sienne, et c'était un repos pour moi de le rencontrer et de le traiter en ami, c'était aussi une édification. Il avait su d'ailleurs se faire estimer et aimer de ses camarades, et je me réjouissais du précieux exemple qu'il donnait et de l'influence qu'il exerçait avec douceur et charité. Il était monté en première ligne dans la nuit de mercredi à jeudi. Hier matin, au moment où je partais pour ma tournée de tranchées, un camarade, guidé par la Providence, m'avait indiqué le poste où il se trouvait. Je pus ainsi lui porter la communion qu'il désirait ardemment faire le plus souvent possible. Il me reçut avec son amabilité toujours égale. Il me parla d'un livre sur *l'Eucharistie au front*. Ce devait être sa dernière communion et ma dernière visite. La Sainte Vierge, dont nous fêtions le saint Nom, lui fit signe la nuit suivante.

Dès ce matin, en revenant des tranchées où j'avais été au-devant de son corps, j'ai célébré la messe pour le repos de son âme, mais j'ai l'impression que déjà cette âme prie pour nous dans le sein de Dieu.

Dans une lettre écrite ultérieurement à un des frères du défunt, le même aumônier ajoute les détails suivants :

Votre cher Donatien a été frappé non seulement dans l'accomplissement d'un difficile devoir, alors que sous un violent bombardement annonçant un coup de main ennemi, il tirait sans relâche avec sa mitrailleuse sur la toute première ligne, mais encore dans un acte de dévouement volontaire ; il aurait pu, à l'heure où il fut frappé, se trouver dans un abri, ayant déjà veillé la première partie de la nuit, mais il avait voulu rester, même en dehors de son tour, pour que le service fût plus assuré.

Un premier obus blessa un des deux soldats qui se trouvaient avec lui ; il envoya l'autre chercher du secours, et pendant ce temps, un second obus, tombant presque sur la position de la mitrailleuse, acheva le blessé et tua votre frère. Je lui donnai l'extrême-onction sous condition. Je n'étais pas inquiet sur son âme ; plus que personne il était prêt, et il dut commencer ce matin-là l'éternelle communion comme il avait fait, le matin précédent, la communion sacramentelle.

AU MILIEU DES TOMBES

MÉDITATION

Le champ des morts a pris sa parure automnale,
Les chrysanthèmes d'or jonchent les monuments ;
Ils penchent, vers le sol, leur front lourd de pétales
    Echevelés et caressants.

L'arbre mordu des gels, s'effeuille sous la bise
Qui, dans les cyprès verts, se lamente et gémit ;
C'est, dans le ciel du soir, la procession grise
    Des feuilles jaunes, des débris.

C'est la veille des morts !... Dans tous les cimetières,
La foule pieusement s'en va... pour y pleurer ;
Et, sur chaque tombeau, s'élèvent des prières
    Que l'on voit, vers le ciel, monter.

Mais le jour déclinant pâlit et s'enténèbre :
Voilà que les vivants ont laissé seuls les morts ;
La grande paix descend sur eux ; le clos funèbre
    Sous le clair de lune s'endort.

Je prolonge ma veille au milieu de ces tombes,
A genoux sur la terre où dorment tant des miens ;
Dans le cyprès, je crois entendre la colombe,
Et rythme mes soupirs aux battements des siens.

Mais, soudain, mon esprit traverse les espaces,
Et je vois tout là-bas, vers l'est et vers le nord,
L'immense cimetière, où dans les plaines basses,
    Dorment, côte à côte, les morts.

Et je vois, accrochés au penchant des collines,
Cimetières encor, cimetières toujours,
A croire que la mort plane sur ces ruines,
    Reine affreuse de ce séjour !

Et je vois, repeuplant ces solitudes mornes,
Des croix, partout des croix, par milliers, des croix ;
Si bien que l'on dirait, dans l'espace sans bornes,
    Une forêt de croix de bois.

Ces croix de la frontière, oh ! qu'elles sont nombreuses !
Combien leurs bras ouverts protègent de tombeaux !
Car, combien ont sombré dans des luttes affreuses,
En chantant que « *mourir est le sort le plus beau !* »

Pour gravir les sommets, âpre fut la montée,
Et rude le chemin qu'ensanglantaient vos pas ;
Vous fûtes les héros de la grande épopée,
    Poilus français..., nos petits gâs !

Sous la grêle d'obus, sous l'avalanche sombre
Des shrapnhels meurtriers et des gaz assassins,
Vous alliez devant vous sans supputer le nombre
    Des bandits à visage humain.

Vous alliez sans trembler, et vous alliez sans craindre ;
Votre devise était ce mot sacré : TENIR !
Et tenir tout le temps, et tenir sans se plaindre,
    Et jusqu'à l'heure de mourir.

Un jour que la mêlée était ardente et noire,
Et que la mort passait, et que coulait le sang,
Ensevelis, vivants, dans un linceul de gloire,
    Vous tombâtes au premier rang !

Et l'on creusa pour vous une tombe sous terre,
Dans ce vieux sol français où germent les moissons,
Et voici que vos cœurs, de leur froide poussière,
Ont tressailli soudain, à la voix des clairons.

Voix des clairons français, célébrez la Victoire !
Drapeaux, claquez joyeux au vent de liberté !
Brille sur leurs tombeaux, ô soleil de l'histoire,
    Eclaire leur éternité !

Oui, maintenant, dormez sous la croix glorieuse :
Toutes les fleurs de France embaument vos cercueils ;
Et les cheveux tout blancs, les mères, douloureuses,
    Baisent vos fronts avec orgueil.

Ah ! dormez dans la paix, enfants dont la jeunesse,
La grâce, la beauté, la vaillance, l'ardeur,
Le front pur, le cœur franc, le regard de tendresse,
Souriaient à l'avenir, promettaient le bonheur.

Vous dont nous avions vu s'épanouir l'enfance,
Vous qui faisiez l'honneur de notre Ploermel,
Qui passiez parmi nous, beaux comme l'espérance,
    Recevez mes pleurs paternels.

Dormez votre sommeil, au lieu où l'herbe verte,
Plus épaisse, plus drue, a crû comme autrefois,
Car dans le ciel de Dieu dont la porte est ouverte,
    Vous redites : « *J'ai cru, je vois.* »

Dormez votre sommeil, aux chants de la victoire,
Car vous avez vengé la France et son honneur ;
Magnanimes vainqueurs, le nimbe de la gloire
    Vous auréole de splendeur.

. . . .

J'ai voulu vous chanter, ce pâle jour des morts,
Où, pour les Trépassés, chacun dit sa prière ;
Pardonnez si ma voix a trompé mes efforts,
Immortels « Poilus » de la grande guerre !...

A. H.

Le Ploërmelais, 2 novembre 1919.

Maison Provinciale, Laprairie.

CHOIX DE CITATIONS

Nous n'insérons ici que le texte des citations pouvant
intéresser le lecteur, gardant par devers nous les détails
techniques qui leur confèrent l'authenticité.

Fr. Hyppolyte-Louis (brancar dier).

1re citation. — « Blessé le 21 décembre 1914, a rejoint
son poste à peine guéri ; s'est encore distingué le 23 juin
pendant un violent bombardement, courant sous le
feu chercher les blessés, et assurant leur transport au
poste de secours dans des conditions remarquables de
rapidité. »

2e citation. — « A fait preuve de courage et d'abnégation
en assurant, dans les circonstances difficiles et sous le feu,
la relève des blessés, au cours des combats des 4 et 5 juillet
1916. »

3e citation. — « Brancardier d'un courage et d'un
dévouement admirables, s'est particulièrement distingué
pendant la période du 25 au 29 octobre 1917, en allant chercher sous le feu de nombreux blessés. »

4e citation. — « Brancardier très dévoué et très courageux ; n'a pas hésité à se porter en avant des lignes françaises pour relever des camarades blessés, sans défaillance, sous le feu de l'ennemi, pendant les combats du
10 au 20 août 1918.

FR. RENÉ-MAURICE (infirmier).

1re Citation. — « S'est dévoué avec une activité et un zèle inlassables pour aller relever sous le feu de l'ennemi et ramener dans nos lignes des blessés restés sur le terrain du combat. Est ainsi sorti plusieurs fois de nos lignes, risquant sa vie sans hésitation par ces actes de bravoure (médaille militaire et croix de guerre avec palme) ».

2e Citation. « — Pendant les journées des 29, 30, 31 mai et 1er juin 1916, et, bien que ses fonctions d'infirmier lui auraient permis de ne pas quitter son poste de secours du bataillon, est allé spontanément diriger sur la ligne du feu des équipes de brancardiers, assurant ainsi la relève de nombreux blessés et de morts tombés devant les tranchées ennemies ».

3e Citation. — « Ayant appris que tous les brancardiers de la 6e compagnie étaient évacués ou absents, a volontairement sollicité de quitter ses fonctions relativement tranquilles, pour aller assurer en première ligne le service de brancardier à cette compagnie ».

FR. LUCINIUS (Sous-Lieutenant).

« Officier ayant toujours donné l'exemple du sang-froid et du courage, a été mortellement blessé au moment où, sous le feu intense de l'ennemi, il faisait établir un boyau de jonction entre nos lignes et les positions allemandes conquises. »

FR. LIGUORIUS-EUGÈNE (brancardier).

1re Citation. — « Soldat au front depuis le début de la guerre. Courageux, énergique et dévoué ; s'est particulièrement distingué du 1er au 23 avril 1916. »

2e Citation. — « Admirable de dévouement et d'entrain. Le 16 octobre 1918, le bataillon étant pris sous un violent tir d'artillerie, s'est porté spontanément pour prêter main forte aux équipes voisines aux endroits les plus bombardés. »

Fr. Adrias.

1re Citation. — « Très courageux, plein de gaieté et d'entrain ; s'est fait remarquer par son calme et son sang-froid. A été du meilleur exemple pour tous les hommes de son entourage. »

2e Citation. — « Soldat très brave et très courageux. S'est distingué particulièrement pendant les combats du 16 avril 1917 et jours suivants par son entrain et son énergie. »

Fr. Marcel-Georges.

« Belle attitude au feu. Blessé grièvement, le 4 septembre 1916, en montant à l'assaut des tranchées ennemies. »

Fr. Arétas Marie.

« Brancardier dévoué autant que modeste, s'est montré sous le feu d'un courage et d'une bravoure peu communs, allant dans les endroits les plus périlleux et les plus exposés panser ses camarades blessés. »

Fr. Antholien-Henri.

« Belle figure de soldat ; exemple de bravoure et d'abnégation ; a été tué à son poste de combat le 5 mai 1917 en se portant aux endroits les plus dangereux, sous un très violent bombardement ennemi. »

Fr. Anatolien.

1re Citation. — « Excellent agent de liaison, très brave et dévoué. A fait preuve dans maintes circonstances de calme et de sang-froid, notamment le 4 mai 1917, au mont Cornillet, et le 19 septembre 1917, en portant des ordres sous un bombardement des plus violents. »

2e Citation. — « Au cours de l'attaque du 3 juillet 1918, a pris le commandement d'un groupe de liaison, et s'est élancé résolument sur une mitrailleuse ennemie qui arrêtait la progression d'une section voisine. S'est emparé de cette mitrailleuse, faisant prisonniers les trois servants et deux grenadiers qui la défendaient. »

Fr. Célestin-Yves.

« Jeune sous-officier de la classe 1917 ; volontaire pour le coup de main du 23 février 1918, s'est montré plein d'allant, de courage et d'entrain pendant toute la durée de l'action. »

Fr. Benoit-Henri.

« Infirmier remarquable par son zèle, son dévouement et son adresse. A déjà contracté une maladie contagieuse au chevet de ses malades. A fait preuve d'un sang-froid admirable lors du bombardement de la formation dans la nuit du 22 au 23 août 1918. »

Fr. Romain-Jules (Lieutenant).

1re Citation. — « Blessé le 8 septembre 1915, alors que sous un effroyable bombardement, il faisait, avec des hommes ralliés parmi les débris des unités décimées, un barrage contre un assaillant plus nombreux que sa troupe. Déjà blessé le 4 octobre 1914, au cours d'une contre-attaque. »

2e Citation. — « Officier mitrailleur accompli, d'une bravoure et d'un dévouement absolus. — Blessé pour la troisième fois le 26 avril 1917 au cours d'une reconnaissance périlleuse. »

Fr. Gabriel-Ange.

« Excellent soldat qui a donné, dès le premier contact avec l'ennemi, l'exemple du courage et du dévouement, auxiliaire précieux comme agent de liaison. Toujours prêt à marcher dans les circonstances les plus périlleuses. Blessé grièvement en portant un ordre urgent. »

Fr. Hyacinthe-Yves (lieutenant).

1ᵉ Citation. — « S'est fait particulièrement remarquer les 22 et 23 février dans le commandement de son peloton de mitrailleurs, pris sous un violent bombardement, et a fait preuve des plus belles qualités de bravoure et de sang-froid. »

2ᵉ Citation. — « Resté après la relève du régiment près d'un chef de bataillon du 41ᵉ R.I., a brillamment contribué le 2 décembre 1917, par son action personnelle, son sang-froid et son dévouement, à repousser une violente attaque allemande contre nos positions de la cote 344. »

Fr. Epiphane-Joseph.

1ʳᵉ Citation. — « Lors d'un bombardement, s'est offert spontanément comme volontaire pour accomplir une mission périlleuse. A été blessé dans l'accomplissement de cette mission. Très bon soldat. »

2ᵉ Citation. — « Au cours d'un bombardement qui a eu lieu en gare des Islettes, le 31 mars 1916, s'est de lui-même mis à la disposition du Commissaire militaire de la gare pour aider à isoler les wagons de vivres et de munitions auxquels le tir de l'artillerie ennemie avait mis le feu. A montré autant de courage que de zèle et de dévouement pendant toute la manœuvre qui a permis de sauver la presque totalité des approvisionnements en gare. »

Fr. Amédée-Louis.

1ʳᵉ Citation. — « Chef de section du plus grand sang-froid et de la plus mâle énergie. Au front depuis octobre 1914, a pris une part active à toutes les opérations du Régiment, et s'est toujours signalé par sa belle tenue devant l'ennemi. »

2ᵉ Citation. — « Excellent sous-officier mitrailleur, d'une bravoure à toute épreuve, véritable entraîneur d'hommes. Le 13 août 1916, a été grièvement blessé à son poste, dans un secteur violemment bombardé. »

Fr. Cléomène-Marie.

« N'a cessé depuis le début de la guerre d'assurer son service avec le plus grand soin et avec une ponctualité parfaite. N'a jamais hésité à porter le courrier dans les tranchées, même sous des bombardements très violents, notamment à Aubérive, de mai à juin 1917, et dans la période du 18 octobre au 10 novembre. »

Fr. François de Borgia.

« Très bon sous-officier, animé du plus pur sentiment du devoir. Venu d'un régiment actif où il a gagné ses différents grades. A accompagné la compagnie dans toutes les affaires auxquelles elle a participé et en a assuré le ravitaillement d'une façon parfaite dans les circonstances les plus difficiles. Zélé, courageux, plein d'à-propos. »

Fr. Emmanuel-Joseph (Sous-Lieutenant).

1re Citation. — « Très bon gradé, s'efforçant de remonter le moral de ses hommes dans les moments les plus critiques. Le 8 juin, s'est fait particulièrement remarquer, en occupant, comme volontaire, pendant 24 heures, un poste d'écoute violemment bombardé par l'ennemi. »

2e Citation. — « Excellent sous-officier, très brave et ardent, au front depuis le début de la campagne, le 18 septembre 1917, son chef de section étant tombé, a commandé sa section avec intelligence et énergie jusqu'au moment où il fut blessé à son tour. »

3e Citation. — « Très bon chef de section, au cours des affaires du..., au..., a donné à ses hommes un bel exemple de courage et de sang-froid. A entraîné brillamment sa section à l'assaut des positions ennemies et atteint tous ses objectifs. »

Fr. François-Marie.

1re Citation. — « Très bon soldat, brave au feu, s'est fait remarquer par sa belle attitude et son entrain au combat du 10 octobre 1916. »

2e Citation. — « Grenadier adroit et courageux, d'un calme absolu dans le danger et animé du meilleur esprit. Le 30 mars 1918, a lutté courageusement à la grenade pour repousser l'attaque d'un groupe franc ennemi. S'est fait remarquer par son adresse à la grenade. »

3e Citation. — « Jeune caporal plein d'entrain et de courage, s'est fait particulièrement remarquer le 15 juillet 1918 et la nuit du 16, en repoussant l'ennemi qui faisait irruption dans son groupe de combat. L'a obligé par ses feux de mousqueterie et ses barrages à la grenade à battre en retraite après avoir subi de lourdes pertes. »

Fr. Théophane-Joseph.

1re Citation. — « Vaillant mitrailleur. S'est offert pour servir une pièce placée en batterie sur la ligne des postes à moins de 100 m. de la ligne ennemie, pendant l'exécution d'un coup de main. A rempli jusqu'au bout, malgré un violent bombardement, avec une crânerie et un sang-froid au-dessus de tout éloge sa mission de protection, en aveuglant le tir des mitrailleuses allemands. »

2e Citation. — « Mitrailleur parfait d'un courage et d'une bonne volonté à toute épreuve. Parti communiquer un ordre dans la nuit du 14 au 15 juillet 1918, surpris par le tir de barrage, n'a pas hésité à le traverser pour remplir sa mission. N'a cessé de faire preuve, dans la journée du 15 juillet et les suivantes, d'initiative intelligente et d'une haut sentiment du devoir. Déjà cité à la Brigade. »

Fr. Amédée-Marie.

« Interprète brave et consciencieux. Lors de la deuxième bataille de la Marne, s'est porté spontanément en avant de la ligne des tirailleurs américains pour faire cesser le feu qui menaçait une unité française voisine. »

CONCLUSION

Nous arrêtons ici la reproduction de ces éloges divers, laissant à regret un grand nombre de citations aussi flatteuses. Notre choïx est dicté moins par la beauté des citations elles-mêmes que par le besoin d'une certaine variété dans la forme, pour ne pas fatiguer le lecteur, malgré la constatation de qualités identiques. On a dû remarquer particulièrement la spontanéité de bien des actes, et ce calme, ce sang-froid, ce mépris du danger, qui caractérisent les religieux, plus que l'impétuosité naturelle, assez générale dans la chaleur du combat. La paix de la conscience, les espérances de l'au delà leur font regarder la mort avec sérénité, et ce courage tranquille n'a pas peu contribué à soutenir leurs camarades dans les moments difficiles, à leur communiquer cette patience et cette ténacité dont on croyait les Français incapables, et qui devait enfin, avec leur bravoure traditionnelle, assurer le triomphe du droit et le salut de la Patrie!

Noviciat de Nanclares (Espagne).

LES FRÈRES DE PLOERMEL
A LA GUERRE

STATISTIQUE GÉNÉRALE

Mobilisés 269
Tués. . . . . 30, soit 11,1 %
Grands blessés . . . . . . 21, »   8 %
Prisonniers 15
Promotions aux grades . . . 94

RÉCOMPENSES.

Légion d'honneur 3
Médaille militaire. 6
Citations et croix de guerre . 97
Décorations étrangères . . . 1
Félicitations diverses . . . 2

LA VOIX DES MORTS

Parmi les jeunes gens généreux qui liront cet ouvrage, plusieurs entendront sans doute au fond de leur cœur comme un appel des Frères morts à la guerre.

Nous avons vu avec quelle résignation et quel héroïsme ils ont fait leur sacrifice. Leur seul regret, en tombant, fut de creuser un vide dans les œuvres de l'Institut, et de ne plus pouvoir travailler directement au salut des petits enfants. Mais ce qui les consola dans leur agonie, ce fut l'espoir d'être remplacés dans cette mission par d'autres apôtres jeunes et ardents.

Si le sang des martyrs fut une semence de chrétiens, le sang des religieux, si généreusement versé, et pour les motifs surnaturels que la correspondance militaire nous a révélés, ne doit-il pas produire aussi toute une effloraison de vocations nouvelles ?

En comparant les banalités du monde aux sentiments admirables des Frères soldats qui ont repris avec enthousiame leurs humbles fonctions, ou qui se sont sacrifiés pour Dieu et pour les âmes encore plus que pour la patrie, combien de nobles cœurs se sentiront dégoûtés de ce qui est mesquin et vulgaire, et voudront marcher sur les traces des jeunes héros dont les physionomies sympathiques ont passé devant leurs yeux ?

Aussi bien, quoi de plus beau que de vouer sa vie

à l'exercice perpétuel de la charité à l'égard de ce qu'il y a de plus intéressant sur la terre, l'enfance et la jeunesse, si exposés, hélas! aux scandales de toutes sortes? Est-ce qu'on n'en aura pas pitié?

Jeune ami, regardez autour de vous. Combien, parmi vos camarades, offrent déjà un spectacle lamentable, et s'en vont à grands pas vers des abîmes de corruption et d'impiété? Faute d'une éducation foncièrement religieuse, ils manquent de soutien et n'opposent presque aucune résistance aux flots qui les emportent.

Ne trouvez-vous pas que c'est un rôle enviable de les fortifier, de les instruire, de les garder bons et heureux, de conserver ainsi la paix dans les familles et de préparer des élus pour le ciel?

Qui dira l'influence d'un maître zélé, ayant toute une année sous sa direction un groupe d'enfants qu'il forme, qu'il corrige, qu'il oriente vers la vertu, et dont il sait obtenir de touchants efforts?

Peut-être avez-vous eu vous-même la bonne fortune d'être conduit par un apôtre. S'il n'en a pas été ainsi, vous sentez mieux qu'il y a une lacune dans votre éducation, et vous tiendrez à procurer à d'autres ce qui vous a manqué.

En leur faisant du bien, vous serez comme forcé d'atteindre vous-même un haut degré de vertu. Si Dieu vous donne la vocation, et que vous y soyez fidèle, ce sera une marque de prédestination, et vous pourrez déjà regarder avec confiance la place qui vous est réservée au paradis.

Êtes-vous appelé à vivre dans le monde, votre salut sera évidemment beaucoup plus exposé. Chacun doit suivre l'appel divin, quel qu'il soit, mais heureux, mille fois heureux ceux que Notre-Seigneur choisit pour son service et l'évangélisation des âmes qui lui ont tant coûté, surtout des jeunes âmes, objet de ses prédilections!

Oui, vous serez heureux, cher ami, si vous pouvez abandonner ce monde pervers, égoïste et grossier, pour vivre en compagnie de confrères tout préoccupés comme vous de devenir chaque jour plus fervents, plus dévoués, plus aimables.

On est frappé de la gaieté qui règne dans les communautés. C'est le fruit de la paix des cœurs et de l'absence de soucis matériels.

Il y a des épreuves partout, et il ne faut pas se dissimuler que la vie religieuse exige bien des sacrifices. Ce serait une grande illusion de l'embrasser pour éviter la gêne et la souffrance. Il n'y a que les âmes ferventes et généreuses qui y trouvent un paradis anticipé.

Toutefois les personnes du monde, même les plus favorisées, avouent que leurs peines sont en général plus nombreuses et plus cuisantes que celles des âmes consacrées à Dieu.

En ce qui concerne l'enseignement, consultez, jeune ami, vos goûts et vos aptitudes.

Au lieu de labourer la terre, de raboter le bois, de battre le fer, de transcrire sans cesse des comptes fastidieux ou de transporter des marchandises, il vous paraîtra peut-être plus intéressant d'agir sur les esprits et sur les cœurs.

Lorsqu'on est habitué aux bonnes méthodes, on éprouve de vrais agréments à instruire la jeunesse, et à lui communiquer les connaissances qui lui seront nécessaires dans la vie.

Beaucoup de maîtres religieux sont en quelque sorte passionnés pour leur classe et il faut parfois modérer leur ardeur.

Ainsi en est-il souvent des études intéressantes auxquelles chacun se livre durant les paisibles soirées, et en alternant avec les distractions utiles des jours de congé. Et continuellement, l'instruction se développe et s'affermit.

Donc, se détacher des plaisirs grossiers des sens, tendre sans cesse à une vertu plus solide et plus aimable, à une pureté de conscience plus parfaite, pour multiplier le bien autour de soi et sauver beaucoup d'âmes ; rendre les services les plus réels et les plus importants à la société... : voilà l'idéal du religieux instituteur.

Si cet idéal vous attire, cher ami, écoutez la voix des morts qui vous offrent la place qu'ils ont laissée vide. Déjà bien des jeunes gens ont entendu cet appel depuis la guerre. Ils ne demandent qu'à ouvrir leurs rangs pour vous recevoir comme un frère chéri.

Nous les avons vus pleins d'ardeur et d'un saint enthousiasme, se communiquant leurs projets d'avenir, et ne rêvant que conquêtes pour le Roi Jésus.

Mais ils se trouvent toujours en trop petit nombre. Et comme c'est navrant pour les Supérieurs de refuser tant de postes intéressants qui leur sont offerts ! Des multitudes d'enfants, dans tous les pays, semblent tourner vers eux leurs yeux candides, en leur demandant des maîtres religieux, et il faut souvent répondre : impossible, il n'y en a à peine assez pour les situations anciennes !

Si les jeunes gens comprenaient l'importance et la beauté de cette œuvre, beaucoup s'y consacreraient sans hésiter, faisant avec courage les premiers sacrifices qu'exige la séparation de la famille, sûrs d'attirer sur elle des bénédictions toutes spéciales pour le temps et pour l'éternité. Ils ne sont pas perdus pour les parents, du reste ; c'est une grande joie de les revoir de temps en temps, et quelle paix pour un père et pour une mère de savoir que leur fils est dans une sainte maison où il est entouré de toutes les sollicitudes et pour l'âme et pour le corps !

Voici les adresses de ces asiles bénis où l'on peut envoyer des postulants :

LE CHER FRÈRE DIRECTEUR
Saint-Mary's House
Bitterne-Park, Southampton (ANGLETERRE).

———

LE CHER FRÈRE DIRECTEUR
Noviciado de San José
Nanclares de la Oca
Alava (ESPAGNE).

———

LE CHER FRÈRE DIRECTEUR
Juvénat du Sacré-Cœur
Laprairie P. Q. (CANADA).

———

LE CHER FRÈRE DIRECTEUR
Juvénat Saint-Joseph
La Pointe-du-Lac P. Q. (CANADA).

———

Si des enfants étaient trop jeunes ou trop peu instruits pour être reçus dans l'une de ces maisons, l'un de ces Directeurs, ou un membre quelconque de l'Institut auquel on les présenterait, indiquerait une pension préparatoire où ils pourraient être admis à des conditions spéciales.

TABLE DES ILLUSTRATIONS

TABLE DES MATIÈRES

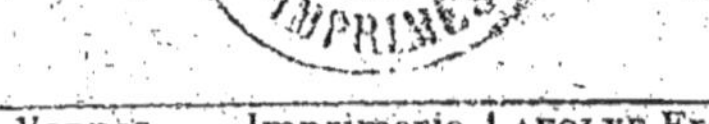

Vannes. — Imprimerie LAFOLYE Frères.